ちくま現代文記述トレーニング

テーマ理解×読解×論述力

斎藤哲也 編著

筑摩書房

学習にあたって

この本は、実際の入試問題を使って記述力を養成することを目的としています。

現代文における記述式問題を解くためには、「読む力」と「書く力」の両方が必要です。文章を正しく読解できなければ、設問に対応した答案を書くことはできません。その意味では、読解力あっての記述力といえるでしょう。

しかし、問題文を正確に読解することは、記述式問題を解くための必要条件であって、十分条件ではありません。読めなければ書けませんが、読めたからといって書けるわけではないのです。

したがって、国公立大学の入試で出題される記述式問題で合格答案を作成するには、「読む力」と「書く力」を同時にトレーニングすることが必要になります。

読む力、すなわち読解力を身につける上では、論理的な読解力とテーマ・キーワードに関する背景知識を学習することが大切です。「記述トレーニング」と銘打っている本書ですが、問題文の論理的な読解解説に加え、問題文が扱っているテーマに関する発展的な解説にも十分な紙幅を割いています。本書にじっくりと取り組めば、読解型小論文の対策にもなるでしょう。

書く力、すなわち記述力を高める最善の方法は、実際に設問を解き、手を動かして答案を書いてみることに尽きます。設問と設問解説に目を通しただけでは、記述力は身につきません。

加えて、記述式問題の学習では、自分の書いた答案を反省的に見直すことが不可欠です。解説や解答例を参考にして、傍線部の読解が適切だったか、答案にどのような要素が足りなかったのかといった点を自己点検することで、記述力や表現力は改善されていくのです。

□本書の特徴と効果的な活用法

本書は、右記で述べたような読解力と記述力を十分に身につけることができるように、さまざまな工夫を盛り込みました。以下、学習の流れに沿って、本書の特徴と効果的な活用法を説明していきましょう。

①分野に即した大問構成（本冊）

本書は「哲学・思想」「言語・文化」「科学論」「法・政治・経済」「近代」「現代」という形で、分野別に大問を構成しています。収録している問題文は、すべて国公立大学二次試験で出題されたものです。

それぞれの大問には、読解面と記述面の難易度を表示しています。入試評論文の「読みやすさ」と「解きやすさ」は必ずしも一致しません。「読解は難しいけれど、設問は平易」という問題もあれば、「読解は比較的平易だけれど、設問は難しい」問題もあるため、本書では読解力と記述力別々に難易度を設けることにしました。

個々の問題に取り組むうえで、決まった順番はありません。分野ごとに解いてもいいですし、読解力や記述力に自信のない人は、自身の学習課題に応じて、易しい問題から解いてもいいでしょう。

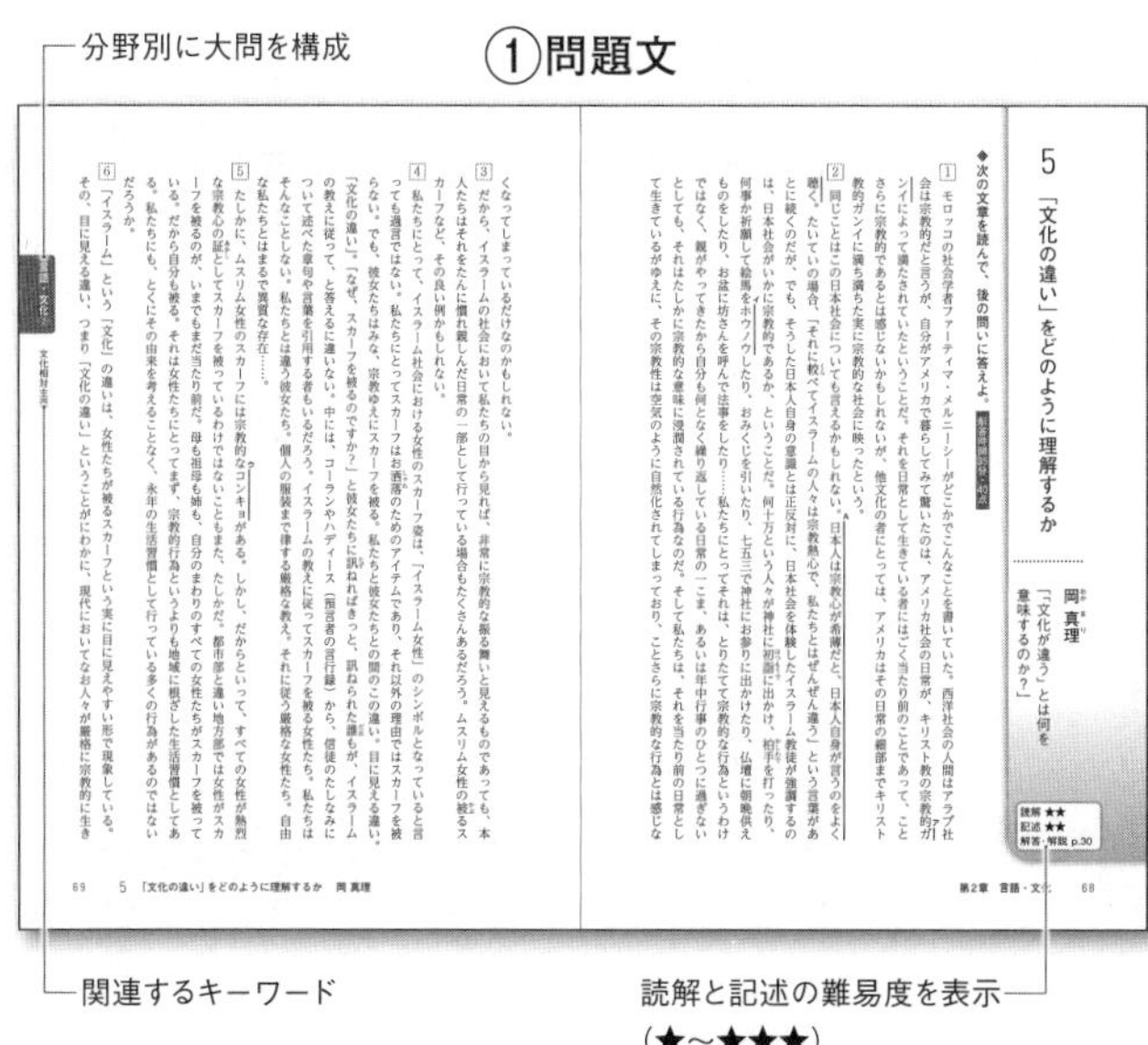

解答時間はあくまで目安です。自分の納得がゆく答案を作成することを優先する場合は、あまり解答時間に縛られず、じっくり時間をかけて問題に取り組んでください。入試本番を意識して使いたい場合は、いったん時間内で解いてみてから、手がつかなかった設問をあらためて解き直してもいいでしょう。

どのような使い方をするにせよ、すべての設問について、実際に手を動かして答案を作成することがなにより肝心です。

②テーマ解説（本冊）

それぞれの大問には、問題文をより深く理解するために、問題文で扱っているテーマやキーワードに関する解説を掲載しています。入試問題の多くは、出典となっている著作の一部を切り取って作問されているため、問題文の範囲だけでは、筆者が展開している議論の意義や重要性まではわかりません。

それはやむをえないことですが、入試で出題される評論文はそれ自体がテーマやキーワードを学習する格好の素材です。本書ではそのことを重視して、たとえ問題文には登場していなくても、重要だと思われる関連テーマやキーワードを解説することを通じて、問題文で論じられている内容が、学問の世界でどのような意義を持っているのかという点まで踏み込んで説明しています。その意味で、このテーマ解説は教養入門としても読めるでしょう。

②テーマ解説

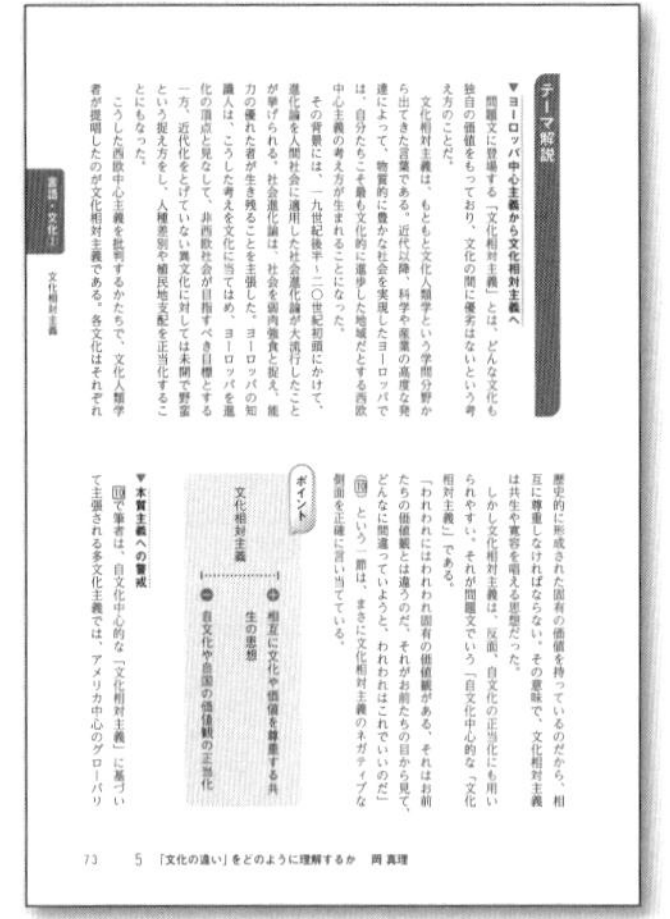

テーマ解説

▼ヨーロッパ中心主義から文化相対主義へ

問題文に登場する「文化相対主義」とは、どんな文化も独自の価値をもっており、文化の間に優劣はないという考え方のことだ。

文化相対主義は、もともと文化人類学という学問分野から出てきた言葉である。近代以降、科学や産業の高度な発達によって、物質的に豊かな社会を実現したヨーロッパでは、自分たちこそ最も文化的に進歩した地域だとする西欧中心主義の考え方が生まれることになった。

その背景には、一九世紀後半～二〇世紀初頭にかけて、進化論を人間社会に適用した社会進化論が大流行したことが挙げられる。社会進化論は、社会を弱肉強食と捉え、能力の優れた者が生き残ることを主張した。ヨーロッパの知識人は、こうした考えを文化に当てはめ、ヨーロッパを進化の頂点と見なして、非西欧社会が目指すべき目標とする一方、近代化をとげていない異文化に対しては未開で野蛮という捉え方をし、人種差別や植民地支配を正当化することにもなった。

こうした西欧中心主義を批判するかたちで、文化人類学者が提唱したのが文化相対主義である。各文化はそれぞれ歴史的に形成された固有の価値を持っているのだから、相互に尊重しなければならない。その意味で、文化相対主義は共生や寛容を唱える思想だった。

しかし文化相対主義は、反面、自文化の正当化にも用いられやすい。それが問題文でいう「自文化中心的な『文化相対主義』」である。

「われわれにはわれわれ固有の価値観がある。それはお前たちの価値観とは違うのだ。それがお前たちの目から見て、どんなに間違っていようと、われわれはこれでいいのだ」（10）という一節は、まさに文化相対主義のネガティブな側面を正確に言い当てている。

ポイント

文化相対主義

＋ 相互に文化や価値を尊重する共生の思想

－ 自文化や自国の価値観の正当化

▼本質主義への警戒

10で筆者は、自文化中心的な「文化相対主義」に基づいて主張される多文化主義では、アメリカ中心のグローバリ

言語・文化 II　文化相対主義

73　5　「文化の違い」をどのように理解するか　岡 真理

③読解の要点・読解図（本冊）

「テーマ解説」の後に続く「読解の要点」と「読解図」では、問題文全体の論理的な読み解き方を解説しています。ここでは単に段落を要約するのではなく、問題文を読む際の〈頭の働かせ方〉にも配慮しました。冒頭で述べたように、記述式問題は、問題文を正しく読解できなければ解くことはできません。

　問題文を漠然と読み流すのではなく、論旨を把握するために、どのような語句に着目しながら読めばよいのかを確認するとともに、自分が正しく読解できていたかどうかを、ここで点検してください。

④要旨・解答例（別冊）

　別冊では、最初に問題文の二〇〇字要旨と解答例を掲載しています。現代文の入試では、問題文の要約や要旨を書かせる問題が出題されることがあります。また、読解型小論文でも、課題文を要約させる問題は頻出しています。

　要約や要旨の作成は、記述力を鍛える格好のトレーニングになります。復習する段階でかまわないので、独力で問題文の要旨を作成してみてください。

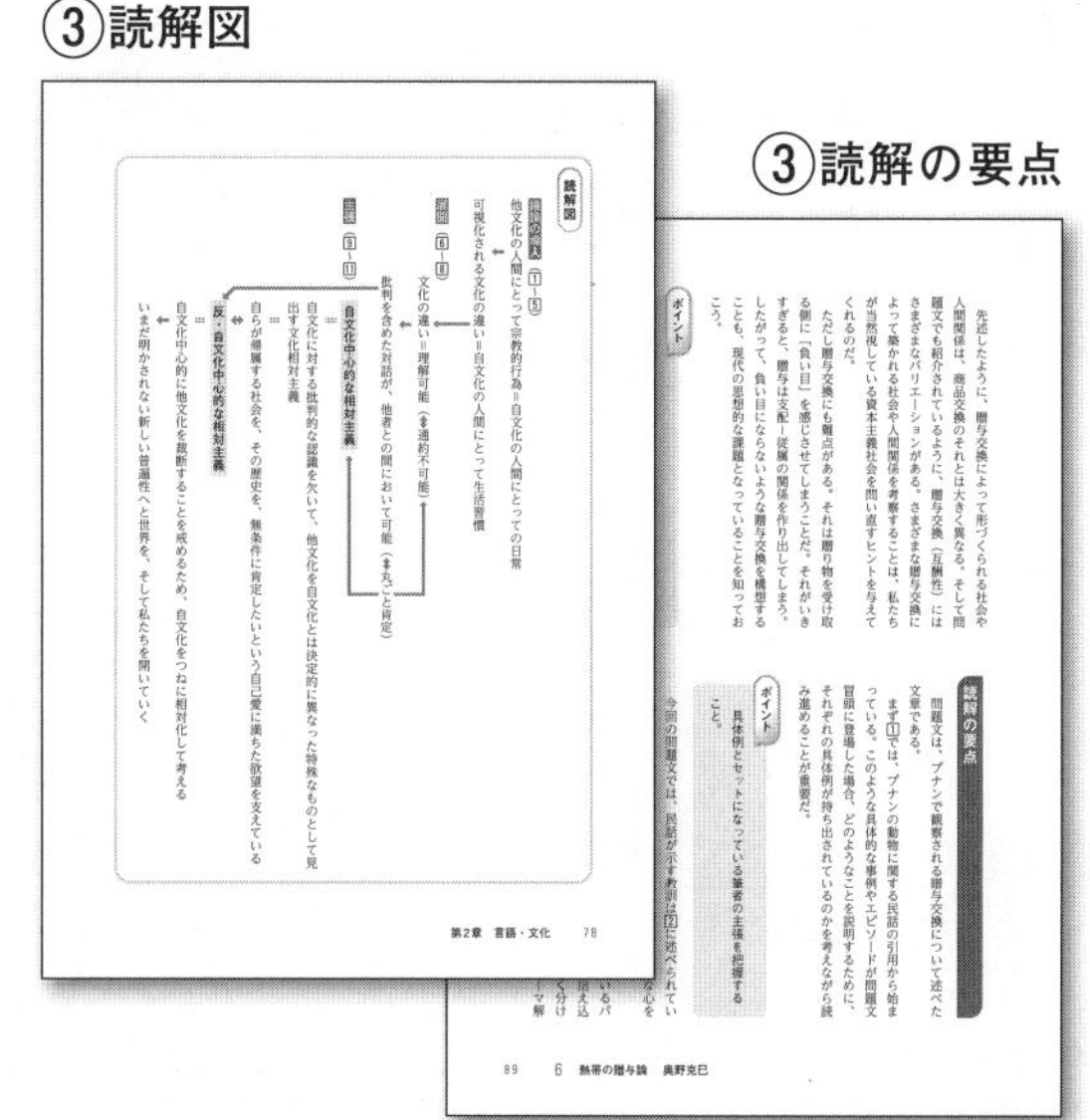

⑤解答時間・配点（別冊）

大問ごとの解答時間と配点を、どのように設定したのかを説明しています。解答時間は、国語全体の試験時間を参考に、学習のめやすとして設定しました。ここはざっと目を通せば十分です。

⑥設問解説・採点基準（別冊）

別冊のメインパートです。設問解説では、問題文の読解をふまえながら、各設問にどのような手順でアプローチするかをくわしく解説しています。解答例がどのような筋道で導かれているかをよく理解するようにしてください。

本書では、できるだけみなさんが自分の答案を適切に評価できるように、詳しい採点基準を設けています。記述式問題の場合、一つの設問に対して唯一絶対の正解があるわけではありません。この採点基準を使って、解答例以外でも、どのような表現であれば加点されるのかを確認してください。

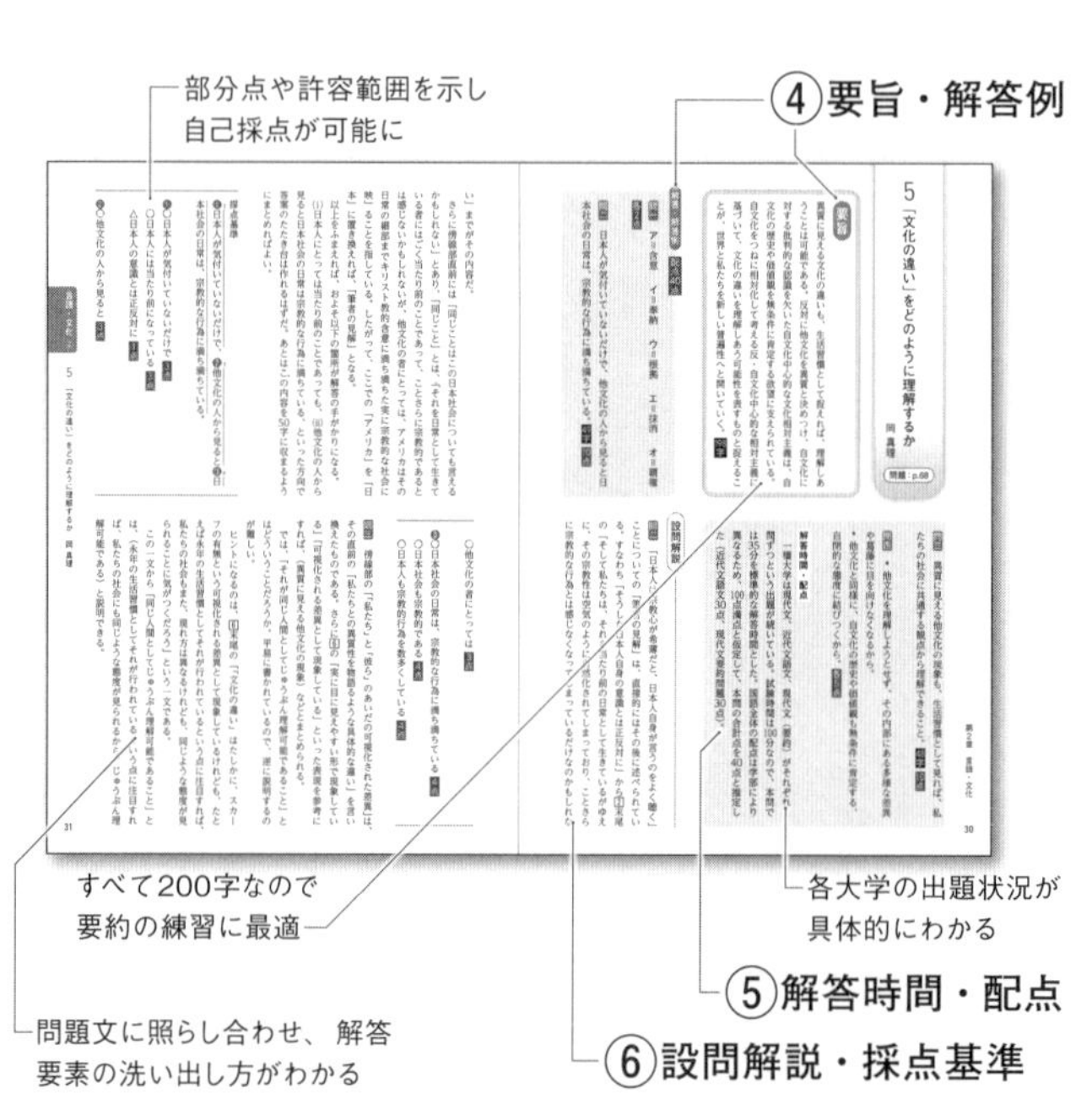

□ 問題文の選定基準

本書には一四の入試問題が収録されています。問題文はすべて評論文であり、出題の頻度やテーマ理解というコンセプトから、随筆や小説は収録していません。

問題文の選定にあたっては、現在の学問動向や時代性をふまえながら、できるだけ出題年度の新しい入試問題を採録しました。また、テーマ・キーワードに関する知識、論理的読解力、日本語表現力をバランスよく学習できることも重視しました。

その意味で、本書は拙著『読解 評論文キーワード』（筑摩書房）と同様、かなり欲張った演習書です。既存の記述式問題集でも、問題文の読解や設問の解き方を手厚く解説しているものは多数ありますが、テーマという観点から問題文を俯瞰（ふかん）的に説明しているものはほとんどありません。

本書は入試対策として読解力と記述力のトレーニングになるのはもちろんですが、同時に学問の世界への知的関心をかきたてるような内容を目指して作成されました。本書を通じて、問題文を読解し、答案を作成することに加え、問題文それ自体の面白さを味わってみてください。

＊入試問題の掲載にあたっては、設問の順番（漢字書き取り問題はすべて冒頭に置いています）や傍線部の記号の種類、設問の文末表現など、本全体を通して統一しています。

ちくま現代文記述トレーニング　テーマ理解×読解×論述力

目次

設問文のパターンと答案作成のヒント

評論文の記述式問題では、「答案に何を書くか」は設問文で示されている。以下では、典型的な設問文のパターンと答案作成のヒントをまとめておいたので、個々の問題に取り組む前に確認してほしい。

□ 傍線部の内容を説明する

典型例

- 傍線部「……」とはどういうことか、説明せよ。
- 傍線部「……」とあるが、どのようなことか。〇〇字以内で説明せよ。

「どういうことか」「どのようなことか」と問う設問は、評論文の記述式問題で最も典型的なパターンだ。当然、解答文は「……（という）こと」という形になる。

他にも「どのような特徴か」「どのような見方か」など、傍線部の表現に応じてさまざまな問い方があるが、基本的には、設問文の「どういう」や「どのような」に続く言葉で締めくくればよい。

ただし「どのようなものか」という問いについては、「というもの」という文末処理ではしっくり来ないことも多いので、説明する対象に応じて書き方を工夫しよう。

傍線部の内容説明を求めるのは、指示表現や抽象的な語句など、傍線部内に明確にするべき表現があるからだ。したがって解答する側は、「傍線部の何を説明させたいのか」という出題者の意図を汲み取って、答案を作成する必要がある。

ポイント

傍線部の内容を説明する問題では、「傍線部の何を説明させたいのか」という出題者の意図を汲み取ること。

傍線部の内容説明に限ったことではないが、記述式問題には、問題文中の語句だけで解答を作成できる設問もあれば、問題文の内容を咀嚼（そしゃく）したうえで、自分の言葉で言い換えることが求められる設問もあることは知っておこう。

答案を作成したら、それを傍線部に代入し、傍線部前後の文脈と滑らかにつながっているかどうかを確認しよう。これは数学でいう「検算」の作業に当たる。ここで違和感を感じた場合、答案に不適切な表現がある可能性が高い。

■ 傍線部の理由を説明する

典型例

- 傍線部「……」について、その理由を説明せよ。
- 傍線部「……」とあるが、それはなぜか。○○字以内で説明せよ。

傍線部の理由を問う設問の場合、解答は「～から」で答えるのが鉄則だ。理由説明問題である以上、傍線部は何らかの主張や判断、評価を表現している。ただし、理由・根拠は、傍線部の前で述べることもあれば、後で述べられることもあるので、その範囲を的確に読み解く力が求められる。

答案を作成する段階では、〈答案＋傍線部〉が論理的な説明になっているかどうかを意識することが重要だ。図示すると次のようになる。

答　案＝理由・原因・根拠
↑
傍線部＝主張・判断・評価

一般論でいえば、理由説明問題は傍線部の内容説明問題と比べて解きづらい。というのも、理由というものは、理由の理由、さらにその理由というふうに、複数の段階を踏んで表現されることも多いからだ。

たとえば、ある生徒が体調不良で学校を休んだとしよう。この場合、理由は「体調不良だから」だが、寝不足や食あたりなど、体調不良になった原因や理由もあるはずだ。そして寝不足や食あたりの理由・原因へと、さらにさかのぼることができる。

したがって、傍線部について同様の構造がある場合、どの段階までの理由を答案に盛り込むかという判断が必要になる。

ポイント

説明すべき理由が、複数の段階を踏んで表現されている場合、どの段階までの理由を答案に盛り込むかという判断が必要になる。

ロ「違い」を説明する

典型例

- 「…X…Y」とあるが、XとYの違いを○○字以内で説明せよ。
- 「X」とはどのようなものか。Yとの違いを明らかにして説明せよ。

問題文中に登場する対比的な表現の違いを説明させる設問も、入試評論文では頻出のパターンである。基本的な解答形式として「Xは……であるのに対して、Yは……である」という表現の型は頭に入れておこう。

「違い」を説明する答案では、たんにXとYそれぞれの説明をするだけでは不十分であり、共通の観点にもとづいて、両者の違いが明らかになる形で説明しなければならない。

たとえば「野球は一チーム九人でプレイするのに対して、サッカーは足でボールを蹴る」では、野球とサッカーの違いを説明したことにはならない。人数という共通の観点にもとづくなら、「野球は一チーム九人でプレイするのに対して、サッカーは一チーム一一人でプレイする」が「違い」の正しい説明だ。

当たり前と思うかもしれないが、生徒の答案では「違い」を捉えられていない書き方になっているものが散見される。本書でも、違いを説明する設問は複数収録されているので、それらを通じて、「違い」が明確になる答案作成のコツをつかんでもらいたい。

ポイント

「違い」を説明する設問では、自分の答案が共通の観点にもとづいた違いの説明になっているかを、しっかり確認すること。

□傍線部と関連のある事柄を説明する

典型例

- 傍線部「……」とあるが、これについての筆者の見解を説明せよ。
- 傍線部「……」によって、どのような問題が生じると筆者は述べているのか。〇〇字以内で説明せよ。

入試評論文では、傍線部そのものではなく、傍線部の内容に関連する事柄を説明させる設問もよく出題されている。こういった設問では、なによりも設問文をよく読み、解答の条件を把握することが重要だ。この段階で勘違いすると、まったく的外れな答案になってしまうからである。

問題文の内容に応じて、問い方はさまざまにあり、一般的なアプローチを抽出することはできないが、設問は、問題文の論理展開に着目して作成されていることが多い。したがって、傍線部の内容説明や理由説明以上に、問題文全体の読解力が問われていると思って取り組んでほしい。

□要旨・要約をまとめる

典型例

- 右の文章を二〇〇字以内で要約せよ。
- 「……」が明らかになるように、本文の要旨を一五〇字以内でまとめよ。

入試評論文や読解型小論文の場合、「要旨」と「要約」の違いは厳密に考える必要はない。どちらも問題文（課題文）から枝葉末節を削って、中心となる主張とその理由・根拠を的確にまとめることを求めている。

要旨・要約問題に取り組むうえでは、次のような手順で考えていくとよい。

① 主題・テーマ……「何について」論じているか
↓
② 中心的主張……①について、筆者はどのような主張・評価・判断を述べているか
↓
③ ②を支える理由・根拠……なぜ②なのか

以上の三点を押さえることが要旨・要約問題の基本的なアプローチになる。したがって導入的な説明や多くの具体例、補足的説明は切り取ってよい。悩むのは、対比的な説明を盛り込むかどうかだが、この点は内容や文字数に応じて柔軟に考えていくしかない。対比内容が、問題文の中心になっているのであれば外せないし、補足的な位置づけであれば外してよい。

一言付け加えておくと、要旨・要約のトレーニングは、決して要旨・要約問題が出題される大学を志望する受験生だけに必要なのではない。というのも、現代文の記述式問題はすべて、要約という作業が不可欠だからだ。たとえば傍線部に指示語が入っている場合、指示語を説明している箇所を要約することが必要になる。傍線部の理由説明に、具体例が伴っている場合、具体例を切り取らなければいけない。解答すべき要素が、複数の箇所に点在している場合、それらを一つにつなぎ合わせるのも要約である。

二〇〇〇～五〇〇〇字の問題文を、一五〇字や二〇〇字に要約するのは決して簡単ではない。しかし、問題文で最も重要な主張や根拠を把握し、読みやすい日本語で表現するトレーニングは、記述力を養成する王道といっていいだろう。

1 分人とは何か

平野(ひらの)啓一郎(けいいちろう)『私とは何か』

読解 ★
記述 ★
解答・解説 p.4

◆次の文章を読んで、後の問いに答えよ。 解答時間30分・50点

1 今でこそ、当たり前になっているが、明治になって日本に輸入された様々な概念の中でも、「個人individual」(A)というのは、最初、特によくわからないものだった。その理由は、日本が近代化に遅れていたから、というより、この概念の発想自体が、西洋文化に独特のものだったからである。非常に込み入った話なので、ここでは二つのことだけを押さえておいてもらいたい。

2 一つは、一神教であるキリスト教の信仰である。「誰も、二人の主人に仕えることは出来ない」というのがイエスの教えだった。人間には、イクつ(ア)もの顔があってはならない。常にただ一つの「本当の自分」で、一なる神を信仰していなければならない。だからこそ、元々は「分けられない」という意味しかなかったindividualという言葉に、「個人」という意味が生じることとなる。

3 もう一つは、論理学である。椅子と机があるのを思い浮かべてもらいたい。それらは、それぞれ椅子と机とに分けられる。しかし、机は机で、もうそれ以上は分けられず、椅子は椅子で分けられない。つまり、この分けられない最小単位こそが「個体」だというのが、分析好きな西洋人の基本的な考え方である。

4 動物というカテゴリーが、更に小さくホニュウ(イ)類に分けられ、ヒトに分けられ、人種に分けられ、男女に分けられ、一人一人にまで分けられる。もうこれ以上は分けようがない、一個の肉体を備えた存在が、「個体」としての人間、つまりは「個人」だ。国家があり、都市があり、何丁目何番地の家族があり、親があり、子があり、もうそれ以

上細かくは分けようがないのが、あなたという「個人」である。

5 逆に考えるなら、個人というものを束ねていった先に、組織があり、社会がある。こうした思考法に、日本人は結局、どれくらい馴染(なじ)んだのだろうか？

6 「個人」という概念は、何か大きな存在との関係を、対置して大摑(つか)みに捉える際には、確かに有意義だった。――社会に対して個人、つまり、国家と国民、会社と一社員、クラスと一生徒、……といった具合に。

7 ところが、私たちの日常の対人関係を緻密に見るならば、この「分けられない」、首尾一貫した「本当の自分」という概念は、あまりに大雑把(ざっぱ)で、[ウ]コウチョク的で、実感から乖(かい)離している。

8 信仰の有無は別としても、私たちが、日常生活で向き合っているのは、一なる神ではなく、多種多様な人々である。

9 また、社会と個人との関係を、どれほど頭の中で抽象的に描いてみても、朝起きて寝るまでに現実に接するのは、会社の上司や[エ]ドウリョウ、恋人やコンビニの店員など、やはり具体的な、多種多様な人々である。とりわけ、ネット時代となり、狭い[オ]キンシツな共同体の範囲を超えて、背景を異にする色々な人との交流が盛んになると、彼らを十把一絡(から)げに「社会」と括(くく)ってみてもほとんど意味がない。

10 私たちは、自分の個性が尊重されたいのと同じように、他者の個性も尊重しなければならない。繰り返しになるが、相手が誰であろうと、「これがありのままの私、本当の私だから！」とゴリ押ししようとすれば、ウンザリされることは目に見えている。私たちは、極(ごく)自然に、相手の個性との間に調和を見出そうとし、コミュニケーション可能な人格をその都度生じさせ、その人格を現に生きている。それは厳然たる事実だ。なぜなら、コミュニケーションが成立すると、単純にうれしいからである。

11 その複数の人格のそれぞれで、本音を語り合い、相手の言動に心を動かされ、考え込んだり、人生を変える決断を下したりしている。つまり、それら複数の人格は、すべて「本当の自分」である。

12 にも拘(かかわ)らず、選挙の投票（一人一票）だとか、教室での出席番号（まさしく「分けられない」整数）だとか、私たちの生活には、一なる「個人」として扱われる局面が依然として存在している。そして、自我だとか、「本当の自分」といった固定観念も染みついている。そこで、日常生きている複数の人格とは別に、どこかに中心となる「自我」が存在しているかのように考える。あるいは、結局、それらの複数の人格は表面的な「キャラ」や「仮面」に過ぎず、「本当の自分」は、その奥に存在しているのだと理解しようとする。

13 この矛盾のために、私たちは思い悩み、苦しんできた。

14 ならば、どうすればよいのか。

15 「自我を捨てなさい」とか「無私になりなさい」とかいったことは、人生相談などでも、よく耳にする。しかし、そんな悟り澄ましたようなことを聞かされても、じゃあ、どうやって生きていけばいいのかは、わからない。自分という人間は、現に存在している。この「私」は、一体、どうなるのか？　無欲になりなさい、という意味だとするなら、出家でもするしかない。

16 私たちには、生きていく上での足場が必要である。その足場を、対人関係の中で、現に生じている複数の人格に置いてみよう。その中心には自我や「本当の自分」は存在していない。ただ、人格同士がリンクされ、ネットワーク化されているだけである。

17 不可分と思われている「個人」を分けて、その下に更に小さな単位を考える。そのために、本書では、「分人」(dividual)という造語を導入した。「分けられる」という意味だ。

18 しかし、自我を否定して、そんな複数の人格だけで、どうやって生きていけるのか？

19 尤(もっと)もな疑問である。そこで、ここからは、どうすればそれが可能なのかを、順を追ってテイネイに見ていきたい。まず、イメージをつかんでもらいたい。

20 一人の人間の中には、複数の分人が存在している。両親との分人、恋人との分人、親友との分人、職場での分人、……あなたという人間は、これらの分人の集合体である。

個人を整数の1だとすると、分人は分数だ。人によって対人関係の数はちがうので、分母は様々である。そして、ここが重要なのだが、相手との関係によって分子も変わってくる。

21 関係の深い相手との分人は大きく、関係の浅い相手との分人は小さい。すべての分人を足すと1になる、と、ひとまずは考えてもらいたい。

22 分人のネットワークには、中心が存在しない。なぜか？　分人は、自分で勝手に生み出す人格ではなく、常に、環境や対人関係の中で形成されるからだ。私たちの生きている世界に、唯一絶対の場所がないように、分人も、一人一人の人間が独自の構成比率で抱えている。そして、そのスイッチングは、中心の司令塔が意識的に行っているのではなく、相手次第でオートマチックになされている。街中で、友達にバッタリ出会して、「おお！」と声を上げる時、私たちは、無意識にその人との分人になる。「本当の自分」が、アワてて意識的に、仮面をかぶったり、キャラを演じたりするわけではない。感情を隅々までコントロールすることなど不可能である。

23 分人をベースに自分を考えるということと、単に「自我を捨てる」ということとはどこが違うのか？

24 私たちは、生きていく上で、継続性をもって特定の人と関わっていかなければならない。

25 そのためには、誰かと会う度に、まったく新しい自分であることはできない。出社する度に、自己紹介から始めて、一から関係を結び直すという、バカげた話はない。

26 私たちは、朝、日が昇って、夕方、日が沈む、という反復的なサイクルを生きながら、身の回りの他者とも、反復的なコミュニケーションを重ねている。

27 人格とは、その反復を通じて形成される一種のパターンである。

28 この人とは、こういう態度で、こういう喋り方をすると、コミュニケーションが成功する。それにフズイして、喜怒哀楽様々な感情が自分の中で湧き起こる。会う回数が増えれば増えるほど、パターンの精度は上がってゆく。また、親密さが増せば増すほど、パターンはより複雑なコミュニケーションにも対応可能な広がりを持つ。それが、関係する人間の数だけ、分人として備わっているのが人間である。

29 また、他者とは必ずしも生身の人間でなくてもかまわない。ネット上でのみ交流する相手でもかまわないし、自分の大好きな文学・音楽・絵画でもかまわない。あるいは、ペットの犬や猫でも、私たちは、コミュニケーションのための一つの分人を所有しうるのだ。

（岩手大学　人文社会科学部・教育学部、二〇一八年）

問一　傍線部**ア**～**ク**のカタカナで書かれた語句を漢字に改めよ。**各2点**

ア	イ	ウ	エ	オ

カ	キ	ク

問二　傍線部**A**「個人 individual」とは何か。端的に示している部分を本文中から二五字以内で抜き書きせよ。**8点**

問三　傍線部B「この矛盾」とは、どのようなものであるか。その内容を本文に即して七〇字以内で説明せよ。14点

問四　傍線部C「分人をベースに自分を考える」とあるが、筆者は「自分」をどのようなものと考えているか。「分人」という言葉を用い、本文に即して五〇字以内で説明せよ。12点

テーマ解説

入試評論文では「アイデンティティ」という用語が頻出する。アイデンティティとは、一言でいえば「自分らしさ」ということだ。入試では、個人のアイデンティティだけでなく、文化的アイデンティティ（文化的な独自性）や国民的アイデンティティ（国民的な独自性）など、幅広い文脈で登場することも頭に入れておこう。

▼自己像は他者によって形成される

今回の問題文では、アイデンティティという言葉じたいは登場しないが、論じられている内容はアイデンティティと深く関わっている。文中に出てくる「本当の自分」とは、アイデンティティとほぼ同義と考えていいだろう。

一般的に、アイデンティティの確立は、青年期の重要な課題と考えられてきた。それは言い換えれば、自分らしい生き方を実現していくということでもある。

では、アイデンティティはどのように確立されていくのだろうか。現代の哲学や思想は、自己や自我、アイデンティティは、他者との関係から形成されることを繰り返し論じてきた。

その典型的な議論として、アメリカの社会心理学者G・H・ミードの自我論を紹介しよう。

ミードの考えでは、自我とは生まれつきあるものではなく、他者との関わりのなかで生じるものだ。人間は誕生してから、家族や友人、教師など、さまざまな他者とコミュニケーションを交わしていく。その結果、「一般化された他者」の視点が自分のなかに取り込まれ、「自分を見る自分」という視点が獲得されるという。それが自我というあり方にほかならない。

自分のことを振り返ってみれば、ミードの言ってることは腑に落ちるのではないだろうか。家族や友人、知人から、自分の行動や性格について何か言われれば、それはおのずと、自分のなかにも取り込まれていく。たとえば、知り合ってしばらく経った人から「○○さんって変わってるよね」と言われると、「自分は変わっている」と自分でも思うようになるかもしれない。そうやって、さまざまな他者の視点や態度をとりまとめていくことで、自分という統一的なイメージができあがっていくわけだ。

アイデンティティも同様である。自分らしさとは何かと自問自答しても、自分が納得いくような答えは得られない。それはそもそも、自分とは他者との関わりのなかで形成されるものだからである。

ポイント
・自我は生まれつき備わっているものではない。
・自我・アイデンティティは、他者との関わりのなかで形成される。

▼アイデンティティの複数性

こうした視点をふまえて、問題文を読解してみよう。すると筆者の主張していることが、従来の自己やアイデンティティに関する議論よりも、さらに踏み込んだ内容になっていることがわかる。

どういうことか。さきほど、自我やアイデンティティは他者との関わりのなかで形成されるという議論を紹介した。だが、そこで想定されている自我やアイデンティティは、問題文でいう「個人」、すなわち「（分けられない）」、首尾一貫した「本当の自分」という概念」と同義である。

難しい話ではない。ふつう、自分らしさがコロコロと変わってしまったら、自分らしさとは言えないと思うにちがいない。他者との関わりを通じて、自分らしさがつくられていくとしても、つくられた自分らしさは、相手や状況によって揺らがないことが大事だと考えるのが常識的な見方だろう。

だが、筆者はこの常識に異を唱え、「分人」という新しいキーワードを提出している。筆者の説明を見てみよう。

> 一人の人間の中には、複数の分人が存在している。両親との分人、恋人との分人、親友との分人、職場での分人、……あなたという人間は、これらの分人の集合体である。（20）

ここが従来のアイデンティティ論や自我論とは異なる点だ。筆者は、統一的な個人という考え方を退け、一人のなかに複数の分人がいると考えればいいじゃないかと主張しているのだから。

しかし、自分を複数に分散させたら、アイデンティティや自分らしさが失われてしまうのではないか。こうした疑問に、筆者は出典となった『私とは何か』のなかで次のように応答している。

> 分人はすべて、「本当の自分」である。
> 私たちは、しかし、そう考えることが出来ず、唯一無二の「本当の自分」という幻想に捕らわれてきたせいで、非常に多くの苦しみとプレッシャーを受けてきた。どこにも実体がないにも拘らず、それを知り、そ

れを探さなければならないと四六時中唆（そそのか）されている。

「本当の自分」「自分らしさ」「アイデンティティ」というと、私たちはどうしても単一的なあり方をイメージしてしまう。だが、筆者に言わせればそれが間違いの元で、どの分人も「本当の自分」なのだ。

この分人という考え方とよく似た主張をしているのが、インド出身の経済思想家アマルティア・センだ。センは『アイデンティティと暴力』という本のなかで、人には「複数のアイデンティティ」があることを認めることの重要性を説いている。

単一のアイデンティティという考え方にしがみついてしまうことは、本人を苦しめるだけでなく、異なるアイデンティティをもつ集団との間に不和や衝突をもたらしてしまう。「問題の多い世界で調和を望めるとすれば、それは人間のアイデンティティの複数性によるものだろう」とセンが述べているように、人には多様なアイデンティティがあることを前提にすれば、自己と他者との間に共通のアイデンティティを見いだしやすい。

分人やアイデンティティの複数性という考え方は、集団的アイデンティティの衝突を緩和するうえでも重要であることを知っておくと、アイデンティティをテーマとするような小論文にも活用できるはずだ。

ポイント

個人……分けることができない、唯一無二の自分
↕
分人……一人のなかにいる複数の自分≒複数のアイデンティティ

読解の要点

読みやすい文章なので、問題文の論旨を理解するのは難しくなかったはずだ。

問題文は大きく二つに分けられる。

[1]～[13]……「個人」という概念の問題点
[14]～[29]……「分人」についての説明

前半から順番に見ていこう。[1]で筆者は、明治時代に輸入された「個人individual」という概念は、西洋文化に

独特のものだったから、「最初はよくわからなかった」と述べている。読解としては、[1]末尾の「ここでは二つのことだけを押さえておいてもらいたい」という一節が重要だ。

現代文では、筆者が議論を整理していくときに、「二つ」「三つ」という数詞を用いることがよくある。

ポイント
「二つ」「三つ」などの数詞を見つけたら、〈何について〉議論の整理をしているのかを考え、以後の文章で、その内容がどこまで続いているかを確認すること。

ここでは、〈「個人」という概念が西洋文化に独特であること〉について、二つの観点を提出している。すなわち「一つは、一神教であるキリスト教の信仰」（[2]）であり、「もう一つは、論理学である」（[3]）。

論理学に関する議論は[5]まで続く。そして[6]～[13]では、「個人」という概念に対する筆者の考察が展開されている。

[6]、[7]は、譲歩表現が使われていることを見逃さないようにしたい。譲歩表現とは、「もちろん～だ」「たしかに～だ」とある見解を肯定したあとに、逆接語をはさんで自分の本音を述べる表現形式のこと。図式化すれば次のようになる。

もちろん
たしかに
X
しかし
けれども
Y

譲歩表現を発見したら、逆接語のあとに「筆者の本音が出てくるぞ」と意識しながら読むのが論理的な読解の原則だ。問題文では、「この「分けられない」、首尾一貫した「本当の自分」という概念は、あまりに大雑把で、コウチョク的で、実感から乖離している」が、筆者の本音に当たる。文脈から、「分けられない」、首尾一貫した「本当の自分」という概念が、西洋由来の「個人」であることは容易にわかる。したがって筆者は、個人という概念を非常にネガティブに捉えているわけだ。

ではなぜ、筆者は「個人」という概念を、「あまりに大雑把で、コウチョク的で、実感から乖離している」と考えているのだろうか。その理由を述べるパートが、[8]～[13]だ。

筆者は[6]で、「個人」という概念は、社会や国家、会社、クラスといった「何か大きな存在との関係を、対置して大摑みに捉える」うえでは有意義だったと述べている。しかし[8]以降で説明しているように、私たちが現実に関係するのは、社会といった抽象的なものではなく「多種多様な人々」（[8]、[9]）である。

そして多種多様な人々を相手に、「コミュニケーション可能な人格をその都度生じさせ、その人格を現に生きている」[10]。こうした「複数の人格は、すべて「本当の自分」である」[11]。

つまり、現実の私たちは、多種多様な人々を相手に、その都度、異なる人格で接しているのだから、「分けられない」、首尾一貫した個人という考え方は、「あまりに大雑把で、コウチョク的で、実感から乖離している」と筆者は考えているわけだ。

[12]冒頭の「にも拘らず」という逆接表現は要チェック。段落冒頭の逆接表現は、対比的な文脈を呼び込みやすい。ここでも、

・複数の人格はすべて「本当の自分」
⇔（にも拘らず）
・日常生きている複数の人格とは別に、「本当の自分」が存在しているのだと理解しようとしている

という対比が形作られていることを確認しよう。[13]「この矛盾」の読解は設問解説に譲るが、上記の対比を押さえられているかどうかが設問を解く上でも重要だ。

[14]から後半が始まる。「ならば、どうすればよいのか」という疑問表現を見落とさないようにしよう。文中で疑問表現が登場したら、その疑問に対して解答を与える方向で後の論述は進んでいく。したがって読解する側も、筆者の答えを探すことを意識して問題文を読むことが重要だ。

ポイント
〈疑問表現⬇筆者の解答〉という方向で文章は進んでいく。

その直接的な解答は、[16]「私たちには、生きていく上での足場が必要である。その足場を、対人関係の中で、現に生じている複数の人格に置いてみよう」であり、この複数の人格を筆者は「分人」と名付けている。

続く[18]で「しかし、自我を否定して、そんな複数の人格だけで、どうやって生きていけるのか？」と疑問表現が出ていることに注意しよう。以後は、分人という概念にもとづいて、複数の人格で生きることの内実が説明されていく。平易な文章で説明されているので、筆者の主張は汲み取りやすいはずだ。ただ、[23]「分人をベースに考えるということと、単に「自我を捨てる」ということとはどこが違うのか？」という疑問表現は、慎重に読み解いてほしい。

「単に「自我を捨てる」とはどういうことか。筆者の表現

を借りれば、「誰かと会う度に、まったく新しい自分」（25）になるようなことだろう。だが、そんなことは不可能だ。そもそも分人という概念には、自我という「中心」は存在しないのだから、捨てるというプロセスも必要ない。このことは、16で「その中心には自我や「本当の自分」は存在していない。ただ、人格同士がリンクされ、ネットワーク化されているだけである」と述べられていることからも確認できる。

筆者は27で「人格」を、反復的なコミュニケーションを通じて形成される一種のパターンだと述べている。分人とは複数の人格のことであるから、関係する人間の数だけ、分人が存在することになる（28）。

読解図

問題提起（1〜13）　**「個人」という概念の問題点**

- 1〜5 ← 「個人」という概念の背景説明（キリスト教の信仰＋論理学）
- 6 7 ← 大きな存在との関係を対置して大摑みに捉える際には有意義だが、「分けられない」、首尾一貫した「本当の自分」という概念は、大雑把で、コウチョク的で、実感から乖離している
- 8〜10 ← 日常的に向き合っているのは多種多様な人々であり、コミュニケーション可能な人格をその都度生じさせ、その人格を現に生きている
- 11〜13 ← 複数の人格はすべて「本当の自分」であるにもかかわらず、日常生きている複数の人格とは別に、中心となる「自我」が存在しているかのように考え、その矛盾のために、私たちは思い悩み、苦しんできた

筆者の提案（14〜29） ← **「分人」とは何か**

14 ならば、どうすればよいか

15～17 ⬅ 生きていく上での足場を、対人関係のなかで現に生じている複数の人格（＝分人）に置いてみよう

18～22 ⬅ 一人の人間の中には、複数の分人が存在している。分人のネットワークには中心はなく、分人の構成比率も一人一人で異なる

23～29 ⬅ それぞれの分人（＝人格）は、他者との反復的なコミュニケーションを通じて形成される一種のパターンであり、関係する人間の数だけ分人は備わっている

2 倫理学は実存の問題を探究すべきか

古田徹也（ふるた てつや）『不道徳的倫理学講義』

読解★★
記述★★
解答・解説 p.8

◆次の文章は、倫理学における「運」の扱いについて探究した著書の終末部分である。これを読んで、後の問いに答えよ。 解答時間30分・50点

1 個別の人生の実質を考慮した実存の問題の探究というのは、学問ではなく文学に任されるべきものだ、という見方もあるかもしれない。確かに、アンナの人生はそれこそ『アンナ・カレーニナ』という長編小説で描き取られたものであるし、テオグニス*の問いやオイディプス*の懊悩（おうのう）なども、詩や演劇のなかで表現されたものだ。

2 しかし、文学作品において主題的に扱われるものは学問の対象にはなりえない、ということが必ず言えるとは限らない。むしろ、学問と文学の主題は完全に分けられるべきだとするなら、学問が捉える人間の生というものは、常に不正確で、決定的な部分が欠けたものとならざるをえない。［Ｉ］、ときに狭義*の道徳をはみ出す個々人の置き換えのきかない問題が、学問では扱えないものとなってしまうからである。実際、この問題に最も接近するはずの倫理学という学問は、一般理論の構築やケントウ（ア）という課題に注力する一方で、個々人が送る個別の人生と、その不可欠な要素としての運の問題をなおざりにする傾向が強かったと言える。

3 これに対してウィリアムズ*は、人生のかけがえなさや運の問題はまさに倫理学的探究に含まれると考える。それは、人間の生をあるがままに全体として捉えようとする、ある意味では極めて野心的な立場である。い・か・に・生・き・る・べ・き・か・を問いつつ生きる、当・の・人・間・と・は・い・か・な・る・存・在・な・の・か・、それが彼にとっての倫理学の問いなのである。

4 はたして、「人間の学」たる倫理学は——すなわち、道徳や倫理をめぐる人間の思考は——運の要素を完全にハイ（イ）

ジョすべきなのか、あるいは、狭義の道徳的運の問題を取り込むべきなのか、あるいはまた、広義の道徳的運（倫理的運）の問題をも含んだかたちで、実存の領域へと踏み込むべきなのだろうか。運をめぐるウィリアムズの特異な思考は、そもそも倫理学とはどのような営みなのか、さらには、人文学や科学等の学問は人間の何を問い、何を明らかにしようとしているのか、その基本の問題をあらためて我々に突きつけるものだと言えるだろう。

5 ここでは、この問題自体にさらに分け入っていくことはできない。とはいえ、道徳と実存の問題にまたがる倫理学探究の内実を、もう少しだけ明確にしておくことはできる。

6 一般的な義務やキハン、法の原理を考えるとき、運とは得てして、理想や予想を裏切り、秩序や安定を乱す厄介者として捉えられがちである。［Ⅱ］、倫理学上の理論では、あたかもこの世に運など存在しないかのように、この要素を無視して議論が進められていく傾向が強く見られる。

7 こうした傾向は、たとえば物理学の基礎的な計算問題などで、摩擦というものの存在がときに無視されることに比されるかもしれない。あるいは、現代の哲学者のルートウィヒ・ウィトゲンシュタインが、論理的に構築された自らの言語理論を、滑らかな氷の上の世界に喩(たと)えていることとも関係づけられるだろう。

　そこには摩擦がなく、ある意味で条件は理想的なのだが、しかし、だからこそ我々は歩くことができない。我々は歩きたい。そのためには摩擦が必要なのだ。ザラザラした大地に還(かえ)れ！（ウィトゲンシュタイン『哲学探究』一〇七節）

理想的な条件を設定しようとするとき、人はしばしば「摩擦」の存在を無視しようとする。しかし、実際のところ、摩擦がなければ物が動くことも人が歩くこともできない。右の引用でウィトゲンシュタインが想定している議論領域である「言語哲学」を「倫理学」へ、そして、「歩くこと」を「生きること」へと置き直すならば、右の引用はウィリアムズの問題意識として読み替えることができる。すなわち、摩擦は――つまり運は――［　Ⅲ　］ではなく、［　Ⅳ　］要素なのだ、と。

8 倫理学上の理論を通して世界を眺めている場合はともかく、現実の生活において我々は「摩擦」ありきで生きている。すなわち、運の影響から目を背けるのではなく、多かれ少なかれ、運の産物を自分自身をかたちづくる一部として引き受けている。

9 ただし、Aその引き受け方は様々だ。たとえば、偶然と思われたものは実は必然だった、という風に捉えられる場合もあるだろう。幸運や不運によって我が身に起こった出来事を、当人が自分の人生における本質的に重要な部分として位置づける場合には、そうしたいわば偶然の必然化のプロセスが辿(たど)られている。それはまさしく、当該の出来事をまさに運命として受けとめていくプロセスだとも言える。

10 他方で、偶然をあくまで偶然として受けとめつつ、その偶然の結果を引き受ける、ということもありうるだろう。それは、自分の人生の諸局面に対してことさらに意味づけを行うことなしに、ともかくそうなってきたことの集積として、自己とその生の中身を受けとめることである。人生に対するこうした態度は、刹那的とか無責任といった非難を浴びるかもしれないし、あるいは、意味づけにとらわれた世界観から抜け出した軽やかな態度、といった評価を受けるかもしれない。ただ、いずれにせよここでおさえておくべきなのは、さしあたり、そうした引き受け方も確かに可能だ、ということである。

11 運とは本来、偶然的な作用と必然的な作用の両面を意味しうる概念である。運はときに運命と化す一方で、エジュンスイな偶然という側面のみ焦点化されるケースも多い。そして、偶然なのか必然なのかがそもそも判然としないケースにも、しばしばこの概念が適用される。運という概念のこうした両義性や曖昧性は、我々の生き方の個別性と、その個別の生き方の複雑性を反映している。その意味で、B運という捉えがたい概念を手放さないことは、個々の人生の実質を手放さないことに直結するのである。

（岡山大学　法学部・文学部・教育学部・経済学部、二〇二〇年）

＊テオグニス……運命の不平等さと不可知さを詠った、紀元前六世紀ごろの詩人。
＊オイディプス……紀元前五世紀の作家ソポクレスが描いた悲劇『オイディプス王』の主人公。苦悩する人物として描かれる。
＊狭義の道徳……およそ人一般にとって正しい個々の行為とは何かを問うもの。それに対して、「広義の道徳」は、私はどういう生き方を選び取るべきかという問題も含むため、「狭義の道徳」に反する生き方も考慮の対象となる。著者は、例としてゴーギャンが芸術家としての飛躍を期して、妻子を捨ててタヒチに渡航し長く滞在したことを挙げ、家族を捨てるという行為が道徳的に許されないと考えるのが「狭義の道徳」であり、それはわかっていながら、自分は画家として生きるべきだとタヒチ行きを決め、結果成功を収めているゴーギャンの行為が正当化されると考えるのが「広義の道徳」だと説明している。
＊ウィリアムズ……イギリスの倫理学者。二〇〇三年没。「道徳的運」をめぐって論を展開した。

問一　傍線部**ア**～**エ**のカタカナで書かれた語句を漢字に改めよ。**各2点**

ア	イ	ウ	エ

問二　空欄**Ⅰ**、**Ⅱ**に入る適切な言葉を、次の語群の中から選んで答えよ。**各3点**

つまり　それゆえ　しかし　あるいは　というのも

Ⅰ	Ⅱ

問三　空欄**Ⅲ**、**Ⅳ**に入る内容を、それぞれ一〇字以上一五字以内で考えて答えよ。**各4点**

Ⅲ	Ⅳ

問四　傍線部**A**について、その理由を六〇字以内で説明せよ。**10点**

問五　傍線部**B**は、具体的にどうすることか、本文全体の趣旨を踏まえて一二〇字以内でわかりやすく説明せよ。**18点**

テーマ解説

▼倫理学とはどのような学問か

問題文で言及されている倫理学とは、「人はどのように生きるのが望ましいか」「善悪の基準は何か」「社会のあるべき姿とは何か」など、道徳や規範に関わる問題を研究する学問であり、大学では哲学の一分野として位置づけられている。

倫理学はなぜ哲学の一部なのか。元をたどれば、古代ギリシアの哲学者ソクラテスまでさかのぼる。ソクラテスには「ただ生きるのではなく、善く生きることが大切である」という有名な言葉がある。彼は街角で出会う人々に「善く生きるとはどういうことか」と問いかけ、対話を重ねることで、「善い」の本質をともに考えたのだ。

ソクラテスの弟子であるプラトンや、さらにその弟子であるアリストテレスも、それぞれこの問いを引き受け、「善とは何か」や「徳とは何か」について探究を深めていった。その延長上に、学問としての倫理学もあるといっていいだろう。

では倫理学は、道徳をどのように捉えているのだろうか。ここでは有名な二つの学説を紹介しておこう。一つは、カントというドイツの哲学者に端を発する「義務論」と呼ばれる学説であり、もう一つはベンサムというイギリスの哲学者が創始した「功利主義」である。

義務論は、行為の動機を重視する考え方だ。たとえば義務論に従えば、「人に親切にすれば、自分も相手から親切にされるはずだ」と考えて親切な行為をするのは、道徳的とはいえない。そういった見返りを求めず、「人に親切にするのは自分の義務だ」という考えにもとづいて、人に親切にする行為こそ道徳的に価値があると考えるのだ。

それに対して、功利主義は結果重視の道徳論だ。すなわち動機はどうあれ、結果的にできるだけ大勢の人をできるだけ幸福にする行為を、道徳的に正しい行為と判断する。それをベンサムは「最大多数の最大幸福」と表現した。したがって「いつか自分も親切にしてもらえるはず」と思って人に親切にしても、結果的に相手が満足すれば、その行為は道徳的に正しいと判断される。

このように倫理学では、動機を重視する義務論と、結果を重視する功利主義という二つの理論が双璧をなしていることは頭に入れておいていいだろう。

ポイント
義　務　論＝行為の動機にもとづいて行為の善悪を判断する
⇔
功利主義＝行為の結果にもとづいて行為の善悪を判断する

▼道徳的運とは何か

いま紹介した義務論と功利主義は、いずれも道徳に関する一般理論にあたる。そして問題文にあるように、「一般的な義務やキハン、法の原理を考えるとき、運とは得てして、理想や予想を裏切り、秩序や安定を乱す厄介者として捉えられがち」（6）だ。

道徳の一般理論は、どんな人であっても当てはまることを目指すので、個々人それぞれの偶然的な事情には関心を払わない。逆に言えば、個々人の運を考慮していたら、一般理論を構築するのは難しくなる。それゆえ「倫理学上の理論では、あたかもこの世に運など存在しないかのように、この要素を無視して議論が進められていく傾向が強く見られる」（6）のである。

しかし出典となっている『不道徳的倫理学講義』によれば、一九六〇年代以降、英米圏の哲学・思想分野では、道徳と運の関係に関する議論が活発になっているという。その中でキーワードになっているのが、問題文にも登場する「道徳的運」だ。

問題文には「狭義の道徳的運」と「広義の道徳的運」という言葉が登場している。「狭義の道徳」と「広義の道徳」については注で解説されているが、「狭義の道徳的運」と「広義の道徳的運」とはどういうことか。

狭義の道徳的運とは、偶然的な事情が、道徳的な行動や評価に影響を与えることをいう。たとえば生まれや境遇のせいで健全な道徳観を持てないまま悪事をなした場合、どこまで本人に責任を問うことができるのかといった問題が出てくるだろう。

それに対して広義の道徳的運とは、注の言葉を使えば、「私はどういう生き方を選び取るべきか」に関わる運のことだ。たとえば、家族を捨てて自分のやりたいことを追求するという選択は、一般的な道徳には反するけれど、本人にとってはのっぴきならない「人生の賭け」のような意味合いをもつ。

あるいは筆者は同書のなかで、完璧な安全運転をしていたにもかかわらず、突然飛び出してきた子どもを死なせてしまったドライバーの責任感情もまた、一般的な道徳的評価の対象から外れているという意味で、「広義の道徳的運」が作用していると指摘している。

筆者は「狭義の道徳的運」は「あくまでも一般的な観点から、社会のあるべき制度や施策を検討していくことに主眼が置かれている」のに対して、「広義の道徳的運」は、「ときに狭義の道徳からはみ出すような、個々人にとっての自分の生き方という問題も視野に収める思考」だといい、後者を「実存」という言葉と重ねている。

問題文は、こういった議論をふまえたうえで書かれた文章である。倫理学に関する基本的な理解や「道徳的運」に関する議論を知らなくても、設問を解くことは可能だが、その背景にある議論を知ることで、より十全な読解に近づくことができる。と同時に、「運」や「偶然性」といった事柄が、学問的な探究の対象になっていることも、本問を通じて知ってもらいたい。

読解の要点

入試評論文によく出題されるテーマを学んでおくことは、たしかに問題文を理解する助けにはなる。ただ、実際の入試では、必ずしも知っているテーマの問題文が出題されるとはかぎらない。

初見で問題文に接するとき、最初に目にするのは、冒頭の「次の文章は、……」という一文だ。多くは「次の文章を読んで、後の問いに答えなさい」というシンプルなものだが、今回のように、問題文に関する情報が含まれている場合、それは、出題者が「この問題文を読むうえで念頭に置いてほしい事柄」であるから、しっかり内容を把握するようにしよう。

ポイント

問題文冒頭のリード文や注には、問題文を理解するうえで「出題者が知っておいてほしい事柄」が書かれているので、注意深く読むこと。

本文のリード文では、問題文が「倫理学における「運」の扱いについて探究した著書の終末部分」であると説明されている。倫理学とは、道徳や善悪を哲学的に探究する学問のことだ。したがって「この問題文は、道徳や運について論じようとしている」と意識しながら、問題文の読解に入ってほしい。

1冒頭の「実存」は、「個別具体的な人間のあり方」を意味する哲学分野のキーワードだ。しかしこの意味を知っていなくても、問題文には「個別の人生の実質を考慮した実存の問題」とあるので、〈実存＝個別の人生の実質〉と捉えることはできる。このように、未知の用語が出てきても、それを説明している箇所から内容を類推することは、入試にかぎらず、読書全般において重要な読みの技法である。

問題文に戻ろう。1冒頭では、個別の人生の実質を探究することは、「学問ではなく文学に任されるべきものだ、という見方もあるかもしれない」と述べられている。その直後の「確かに」という接続詞を見て、「譲歩表現」を予測しながら読むのが、論理的な読解だ。つまり筆者の主張は、逆接表現の後に出てくるはずだ。

すると予想通り、2冒頭に「しかし」が登場しているので、その後の「文学作品において主題的に扱われるものは学問の対象にはなりえない、ということが必ず言えるとは限らない」が筆者の主張したい方向性であることがわかる。二重否定を使った慎重な言い回しをしているが、肯定表現に直せば、〈文学作品において主題的に扱われるものも学問の対象になりえる〉ということだ。

そして、リード文には問題文が「倫理学」に関する内容であることが説明されていること、さらに冒頭の一文と重ね合わせるなら、筆者は、〈文学作品で主題的に扱われる実存の問題も、倫理学の対象になりえる〉と論じていることが理解できるはずだ。

続く「むしろ」から2末尾までは、学問（倫理学）と文学の主題を完全に分けることの負の側面を説明する内容になっている。すなわち両者をかっちりと分けてしまうと、「学問が捉える人間の生というものは、常に不正確で、決定的な部分が欠けたものとならざるをえない。［Ｉ］、ときに狭義の道徳をはみ出す個々人の置き換えのきかない問題が、学問では扱えないものとなってしまうからである」。

2末尾の一文では、「倫理学という学問」が「個々人が送る個別の人生と、その不可欠な要素としての運の問題」を軽視する傾向が強かった点が指摘されている。冒頭のリード文を意識していれば、「いよいよ、本題に入ってきた」という感覚でこの部分を読めるだろう。

3、4は、ウィリアムズの倫理学を紹介しながら、倫理学はどうあるべきかという問題について論じている。3冒頭の「これに対して」は、対比を示す接続表現なので要チェックだ。ここでは次のような対比構造になっていることを確認してほしい。

- 倫理学という学問＝個々人が送る個別の人生と、その不可欠な要素としての運の問題を軽視

⟺

- ウィリアムズ＝人生のかけがえなさや運の問題はま

さに倫理学的探究に含まれる

こうした対比的な説明が登場したときは、筆者の価値評価を意識しながら読解することが大切だ。ウィリアムズの倫理学を「極めて野心的な立場」(3) と肯定的な語句で評していることから、問題文の筆者もまた、ウィリアムズに一定の共感を示していることが理解できる。

5冒頭の「この問題」とは、4末尾にある「そもそも倫理学とは……その基本の問題」を指している。つまり筆者は、倫理学の営みはそもそもどうあるべきかという大きな問題に「さらに分け入っていくことはできない」と断ったうえで、ここまで話題にしてきた「道徳と実存の問題にまたがる倫理学探究」にフォーカスして論を進めることを読者に知らせているのである。

6に入ろう。Ⅱの前後は以下のような内容になっている。

X 「一般的な義務やキハン、法の原理」では「運」が厄介者として捉えられがち。

Ⅱ

Y 倫理学上の理論では、運という要素を無視して議論が進められていく傾向が強い。

このように整理すれば、XはYの理由を述べていることがわかる。

7、8では、「摩擦」という比喩があらわす内容を注意深く読解しよう。

まず7冒頭で、「こうした傾向」すなわち倫理学上の理論で、運という要素が無視して議論が進められていく傾向が、物理学の基礎的な問題で摩擦が無視されることに対応している旨が述べられている。

簡単に補足しておこう。物理学には、物体は外からの力を受けないかぎり、等しい速度で運動するという法則がある。この法則は、摩擦を無視して導かれるものだ。このように純粋な法則や理論を導く際に、摩擦はノイズとして無視される。同様に、倫理学では「運」が摩擦に相当する。

それを踏まえて、この7、8では次のような対比が導入されている。

・倫理学上の理論＝運を無視する傾向

⇔

・現実の生活＝運の産物を自分自身をかたちづくる一部として引き受けている

9～11では、運の「引き受け方」がさまざまであることが論じられている。詳細は問四の設問解説に譲るが、9では運を必然（運命）として引き受けるあり方が、続く10では運を偶然として引き受けるあり方が論じられている。

それをまとめたのが、11冒頭「運とは本来、偶然的な作用と必然的な作用の両面を意味しうる概念である」という一文である。こうした運のもつ「両義性や曖昧性」は、「我々の生き方の個別性と、その個別の生き方の複雑性を反映している」。末尾の一文の読解は設問解説に譲るが、「手放さない」の主語を意識できたかどうかを各自点検してほしい。問題文全体の趣旨を踏まえるなら、「手放さない」の主語は「倫理学（探究）」と捉えるのが妥当だろう。

読解図

導入（1～4）**倫理学とはどのような営みか**

1 2 倫理学は個別の人生と運の問題をなおざりにする傾向が強かった

↓

3 4 倫理学は運の要素をハイジョすべきか、取り込むべきか

↓

展開（5～8）**摩擦としての運**

5 6 倫理学上の理論では、運という要素を無視して議論が進められていく傾向が強く見られる

＝

7 理想的な条件を設定しようとするとき、人はしばしば「摩擦」の存在を無視しようとする

⇔

8 現実の生活では、我々は運の産物を自分自身をかたちづくる一部として引き受けている

⬅

結論（9～11）**運という概念が反映しているもの**

9 10 運を必然として受けとめることもあれば、偶然として引き受けることもある

⬅

11 運の両義性や曖昧性は、個別の人生の生き方を反映している

⬅

（倫理学が）運という概念を手放さないことは、個々人の人生の実質を手放さないことと直結している

3 非難の倫理と修正の倫理

青山拓央（あおやまたくお）『心にとって時間とは何か』

読解 ★★★
記述 ★★★
解答・解説 p.14

◆次の文章を読んで、後の問いに答えよ。 解答時間50分・80点

1 責任とは何かという問題は、哲学者にとっては古くからの、そして近年は科学者にとっても重要性を増してきた問題だ。とりわけ脳研究の進歩は、人間の行為が脳活動の産物であることを次第に明らかにし、責任概念の見直しを私たちに迫りつつある。犯罪行為を含めた人間のあらゆる行為が脳によってひき起こされているなら、行為の責任を行為者その人に負わせて非難や処罰をすることには疑問があるのではないか、というかたちで。

2 神経科学者のデイヴィッド・イーグルマンは、悪事をなした人物が「非難に値する（blameworthy）」かどうかは重要な問題ではない、と述べた。『あなたの知らない脳』の第六章で彼は、「神経科学と法律の境界で、脳損傷が関係する事例が<u>ヒンパン</u>に出るようになっている」と記し、印象的な複数の実例を挙げている。

3 たとえば、二五歳のある青年は、テキサス大学タワーの展望デッキから銃を乱射して、一三名の死者と三三名の負傷者を出した。彼は理性的な人物だったが、ある時期から、不合理で異常な衝動に襲われるようになり、自分でも脳の異変を疑っていた。そして、展望デッキで射殺されたあと検視解剖された彼の脳には、直径二センチほどの腫瘍が見つかる――。この検視解剖は、彼自身が遺書で要望したものだった。

4 イーグルマンはこのほかにも複数の知見を挙げたうえで、次のような自説を提出する。ただし、これは現在の科学から直接的に導かれたものというより、そこに彼の哲学的思考を加えて得られたものだと言ってよい。「非難に値するかどうかは後ろ向きの概念であり、人生の軌跡となっている遺伝と環境のがんじがらめのもつれを解

きほぐすという、不可能な作業を必要とする。〔……〕「非難に値する」の代わりに用いるべきなのが「修正可能である」という概念である。この前向きな言葉は問いかける。私たちはこれから何ができるのか？　更生プログラムを利用できるのか？　〔……〕できない場合、懲役刑は将来の行動を修正するだろうか？　するなら刑務所に送ろう。刑罰が役に立たない場合、報復のためではなく行為能力を制限するために、国の監督下に置こう。」

5　イーグルマン自身が述べているように、彼はけっして犯罪者を[イ]ホウメンすべきだとは考えていない。ただ、遺伝と環境、その結果としての脳の状態をふまえて、「どんな場合も犯罪者は、ほかの行動をとることができなかったものとして扱われるべきである」と主張する。

6　「後ろ向き（backward-looking）」、「前向き（forward-looking）」との表現について、補足しておいたほうがよいだろう。これらは、いわゆる気の持ちよう（ネガティブ／ポジティブな態度の違い）ではなく――そのように読ませる意図も見えるが――時間への志向性の違いを表現するものとして、まずは理解すべきである。つまり、思案の中心となる対象を、過去に見出（みいだ）すか、未来に見出すかの違いだ。そこで以下では、「後ろ向き」、「前向き」の代わりに、「過去志向的」、「未来志向的」との表現を用いることにする。

7　イーグルマンの提言は明らかに未来志向的である。これから社会をどうするかに目を向け、犯罪に関して言うのなら、なされた犯罪への非難ではなく、再犯等の予防に力を注ぐからだ。過去のある犯罪について、それが脳の[ウ]シッカンや遺伝的・環境的要因によるものか否かは線引き困難であり、科学がこのまま発展すれば、線引きの基準はどんどん変化する（おそらくは、遺伝的・環境的要因をより重視する方向に）。これはつまり、ある犯罪者が非難に値するか否かは不確定だということであり、それならば、過去ではなく未来を考慮しようとイーグルマンは述べているわけだ。

8　そのため、この提言への批判は二つの観点からなされうる。未来志向的な観点から内在的に批判するか、あるいは、過去志向的な観点から外在的に批判するか、だ。とはいえ、あとで見るように、この二つの観点を完全に切り離すことはできない。

9 非難から修正へと私たちの関心を移した際に、それが本当に未来を良くするのかどうかは、議論の余地があるだろう。とりわけ、ある特定の犯罪者がより良い人物になるかどうかではなく、その犯罪者の扱われ方を周囲で見ていた人々が、どのようなふるまいをするかに関して。

10 ざっくばらんに言ってしまえば、論点は、見せしめの効果にある。犯罪者を非難し、処罰して、その人物が過去に犯した罪を鎖のように当人に巻き付けておくことは、他の人々による未来の犯罪を抑止する効果があるのではないか？　言い換えるなら、非難から修正への移行が全面的になされた場合には、後者が「ぬるく」見えることで、犯罪傾向のある人々の自制心は損なわれてしまうのではないか？　もし、この問いへの答えが「イエス」なら、未来志向的に考えた場合にも、非難は効果的であることになる。

11 このことに加えて、私たちの倫理が、たんなる因習としてはハキしがたい深さで過去志向性をもっていることも無視できない。重要なのは、過去志向性が犯罪のトークンに関わっている点だ。ここで言う「トークン」とは、特定の時間・空間的な領域を占める個別のものを指し、「タイプ（種）」と対になる概念である。

12 イーグルマンの提言は、ある犯罪をなした人物が、同じタイプの犯罪をふたたびなすことの予防に繋がる。未来志向的であることは、未来のトークンはまだ不在である以上、タイプ志向的であることを促す。そして、その一方で、トークンとしてのその犯罪は、それを避けることができなかったもの、すなわち、他の可能性をもたなかったものと見なされることになる（決定論、あるいはそれをホウセツする運命論の世界において、いかなる行為もそうであるように）。

13 いま注目したいのは、ここでとられている過去への見方が事実であるかどうかではなく、私たちの倫理の実践と調和できるかどうかだ。身勝手な殺人をなした人物が、二度と殺人を（それどころか些細な悪事をも）行なわない人物に更生したとして、同時にその人物は、まったく斜に構えるところなく、過去のその殺人のトークンを「仕方がなかった」と考えるかもしれない。後悔や反省のような心情を、「後ろ向き」として退けるかもしれない。たしかにその殺人はタイプとして凶悪なものであるが、トークンとして「それをすべきではなかった」と言うのは（その可能性がなかった以上）意味がよくわからない、という理由で——。殺人犯のこのような態度は多くの反発を招くだろうが、その態度とイーグルマンのあの提言とのあいだに明確な矛盾を見出すことは難しい。

14 私は以前、幼児の倫理的教育（しつけ）に関して、こんなふうに書いたことがある。

「われわれは幼児に、その行為は悪い行為であること、より良い行為がほかにあったこと、そうしたことを教え込む。だが、このときわれわれは、幼児に次のこともまた、教え込んでいるのである。その行為はしないこともできたということ。代わりにほかの行為をすることもできたということ。〔……〕これは客観的事実というより社会的信仰の教説である。幼児はこのことを信じなければならない。それが信仰であることを忘れてしまうほどに強く。そしてわれわれもまた、この信仰の内部にいる。」

15 友人を殴って怪我をさせた幼児は、これから同様のことをしないよう、大人にしつけられるだろう（動物の調教と同様）。だが、その幼児はそれだけでなく、「殴らないこともできた」のに殴ったことを反省しなくてはならない。殴らないこともできたかどうかを、だれも証明できないのだとしても——。幼児と呼ばれる年齢を過ぎてもそうした反省ができない人物は（少なくともそのふりができない人物は）、より強い叱責を受けるか、あるいは、「非正常」の括りに入れられてしまう。なぜ、それが「正常」でないのかは科学的に説明されないまま。

16 イーグルマンの提言に、私は必ずしも反対ではない。とりわけ、処罰への私たちの理解が非難の側に傾きすぎているなら、彼の提言から学んで修正の側にバランスを取ることは有益だろう。だが、彼の提言の背景にある科学的根拠を直視したとき、適度なバランス調整のもとで非難の領域を残すのは、欺瞞や恣意性の入り込みやすい困難な作業である。そして、その一方で、非難と修正のバランスをそれなりに取ることではなく、非難から修正へと完全に移行することがイーグルマンの真意なら、その移行の効果について私は疑念をもっている。

17 人間の行為が結局のところ環境と遺伝の産物なのであれば、それは悪行・善行問わず、すべての行為について言えることだ。非難だけでなく賞賛についても、私たちは認識を改めねばならず、社会制度の全般にその影響は及ぶだろう。そして、過去の行為については、それがいかなるものであれ、つまり、犯罪者の悪行だけでなく、被害者の激高、裁判官の判決、あるいは科学者の提言などもすべて、そのようでしかありえなかったものと見なされるべきであり、そのことが倫理に与える全面的な影響をイーグルマンは十分に考慮してはいない。

18 非難を基盤にした倫理がもし科学的認識と相容（あいい）れなくても、その倫理が形作られるまでには進化論的な歴史があり、その歴史の因果関係は科学的事実と整合しうる。D現状の倫理を支えている過去志向的な認識は、たとえそれ自体としては虚偽を含んでいたとしても、人間集団の存続・拡大にとって未来志向的な効果をもちうるからだ。

19 認識における未来志向性を、効果における未来志向性と混同しないことが重要である。私たちが皆、認識において完全に未来志向的になることは、未来を薔薇（ばら）色にするかもしれないし、しないかもしれない。このいずれであるのかは、認識の正しさだけでなく、ヒトがどのような生物であるか――、つまり、イーグルマンの言う「血に飢えた」倫理なしに集団を存続できるような生物であるかに、強く依存して決まることである。

（神戸大学　文学部・国際人間科学部・法学部・経済学部・経営学部、二〇二一年）

問一　傍線部**ア**〜**オ**のカタカナで書かれた語句を漢字に改めよ。**各2点**

ア	イ	ウ	エ	オ

問二　傍線部**A**「それが本当に未来を良くするのかどうかは、議論の余地がある」とあるが、ここで筆者はどのような「議論」を提示しているか。八〇字以内で説明せよ。**14点**

問三　傍線部**B**「その態度とイーグルマンのあの提言とのあいだに明確な矛盾を見出すことは難しい」とあるが、どういうことか。八〇字以内で説明せよ。**14点**

問四　傍線部**C**「非難の領域を残すのは、欺瞞や恣意性の入り込みやすい困難な作業である」とあるが、どういうことか。八〇字以内で説明せよ。**14点**

問五 傍線部**D**「現状の倫理を支えている過去志向的な認識は、たとえそれ自体としては虚偽を含んでいたとしても、人間集団の存続・拡大にとって未来志向的な効果をもちうる」とあるが、どういうことか。本文全体の論旨をふまえたうえで、一六〇字以内で説明せよ。**28点**

テーマ解説

▼行為と行為でないものの違いは何か

哲学には「行為論」と呼ばれる研究分野がある。行為論とは、ざっくりいえば「行為とは何か」を考察する議論のことだ。

「行為が何かなんてわかりきっている」と思う人もいるだろう。食べる、歩く、手を洗う、通学する……、私たちの生活は行為の連続だ。でも、少し立ち止まって考えてもらいたい。たとえば、くしゃみをすることは、はたして行為といえるだろうか。あるいは、道に転がっている石につまずくことは行為なのだろうか。

人間以外の存在を考えてみよう。ネコが走る。風が吹く。建物が揺れる。感覚的には、ネコが走ることは行為のような気がするが、風や建物が行為するとはふつう考えない。

「行為とは何か」を考えることは、行為と行為でないものとの違いを考えることである。よくある答えは、意志の有無だ。おやつを食べるのは自分の意志だから行為。くしゃみをするのは意志ではなく、体に勝手に起こることだから行為ではない。ネコに意志があるかどうかはわからないので、ネコが走るのは行為とはいえない。

このように、意志が原因で引き起こされることを行為とみなす考え方を知ると、なるほどと思うかもしれない。

でも、これも解答としては不十分だ。反論の仕方はいろいろあるが、問題文の筆者は、出典となった『心にとって時間とは何か』の別の箇所で、次のように述べている。

> 私は……長年にわたり少なくとも千回以上、生活のさまざまな場面において意思決定の時点を摑(つか)もうとしてきた。そして、その結果、「まさに、この心理現象が意志をもつことに対応する」と言えるような現象は存在しないのではないかと考えるようになった。

筆者にならって、あなたも自分のふるまいを振り返ってみよう。たとえばレストランでメニューを選ぶとき、明確に意志をもったと思って判断しているだろうか。信号が青になったら進もうと自覚的に意識しているだろうか。

こんな例も考えられる。あなたは道路でサッカーをしていたときに、強く蹴りすぎて近所の家の窓ガラスを割ってしまった。あなたは別に、窓ガラスを割ろうと意図していたわけではないだろう。でも、あなたのしたことは、窓ガラスを割った行為と見なされる。

こういった例を考えるだけでも、行為と行為でないものの区別を意志に求めるだけでは不十分であることが理解できるはずだ。そこに行為論の難しさがある。

▼自由意志と決定論

行為の問題は、責任という概念と深く結びついている。問題文ではあえて「(自由)意志」という問題含みの概念は使っていないが、一般的に責任は自由意志とセットで論じられやすい。

先ほどの窓ガラスを割った例でいえば、あなたには、ボールを強く蹴るか、弱く蹴るかを自由に決めることができた。注意すれば、窓ガラスを割らない蹴り方もできたはずだ。そのように自由な意志を認めるから、行為がもたらした結果に対して、あなたは責任を負わなくてはならないことになる。

このような自由意志とセットになった責任論と鋭く対立するのが決定論である。

決定論とは、人間の行為も含めて、世界に起きる出来事は物理法則によってあらかじめ決まっているという考え方のことだ。

問題文で論じられているように、「脳研究の進歩は、人間の行為が脳活動の産物であることを次第に明らかに」(1)しているということは、決定論的な見方が説得力を増していることを意味する。そして仮に決定論が正しいとすると、究極的には自由意志は否定されてしまう。そうなれば、自由意志を前提とした責任論も大幅に見直さざるをえないだろう。実際、少なくない科学者が、自由意志にもとづいた法制度や刑罰制度の見直しを提言している。問題文に登場する神経科学者のイーグルマンもその一人である。

ポイント

自由意志→法的・道徳的責任
↔
決定論→責任概念の見直し

こうした決定論に対して、単純に自由意志を対置しても水掛け論にしかならないし、科学的な後ろ盾がある決定論を完全に否定することは難しい。

問題文がユニークなのは、決定論的な認識にもとづく提言を、効果という点から批判するところにある。その際、「非難を基盤にした倫理」が、進化論的な歴史に根を張っていることに着目しているのがポイントだ。

進化とともに、人間が形作ってきた「非難を基盤にした倫理」は、少なくとも現在まで人間集団の存続・拡大に効果を発揮してきた。したがって、行為の当事者に責任を負わせることには、科学的な合理性が認められるわけだ。

こうした進化論的な側面、すなわち人間の生物学的な側面から見た場合、イーグルマンが主張する未来志向的な修正の倫理が、人間集団の存続・拡大に効果を発揮するかは未知数である、というのが筆者の診断だ。

先述したように、問題文には自由や自由意志といった言葉は登場しない。しかしその背後には、自由意志と決定論という対立があることを知っておくと、問題文の理解も深まるに違いない。

読解の要点

問題文の文字数は約四〇〇〇字なので、入試現代文のなかでは長文の部類に入る。分量の多い文章は、読み進めるにつれて、論点や考察内容が増えていくため、ともすると論旨を見失いやすい。論旨の迷子にならないためには、議論の骨格を意識しながら読み進めていくことが重要だ。

では、読解に入ろう。入試評論文では、第一段落に問題文全体のテーマや問題意識が書かれているケースが多いので、「この文章は何を論じようとしているのか」ということを意識しながら読解することを心がけてほしい。

本問もその典型なので、1の内容を丁寧に追いかけていこう。一文目では「責任とは何かという問題」が、哲学者だけでなく、近年は「科学者にとっても重要性を増してきた」とある。「重要性を増してきた」という表現は、筆者の価値判断を示している。ならば続く文章で、判断の理由や根拠を説明するはずだと予測しながら読むのが、論理的な読解だ。

ポイント

筆者の価値判断を示す表現は、その理由・根拠を把握すること。

ここでは二・三文目が理由・根拠に当たる。「人間の行為が脳活動の産物である」とは、脳内の物質的な状態や変化が、人間の行為をひき起こしているということだ。テーマ解説でも触れたように、脳内の物質的な状態変化が人間の行為を生みだしているなら、「こうしよう」という意志さえも、物質が引き起こしていることになる。行為の出発点が自由意志ではなく脳内の物質にあるとすれば、「行為の責任を行為者その人に負わせて非難や処罰を」してよいかどうか、簡単には結論を出せない。だからこそ「責任とは何か」という問題の重要性が増し、私たちは「責任概念の見直し」を迫られつつあるのだ。

2~7では、神経科学者のイーグルマンの主張が解説されている。3の具体例を読むと、1の内容がよりイメージしやすくなるだろう。引用文を含んだ4は要注意。筆者は、引用を単にこけおどしで出すわけではない（そういうケースもないわけではないが）。文中に引用文があったときは、筆者が引用をどのように位置づけているかを確認する習慣を身につけたい。

引用文は、悪事をなした人物への対応について、「イーグルマンの自説」を示したものであり、5〜7で、筆者は「イーグルマンの提言」をあらためて解説している。その要点は、7の末尾「ある犯罪者が非難に値するか否かは不確定だということであり、それならば、過去ではなく未来を考慮しよう」というものだ。

8に登場する「内在的／外在的」という対比は注意しよう。内在的な批判とは、相手の論理に即して内側から批判することである。それに対して、外在的な批判とは、相手の主張・結論に対して、相手とは異なる視点や論点から批判することだ。ここでは、「イーグルマンの提言」に対して「未来志向的な観点から内在的に批判するか、あるいは、過去志向的な観点から外在的に批判するか」、二つの批判の観点があり、さらに「あとで見るように、この二つの観点を完全に切り離すことはできない」と述べられている。

したがって読解する側は、〈未来志向的な観点からの内在的な批判〉と〈過去志向的な観点からの外在的な批判〉がそれぞれどのような批判なのかと考えながら、読み進めなければならない。

まず、〈未来志向的な観点からの内在的な批判〉は9、10で説明されている。イーグルマンの主張に従って、犯罪への対応を「未来志向的」すなわち「非難から修正へ」変えていくとしてみよう。イーグルマンは当然、そのほうが社会のためになると考えているが、筆者は「それが本当に未来を良くするのかどうかは、議論の余地がある」という。

なぜか。10で説明されているように、「修正」すなわち再発予防に重点を置くイーグルマンの提言は、「見せしめ」という点では「非難」より効果が薄いかもしれないからだ。たとえば悪事をなした犯罪者を、メディアや市民がこっぴどく非難したり軽蔑したりすれば、多くの人は「悪いことをすると、社会から爪弾きにされる」と思うだろう。それに比べると、非難をスキップして、犯罪者当人の再発予防ばかりに力を入れるのは「『ぬるく』見える」。

このように、イーグルマンの提言である「未来志向」を認めても、修正は非難より効果が低い可能性があるというのが、〈未来志向的な観点からの内在的な批判〉だ。

続く11〜15が〈過去志向的な観点からの外在的な批判〉を説明した箇所である。

過去志向的な観点とは、私たちの倫理が「たんなる因習としてはハキしがたい深さで過去志向性をもっている」ことを指す。これはどういうことか。13の具体例が読解の手がかりになる。

身勝手な殺人者が立派に更生した際、自分が過去になした個別的な殺人（「過去の殺人のトークン」）について、後悔も反省もすることなく「仕方がなかった」と言ったら、私たちはその人物に対してどこか反発や違和感を覚えるはずだ。

もし私たちの倫理が完全に「未来志向的」ならば、その人物が更生したことを手放しで歓迎するだろう。しかし実際はそうではなく、過去に犯した罪を反省しているかどうかが、その人物に対する道徳的な評価に大きく関わる。私たちの倫理が深い過去志向性を持っているとはそういうことだ。

14、15も論点は動いていないことを確認しよう。ここでも幼児の倫理的教育を例に、私たちが「反省」という過去志向的な倫理を重視していることが説明されている。

私たちの倫理が過去志向的であることは、イーグルマンは議論していない。それは彼の議論の外側の問題だ。それゆえ、私たちの過去志向的な倫理に照らして、イーグルマンの提言には問題があるという批判は、〈過去志向的な観点からの外在的な批判〉になるわけだ。

9〜15では、イーグルマンの提言に対して、想定しうる二つの批判を説明してきた。続く16〜19では、それらの議論をふまえながら、「認識」と「効果」という観点を導入して、議論を掘り下げている。あらかじめ大きな構図を示しておくと、16以降は次のような図式で議論が進んでいる。

16 非難から修正へと完全に移行……効果に疑問

↓

17 未来志向的な認識↓効果？

18 過去志向的な認識↓未来志向的な効果

↓

19 認識における未来志向性↛効果における未来志向性

まず16では、「非難から修正へと完全に移行すること」の効果について、「私は疑念をもっている」とある。疑念をもつことも価値判断の一つなので、その理由・根拠が述べられていくはずだ。

理由は、17で述べられている。すなわち、イーグルマンの提言を支えている「人間の行為が……環境と遺伝の産物」であるとすれば、それは「すべての行為について言えること」だから、社会制度の全般に、ひいては倫理にも全面的に影響を与える。そのことを「イーグルマンは十分に考慮してはいない」というのが、筆者が疑念をもつ理由の一つである。

17は未来志向的な認識がもたらす影響やその効果は未知数であることを指摘しているわけだ。

それに対して18では「過去志向的な認識」がもたらす効果を展開している。18の詳細な読解は問五の設問解説に譲るが、難度の高い箇所なので、ここでは筆者の議論をかみ砕いて解説しておこう。

私たち人間集団は、いまのところ、〈悪事を犯した人間は非難されて当然〉という倫理をもっている。人間集団がこのような倫理を形成し、保ってきたのは、長い歴史を通じて、人間集団の存続や拡大に役立ってきたからだ。

悪事を犯した人間を非難し、その人間に反省を求めるのは過去志向的であるが、それが人間集団の存続や拡大に役立ちうるということは未来志向的である。だからこそ8で述べられていたように、「この二つの観点を完全に切り離すことはできない」のである。

この二つの段落を受けて、最終段落では「認識における未来志向性」と「効果における未来志向性」を混同すべきではないことが主張されている。

読解図

問題提起（1）　**責任概念の見直し**

人間の行為は脳活動の産物

←

行為の責任を行為者その人に負わせて非難をしてよいか？

具体的な意見の提示（2〜7）　**イーグルマンの説**

（遺伝・環境）→脳の状態

←

犯罪者はほかの行動をとることができなかった

×非難に値するかどうか（＝過去志向的）

↓

○修正可能である（＝未来志向的）

反論の解説（8〜15）

9 10 未来志向的な観点からの内在的な批判

＝

見せしめ効果として非難に劣る

11〜15 過去志向的な観点からの外在的な批判

＝

過去志向的な私たちの倫理の実践と調和できるか

結論（16〜19） **認識と効果の峻別（しゅんべつ）**

16 ・非難と修正のバランス調整→欺瞞や恣意性が入り込みやすい

・非難から修正への完全移行→効果について疑念

↓

17 未来志向的な認識が倫理・社会制度に与える影響（効果）を十分考慮していない

18 過去志向的な認識は未来志向的な効果をもちうる

↓

19 認識における未来志向性を、効果における未来志向性と混同しないことが重要

4 翻訳という営み

湯浅博雄（ゆあさひろお）

「ランボーの詩の翻訳について」

読解 ★★
記述 ★★★
解答・解説 p.22

◆次の文章を読んで、後の問いに答えよ。 解答時間60分・40点

1 詩人－作家が言おうとすること、いやむしろ正確に言えば、その書かれた文学作品が言おう、言い表そうと志向することは、それを告げる言い方、表し方、志向する仕方と切り離してはありえない。人々はよく、ある詩人－作家の作品は「しかじかの主張をしている」、「こういうメッセージを伝えている」、「彼の意見、考え、感情、思想はこうである」、と言うことがある。筆者も、ときに（長くならないよう、短縮し、簡潔に省略するためにせよ）それに近い言い方をしてしまう場合がある。しかし、実のところ、ある詩人－作家の書いた文学作品が告げようとしているなにか、とりあえず内容・概念的なものとみなされるなにか、言いかえると、その思想、考え、意見、感情などと思われているなにかは、それだけで切り離され、独立して自存していることはないのである。〈意味され、志向されている内容〉は、それを〈意味する仕方、志向する仕方〉の側面、表現形態の面、意味するかたちの側面と一体化して作用することによってしか存在しないし、コミュニケートされない。だから〈意味されている内容・概念・イデー〉のみを抜き出して「これこそ詩人－作家の思想であり、告げられたメッセージである」ということはできないのだ。

2 それゆえまた、詩人－作家のテクストを翻訳する者は、次のような姿勢を避けるべきだろう。つまり翻訳者が、むろん原文テクストの読解のために、いったんそのテクストの語り方の側面、意味するかたちの側面を経由して読み取るのは当然なのであるが、しかしこの*フォルム的側面はすぐに読み終えられ、通過されて、もうこの〈意味するかたちの側面〉を気づかうことをやめるという姿勢は取るべきでない。Aもっぱら自分が抜き出し、読み取ったと信じる意

味内容・概念の側面に注意を集中してしまうという態度を取ってはならない。そうやって自分が読み取った意味内容、つまり〈私〉へと伝達され、〈私〉によって了解された概念的中身・内容が、それだけで独立して、まさにこのテクストの〈言おう、語ろう〉としていることをなす（このテクストの志向であり、意味である）とみなしてはならないのである。

3 翻訳者は、このようにして自分が読み取り、了解した概念的中身・内容が、それだけで独立して（もうそのフォルム的側面とは無関係に）、このテクストの告げる意味であり、志向であるとみなしてはならず、また、そういう意味や志向を自分の母語によって読みやすく言い換えればよいと考えてはならないだろう。

4 自分が抜き出し、読み取った中身・内容を、自らの母語によって適切に言い換えればシュビよく翻訳できると考え、そう実践することは、しばしば読みやすく、理解しやすい翻訳作品を生み出すことになるかもしれない。ただし、そこには、大きな危うさも内包されているのだ。原文のテクストがその独特な語り口、言い方、表現の仕方によって、きわめて微妙なやり方で告げようとしているなにかを十分に気づかうことから眼をそらせてしまうおそれがあるだろう。

5 少し極端に言えば、たとえばある翻訳者が「これがランボー[*]の詩の日本語訳である」として読者に提示する詩が、ランボーのテクストの翻訳作品であるというよりも、はるかに翻訳者による日本語作品であるということもありえるのだ。

6 それを避けるためには、やはり翻訳者はできる限り原文テクストをチクゴ的にたどること、〈字句通りに〉翻訳する可能性を追求するべきだろう。原文の〈意味する仕方・様式・かたち〉の側面、表現形態の面、つまり志向する仕方の面に注意を凝らし、それにあたうかぎり忠実であろうとするのである。

7 その点を踏まえて、もう一度考えてみよう。ランボーが、《Tu voles selon……》（……のままに飛んでいく）と書いたことのうちには、つまりこういう語順、構文、語法として〈意味する作用や働き〉を行なおうとし、なにかを言い表そうと志向したこと、それをコミュニケートしようとしたことのうちには、なにかしら特有な、独特なもの、密かなものが含まれている。翻訳者は、この特有な独特さ、なにか密かなものを絶えず気づかうべきであろう。なぜならそこにはランボーという書き手の（というよりも、そうやって書かれた、このテクストの）独特さ、特異な単独性が込められているからだ。すなわち、通常ひとが〈個性〉と呼ぶもの、芸術家や文学者の〈天分〉とみなすものが宿っているからである。

8 こうして翻訳者は、相容れない、両立不可能な、とも思える、二つの要請に同時に応えなければならないだろう。その一つは、原文が意味しようとするもの、言おうとし、志向し、コミュニケートしようとするものをよく読み取り、それをできるだけこなれた、達意の日本語にするという課題・任務であり、もう一つは、そのためにも、原文の〈かたち〉の面、すなわち言葉づかい（その語法、シンタックス*、用語法、比喩法など）をあたう限り尊重するという課題・任務である。そういう課題・任務に応えるために、翻訳者は、見たとおり、原文＝原語と母語との関わり方を徹底的に考えていく。翻訳者は、原文の〈意味する仕方・様式・かたち〉の側面、表現形態の面、つまり志向する仕方の面を注意深く読み解き、それを自国語の文脈のなかに取り込もうとする。しかし、フランス語における志向する仕方は、日本語における志向する仕方と一致することはほとんどなく、むしろしばしば食い違い、齟齬をきたし、マサツを起こす。それゆえ翻訳者は諸々の食い違う志向する仕方を必死になって和合させ、調和させようと努めるのだ。あるやり方で自国語（自らの母語）の枠組みや規範を破り、変えるところまで進みながら、ハーモニーを生み出そうとするのである。

9 こうして翻訳者は、絶えず原語と母語とを対話させることになる。この対話は、おそらく無限に続く対話、終わりなき対話であろう。というのも諸々の食い違う志向の仕方が和合し、調和するということは、来るべきものとして約束されることはあっても、けっして到達されることや実現されることはないからだ。こうした無限の対話のうちに、まさしく翻訳の喜びと苦悩が表裏一体となって存しているだろう。

10 もしかしたら、翻訳という対話は、ある新しい言葉づかい、新しい文体や書き方へと開かれているかもしれない。

だからある意味で原文＝原作に新たな生命を吹き込み、成長をウナガし、生き延びさせるかもしれない。翻訳という試み、原文と（翻訳者の）母語との果てしのない対話は、ことによると新しい言葉の在りようへとつながっているかもしれない。そう約束されているかもしれない。こういう約束の地平こそ、*ベンヤミンがシサした翻訳者の使命を継承するものであろう。

11 そしてこのことは、もっと大きなパースペクティブにおいて見ると、諸々の言語の複数性を引き受けるということ、他者（他なる言語・文化、異なる宗教・社会・慣習・習俗など）を受け止め、よく理解し、相互に認め合っていかねばならないということ、そのためには必然的になんらかの「翻訳」の必然性を受け入れ、その可能性を探り、拡（ひろ）げ、掘り下げていくべきであるということに結ばれているだろう。翻訳は諸々の言語・文化・宗教・慣習の複数性、その違いや差異に細心の注意を払いながら、自らの母語（いわゆる自国の文化・慣習）と他なる言語（異邦の文化・慣習）とを関係させること、対話させ、競い合わせることである。そうだとすれば、翻訳という営為は、諸々の言語・文化の差異のあいだを媒介し、可能なかぎり横断していく営みであると言えるのではないだろうか。

（東京大学　文科、二〇一三年）

＊フォルム……forme（フランス語）、form（英語）に同じ。
＊ランボー……Arthur Rimbaud（一八五四〜一八九一）フランスの詩人。
＊シンタックス……syntax 構文。
＊ベンヤミン……Walter Benjamin（一八九二〜一九四〇）ドイツの批評家。

問一 傍線部**ア**〜**オ**のカタカナで書かれた語句を漢字に改めよ。**各1点**

ア	イ	ウ	エ	オ

問二　傍線部A「もっぱら自分が抜き出し、読み取ったと信じる意味内容・概念の側面に注意を集中してしまうという態度を取ってはならない」とあるが、それはなぜか、説明せよ。**5点**

問三　傍線部B「はるかに翻訳者による日本語作品である」とはどういうことか、説明せよ。**6点**

問四　傍線部C「原語と母語とを対話させる」とはどういうことか、説明せよ。**6点**

問五　傍線部D「翻訳という対話は、ある新しい言葉づかい、新しい文体や書き方へと開かれている」とあるが、なぜそういえるのか、説明せよ。**6点**

問六　傍線部E「翻訳という営為は、諸々の言語・文化の差異のあいだを媒介し、可能なかぎり横断していく営みである」とあるが、なぜそういえるのか、本文全体の趣旨を踏まえた上で、一〇〇字以上一二〇字以内で説明せよ。**12点**

テーマ解説

▼翻訳論が問いかけるもの

文学研究という学問分野では、翻訳論は重要な研究テーマになっており、入試評論文でも翻訳をテーマにした文章がしばしば出題される。中でも問題文のように、翻訳を他者や異文化との対話という観点から論じるものが目立っている。筆者も『翻訳のポイエーシス』という著書のなかで、翻訳の問題を次のように説明している。

> 私たちの見通しによれば、翻訳の問題は広い意味あいでの〈他者理解〉のテーマ、〈他者との関係〉を考えるテーマと結ばれており、他なる文化・宗教・習俗・慣習を生きる者たちとどのように交わるのかというテーマにも結ばれている。

とはいえ、翻訳は別に文学作品に限られるものではない。新聞記事やビジネス文書など、文学作品のほかにも翻訳されているテキストは山ほどある。ならば文学作品を対象に、翻訳を論じる意義はどこにあるのか。「なぜなら文学・思想の翻訳はいわば〈翻訳の極限〉に位置することで、翻訳にまつわる問題系をいやおうなく露出させるからである」（同前）というのが筆者の回答である。

その問題系の一つが、問題文で扱われている「意味内容」と「表現形態」の関係である。翻訳者は表現形態にできるかぎり忠実に訳さなければならない、という筆者の主張は、決して一般的なものではない。筆者も先の著書で「これまで名訳とされてきた翻訳作品は、原作のかたちの面……に忠実であることからある程度離れ、距離をとり、翻訳者の母語において通用しうる、こなれた、流麗な文章表現、文体を構成している作品である」（同前）と述べている。

ならばなぜ筆者は、表現形態にこだわるのか。その説明を与えているのが7の次のくだりだ。

> ランボーが、《Tu voles selon……》（……のままに飛んでいく）と書いたことのうちには、つまりこういう語順、構文、語法として〈意味する作用や働き〉を行なおうとし、なにかを言い表そうと志向したこと、それをコミュニケートしようとしたことのうちには、なにかしら特有な、独特なもの、密かなものが含まれている。翻訳者は、この特有な独特さ、なにか密かなものを絶えず気づかうべきであろう。

表現形態を軽視して、意味内容の伝達だけを目的とする翻訳では、「なにかしら特有な、独特なもの、密かなもの」を感得することはできないのである。

▼ベンヤミンの翻訳論

じつは筆者の主張には、元ネタがある。それはドイツの批評家ベンヤミンの翻訳論だ（出典ではこのことは明示されている）。たとえばベンヤミンは「翻訳者の課題」という小論で、次のように述べている。

> ……翻訳は、原作の意味に自らを似せようとするのではなく、むしろ愛をこめて、そして細部に至るまで、原作での意図する仕方を自分自身の言語のなかで付け加えてゆかなければならない。（『ベンヤミン・アンソロジー』山口裕之編訳）

この引用にある「原作の意味に自らを似せ」ることは、「自分が抜き出し、読み取った中身・内容を、自らの母語によって適切に言い換え」④ることと同義であり、「細部に至るまで、原作での意図する仕方を自分自身の言語のなかで付け加えてゆかなければならない」ことが、「原文の〈意味する仕方・様式・かたち〉の側面、表現形態の面、つまり志向する仕方の面に注意を凝らし、それにあたうかぎり忠実であろうとする」⑥ことと同義であるのは明らかだろう。

問題文では「こういう約束の地平こそ、ベンヤミンがシサした翻訳者の使命を継承するものであろう」⑩と、唐突にベンヤミンの名前が登場するので、戸惑った人もいるかもしれないが、この問題文じたいがベンヤミンの翻訳論の注釈的な内容になっているのだ。

筆者は『翻訳のポイエーシス』のなかで、ベンヤミンの翻訳思想の核心は「複数の言語を関係させることで諸言語の成長を促進することである」と説明している。この思想は、問題文にある「翻訳という対話は、ある新しい言葉づかい、新しい文体や書き方へと開かれているかもしれない」⑩という一節にも通じている。

このベンヤミンの思想をふまえると、ベンヤミンや筆者が、原作の意味内容を読みやすい文章で表現する翻訳を批判するのもよくわかる。というのも、表現形態を無視して、意味内容の伝達にこだわるような翻訳では、「諸言語の成長」は促されないし、「ある新しい言葉づかい、新しい文体や書き方へと開かれて」いかないからだ。

ベンヤミンの翻訳論には「純粋言語」という謎めいた概念がある。難解な一節だが、まずはそのまま引用しよう。

異質な言語のうちに呪縛された純粋言語を、自分自身の翻訳の言語のなかで救済すること、作品のうちにとらわれた言語を作品の改作において解放すること、それが翻訳者の課題なのである。（同前）

ここで述べられている「純粋言語」とは、「新しい言葉づかい、新しい文体や書き方」の延長上にあるもの、すなわち筆者が「約束の地平」と呼んでいるものである。私たちの言語はまだ、他者の声、事物の声を十分に聞き取れていない。その意味で、翻訳による「諸言語の成長」とは、他者の声を聴くことへと通じている。

読解の要点

本問は、文学作品の翻訳について論じながら、「翻訳」という営みが、言語や文化などが異なる「他者」の受容や、自己と他者との相互理解につながっていることを述べたもの。論旨は明快であり、読解じたいはさほど難しくない。

1では、冒頭の一文「その書かれた文学作品が言おう、言い表そうと志向することは、それを告げる言い方、表し方、志向する仕方と切り離してはありえない」という内容がさまざまに言い換えられている。同内容表現をつなぎながら読むのは読解の基本であり、本問はそのトレーニングとしても格好の問題だ。

ポイント 問題文の同内容表現をたどりながら読むのは読解の基本。

念のため、「書かれた文学作品が言おう、言い表そうと志向すること」「それを告げる言い方、表し方、志向する仕方」それぞれの同内容表現を整理しておこう。

文学作品が言おう、言い表そうと志向すること
＝
ある詩人－作家の書いた文学作品が告げようとしているなにか、とりあえず内容・概念的なものとみなされるなにか
＝
その思想、考え、意見、感情などと思われているなにか
＝
〈意味され、志向されている内容〉
〈意味されている内容・概念・イデー〉

それを告げる言い方、表し方、志向する仕方

＝

〈意味する仕方、志向する仕方〉の側面

＝

表現形態の面

＝

意味するかたちの側面

要約的にまとめるならば、〈文学作品が言おうとしている内容はその表現形態と切り離すことはできない〉ということである。

2～8は、1の主張を「翻訳」に適用して展開しているパートだ。〈文学作品の内容は表現形式と切り離すことはできない〉のだから、翻訳においても、「〈意味するかたちの側面〉を気づかうことをやめるという姿勢は取るべきでない」し、「もっぱら自分が抜き出し、読み取ったと信じる意味内容・概念の側面に注意を集中してしまうという態度を取ってはならない」(2)。

2末尾の一文は要注意。ここで筆者は、翻訳する者の心得として、「自分が読み取った意味内容」を「テクストの〈言おう、語ろう〉としていること」とみなしてはならないと述べている。

(原文テクストから) 自分が読み取った意味内容

≠

テクストの〈言おう、語ろう〉としていること

ここまでの読解でも、理由は明らかだろう。「テクストの〈言おう、語ろう〉としていること」は、その表現形態と切り離すことはできないからである。

このことをさらに具体的に言い直しているのが4だ。すなわち翻訳者が、自分が読み取った内容を母語によって適切に言い換えればシュビよく翻訳できると考えることは、「原文のテクストがその独特な語り口、言い方、表現の仕方によって、きわめて微妙なやり方で告げようとしているなにかを十分に気づかうことから眼をそらせてしまうおそれがある」。

5の傍線部は設問解説に譲るが、内容的には4を反復している。原文の表現形態に配慮せず、自分が読み取った意味内容を母語に言い換えるだけの翻訳は、「翻訳作品」というより、「翻訳者による日本語作品」になってしまう。

では、翻訳者はどうあるべきかを述べたのが6だ。「原文の〈意味する仕方・様式・かたち〉の側面、表現形態の

面、つまり志向する仕方の面」に注意を凝らし、できるだけ原文に忠実に翻訳することの重要性が主張されている。

8は、ここまでの議論からさらに踏み込んで、翻訳者の「課題・任務」について述べられている。

8冒頭の二文も丁寧に読解しよう。翻訳者は両立不可能にも思える「二つの要請に同時に応えなければならない」と述べ、直後に「二つの要請」が説明されている。一つは、「原文が意味しようとするもの」をよく読み取り、「達意の日本語にするという課題・任務」であり、もう一つは「原文の〈かたち〉の面、すなわち言葉づかい」をできる限り尊重するという課題・任務である。

重要なのは、この二つの要請の関係である。図式化すると、次のようになる。

要請①　原文が意味しようとするものをよく読み取り、達意の日本語にする

〈そのためにも〉

要請②　原文の〈かたち〉の面をできる限り尊重する

ここまで繰り返し主張されてきたように、要請①の「原文が意味しようとするもの」は、「原文の〈かたち〉の面」と切り離すことはできない。だからこそ、「原文が意味しようとするもの」をよく読み取るためには、原文の〈かたち〉の面をできる限り尊重しなければならないわけだ。

この二つの課題・任務に応えるために、翻訳者は「原文=原語と母語との関わり方を徹底的に考えていく」。それは具体的には「原文の〈意味する仕方・様式・かたち〉の側面」を注意深く読み解き、「それを自国語の文脈のなかに取り込」んでいくことだ。

しかし、原語と母語の「志向する仕方」は「しばしば食い違い、齟齬をきたし、マサツを起こす」。そこでどうするか。翻訳者は、原文の表現形態はできる限り尊重しなければいけないのだから、母語の「枠組みや規範を破り、変えるところまで進みながら、ハーモニーを生み出そうとする」。

9~11では、翻訳を原語と母語との「対話」と捉え直して議論を展開している。翻訳において、原語と母語の「食い違う志向の仕方が和合し、調和する」ことは決して実現しない。しかしそういう「終わりなき対話」だからこそ、翻訳は「新しい言葉づかい、新しい文体や書き方」(10)へと開かれている。

11では、10までの翻訳論を「もっと大きなパースペクテ

ィブ」に拡張して議論を展開していることに注意しよう。詳細は問六の設問解説に譲るが、テーマ解説でも指摘したように、「翻訳」は単に言語技術的な問題ではなく、異文化の相互理解を育むための思想的な概念として受け止められていることを確認したい。

読解図

議論の前提（1）
文学作品の志向内容と表現形態は一体
↓
翻訳への適用（2～8）
自分が読み取ったと信じる意味内容≠志向内容
↓
翻訳者は原文の表現形態にできるかぎり忠実であるべき
↓
翻訳者の両立し難い二つの課題
・原文の志向内容を達意の日本語にする
・そのために原文の表現形態をできるかぎり尊重する
↓（そのために）
原文と母語の表現形態の食い違いを調和させようとする
↓
翻訳という対話の可能性（9～11）
原文と母語の表現形態を調和させることは実現不可能

翻訳は終わりなき対話
⬅
新しい言葉の在りようへつながっているかもしれない
⬅
(もっと大きなパースペクティブで見ると)
⬅
他者をよく理解し、相互に認め合っていく態度に結びつく

5 「文化の違い」をどのように理解するか

岡真理(おかまり)

「「文化が違う」とは何を意味するのか？」

読解 ★★
記述 ★★
解答・解説 p.30

◆次の文章を読んで、後の問いに答えよ。 解答時間35分・40点

1 モロッコの社会学者ファーティマ・メルニーシーがどこかでこんなことを書いていた。西洋社会の人間はアラブ社会は宗教的だと言うが、自分がアメリカで暮らしてみて驚いたのは、アメリカ社会の日常が、キリスト教の宗教的ガンイ(ア)によって満たされていたということだ。それを日常として生きている者にはごく当たり前のことであって、ことさらに宗教的であるとは感じないかもしれないが、他文化の者にとっては、アメリカはその日常の細部までキリスト教的ガンイに満ち満ちた実に宗教的な社会に映ったという。

2 同じことはこの日本社会についても言えるかもしれない。A日本人は宗教心が希薄だと、日本人自身が言うのをよく聴く。たいていの場合、「それに較(くら)べてイスラームの人々は宗教熱心で、私たちとはぜんぜん違う」という言葉があとに続くのだが、でも、そうした日本人自身の意識とは正反対に、日本社会を体験したイスラーム教徒が強調するのは、日本社会がいかに宗教的であるか、ということだ。何十万という人々が神社に初詣(はつもうで)に出かけ、柏手(かしわで)を打ったり、何事か祈願して絵馬をホウノウ(イ)したり、おみくじを引いたり、七五三で神社にお参りに出かけたり、仏壇に朝晩供えものをしたり、お盆に坊さんを呼んで法事をしたり……私たちにとってそれは、とりたてて宗教的な行為というわけではなく、親がやってきたから自分も何となく繰り返している日常の一こま、あるいは年中行事のひとつに過ぎないとしても、それはたしかに宗教的な意味に浸潤されている行為なのだ。そして私たちは、それを当たり前の日常として生きているがゆえに、その宗教性は空気のように自然化されてしまっており、ことさらに宗教的な行為とは感じな

くなってしまっているだけなのかもしれない。

3 だから、イスラームの社会において私たちの目から見れば、非常に宗教的な振る舞いと見えるものであっても、本人たちはそれをたんに慣れ親しんだ日常の一部として行っている場合もたくさんあるだろう。ムスリム女性の被るスカーフなど、その良い例かもしれない。

4 私たちにとって、イスラーム社会における女性のスカーフ姿は、「イスラーム女性」のシンボルとなっていると言っても過言ではない。私たちにとってスカーフはお洒落のためのアイテムであり、それ以外の理由ではスカーフを被らない。でも、彼女たちはみな、宗教ゆえにスカーフを被る。私たちと彼女たちとの間のこの違い。目に見える違い。「文化の違い」。「なぜ、スカーフを被るのですか?」と彼女たちに訊ねればきっと、訊ねられた誰もが、イスラームの教えに従って、と答えるに違いない。中には、コーランやハディース(預言者の言行録)から、信徒のたしなみについて述べた章句や言葉を引用する者もいるだろう。イスラームの教えに従ってスカーフを被る女性たち。私たちはそんなことしない。私たちとは違う彼女たち。個人の服装まで律する厳格な教え。それに従う厳格な女性たち。自由な私たちとはまるで異質な存在……。

5 たしかに、ムスリム女性のスカーフには宗教的なコンキョがある。しかし、だからといって、すべての女性が熱烈な宗教心の証としてスカーフを被っているわけではないこともまた、たしかだ。都市部と違い地方部では女性がスカーフを被るのが、いまでもまだ当たり前だ。母も祖母も姉も、自分のまわりのすべての女性たちがスカーフを被っている。だから自分も被る。それは女性たちにとってまず、宗教的行為というよりも地域に根ざした生活習慣としてある。私たちにも、とくにその由来を考えることなく、永年の生活習慣として行っている多くの行為があるのではないだろうか。

6 「イスラーム」という「文化」の違いは、女性たちが被るスカーフという実に目に見えやすい形で現象している。その、目に見える違い、つまり「文化の違い」ということがにわかに、現代においてなお人々が厳格に宗教的に生きているイスラーム社会、特殊な社会というイメージを生み出す。「文化の違い」はたしかに、スカーフの有無という可視化される差異として現象しているけれども、たとえば永年の生活習慣としてそれが行われているという点に注目すれば、私たちの社会もまた、現れ方は異なるけれども、同じような態度が見られることに気がつくだろう。

7 つまり、私たちと彼らは、実はそんなに違わない、ということだ。少なくとも、同じ人間として理解できないほど違う、というわけでは決してない。そして、このとき「文化の違い」とは、私たちには一見すると、私たちとの異質性を物語るような具体的な違い、B「私たち」と「彼ら」のあいだの可視化された差異について、それが同じ人間としてじゅうぶん理解可能であることを示してくれるものなのだ。

8 「文化の違い」をこのようなものとして考えるならば、「文化が違う」ということは、彼我のあいだの通約不能な異質性を意味するものではなく、反対に、人がそれぞれの社会で生きている現実の細部の違いを越えて、理解しあう可能性を表すものとなる。「理解する」とは、それをC丸ごと肯定することとは違う。むしろ、私たちは「理解する」からこそ、そこにおいて、批判も含めた対話が、他者とのあいだで可能になるのではないだろうか。そして、理解することなく「これが彼らの文化だ、彼らの価値観だ」と丸ごと肯定しているかぎり、エマッショウされ、私たちの目には見えないでいる、その文化内部の多様な差異やせめぎあい、ゆらぎや葛藤（かっとう）もまた、私たちが「理解」しようとすることで立ち現れてくるだろう。

9 他文化を自分たちとは異質だ、特殊だと決めつける視線、それは、自分たちもまた、形こそ違え、実は彼らと同じようなことをしている、同じように生きている、という、批判的な自己認識を欠いたものである。そして、この、自文化に対する批判的な自己認識を欠落させた視線が、かつて自らの「普遍性」を僭称（せんしょう）し、他文化を「野蛮」と貶（おとし）めたのではなかっただろうか。文化相対主義とはまずもって、そうした自文化中心主義的な態度に対する批判としてあることを私たちは確認しておこう。自文化中心的に他文化を裁断することを戒めるため、自文化をつねに相対化して考えることの大切さ。したがって、そのような文化相対主義は、自文化に対する批判的な認識を欠いて、他文化を自文化とは決定的に異なった特殊なものとして見出す「文化相対主義」とは、ぜんぜん別物である。

10 いま、「文化」が現代世界を理解するための重要なキーワードとなっている。だが、それはいったい、いかなる「文化」なのか？　「文化の違い」が主張されるとき、それは、何を主張しているのか？　われわれにはわれわれ固有の価値観がある、それはお前たちの価値観とは違うのだ、それがお前たちの目から見て、どんなに間違っていようと、われわれはこれでいいのだ、という自文化中心的な「文化相対主義」の主張は、たんに一文化の独自性の主張にとどまらない。それは、自分たちの「文化」だけでなく、およそ「自文化」というものを、自閉的でナルシシスティックに肯定したいこの世界のありとあらゆる者たちの共犯者となって、自らが帰属する社会を、その歴史を、無条件に肯定したいという自己愛に満ちた欲望を支えている。お前たちはそれを侵略といい、虐殺といい、奴隷制という。それはお前たちの価値観、お前たちの歴史だ。われわれにはわれわれの価値観、われわれの歴史があるのだという主張。そして、このような「文化相対主義」に基づいて主張される多文化主義は、アメリカのハケン主義を共犯者として補完するものであって、決して、グローバリゼーションの対抗言説にはなり得ない。

11 したがって、反・自文化中心的な文化相対主義に基づいて、「文化」を、そして「文化の違い」というものを考えること。そのようなものとして、いま「文化」を理解することこそがおそらく、いまだ明かされない新しい普遍性へと世界を、そして私たちを開いていくだろう。

（一橋大学　商学部・経済学部・法学部・社会学部、二〇一〇年）

問一　傍線部**ア**～**オ**のカタカナで書かれた語句を漢字に改めよ。**各2点**

ア	イ	ウ	エ	オ

問二　傍線部**A**「日本人は宗教心が希薄だと、日本人自身が言うのをよく聴く。」とあるが、これについての筆者の見解を五〇字以内で述べよ。**10点**

問三　傍線部**B**「「私たち」と「彼ら」のあいだの可視化された差異について、それが同じ人間としてじゅうぶん理解可能であること」とはどういうことか、五〇字以内で説明せよ。**10点**

問四　傍線部**C**「丸ごと肯定」することを筆者は批判しているが、傍線部**C**以降の内容を踏まえて、その理由を二点挙げよ。**10点**

テーマ解説

▼ヨーロッパ中心主義から文化相対主義へ

問題文に登場する「文化相対主義」とは、どんな文化も独自の価値をもっており、文化の間に優劣はないという考え方のことだ。

文化相対主義は、もともと文化人類学という学問分野から出てきた言葉である。近代以降、科学や産業の高度な発達によって、物質的に豊かな社会を実現したヨーロッパでは、自分たちこそ最も文化的に進歩した地域だとする西欧中心主義の考え方が生まれることになった。

その背景には、一九世紀後半～二〇世紀初頭にかけて、進化論を人間社会に適用した社会進化論が大流行したことが挙げられる。社会進化論は、社会を弱肉強食と捉え、能力の優れた者が生き残ることを主張した。ヨーロッパの知識人は、こうした考えを文化に当てはめ、ヨーロッパを進化の頂点と見なして、非西欧社会が目指すべき目標とする一方、近代化をとげていない異文化に対しては未開で野蛮という捉え方をし、人種差別や植民地支配を正当化することにもなった。

こうした西欧中心主義を批判するかたちで、文化人類学者が提唱したのが文化相対主義である。各文化はそれぞれ歴史的に形成された固有の価値を持っているのだから、相互に尊重しなければならない。その意味で、文化相対主義は共生や寛容を唱える思想だった。

しかし文化相対主義は、反面、自文化の正当化にも用いられやすい。それが問題文でいう「自文化中心的な「文化相対主義」」である。

「われわれにはわれわれ固有の価値観がある、それはお前たちの価値観とは違うのだ、それがお前たちの目から見て、どんなに間違っていようと、われわれはこれでいいのだ」(10)という一節は、まさに文化相対主義のネガティブな側面を正確に言い当てている。

ポイント

文化相対主義

＋ 相互に文化や価値を尊重する共生の思想

－ 自文化や自国の価値観の正当化

▼本質主義への警戒

10で筆者は、自文化中心的な「文化相対主義」に基づいて主張される多文化主義では、アメリカ中心のグローバリ

言語・文化②　文化相対主義

ゼーションの「対抗言説にはなり得ない」と批判している。
文中ではその理由は述べられていないが、筆者は『棗椰子の木陰で――第三世界フェミニズムと文学の力』という著書のなかで、上記のような多文化主義を「本質主義的な地方主義に根ざした多文化主義」と呼んでいる。

ここでいう「本質主義的な地方主義」とは、それぞれの地域がもつ文化や価値観の本質は、古来から変わることなく一貫してあり続けているという考え方のことだ。たとえば日本には、縄文時代から変わらない文化の本質があるという考えが「本質主義的な地方主義」である。

「アラブにはアラブ独自のイスラーム文化によって培われた経験と価値観が、アフリカにはアフリカの太陽と母なる大地によって育まれた生と価値観がある」(『棗椰子の木陰で』)という主張は、一見、説得的に感じられる。

しかし、文化を本質主義的に捉えることは、「その文化内部の多様な差異やせめぎあい、ゆらぎや葛藤」⑧や文化が変容する可能性から目を背けてしまう。たとえば「アメリカにはアメリカの文化や価値観があり、日本には日本の文化や価値観がある」というふうに、自分の文化も相手の文化も変わりようがないのだから、理解し合えるはずはないというあきらめや無関心の温床になってしまう。

そういった態度では「西洋=普遍、非西洋=特殊」という図式もそのまま温存されてしまうだろう。それが「アメリカのハケン主義を共犯者として補完する」⑩ということだ。

▼「自文化中心的な「文化相対主義」」をいかに乗り越えるか

では、どのようにしたら「自文化中心的な「文化相対主義」」を乗り越えることができるだろうか。

筆者は問題文で「「文化が違う」ということは、彼我のあいだの通約不能な異質性を意味するものではなく、反対に、人がそれぞれの社会で生きている現実の細部の違いを越えて、理解しあう可能性を表すものとなる」⑧と述べている。

「通約不能」とは、共通の尺度は完全に欠如していて、相互理解が不可能なことをいう。筆者の主張は、「文化が違う」といってもそれは通約不能ではなく、どこかしら共通性が見いだせるということだ。共通性があるなら、それを手がかりにして理解可能であり、「そこにおいて、批判も含めた対話が、他者とのあいだで可能になる」⑧。

筆者の議論に関連して、比較という作業を考えてみてもいいだろう。比較というと「違い」を見つけることに目を向けがちだが、類似点や共通点を見つけることも、比較のうちには含まれる。たとえば、野球とサッカーを比較した場合、「ボールを使う」という共通点がある。

アメリカの哲学者ジェームズ・レイチェルズは「すべて

の社会が共通に持つであろういくつかの道徳的規則が存在する。なぜなら、それらの規則は社会が存在するために必要だからである」(『現実をみつめる道徳哲学』)と述べ、嘘(うそ)と殺人を禁じる規則をその例として挙げている。文化相対主義といっても、何から何まで文化や価値観が違うわけではない。「それゆえ、文化間の違いの大きさを過大評価することは誤りである。すべての道徳的規則が社会ごとに多様であるというわけではないのである」(同前)。

さらにいえば、共通点であれ違いであれ、何かと何かを比較できるならば、両者の間には共通の土台がなければならない。野球とサッカーを比較する場合、スポーツという土台を共有しているように。それは自文化と他文化でも同様だろう。文化の違いを挙げられるのは、自文化と他文化の間で共有された土台があってこそなのだ。

読解の要点

問題文は大きく1~5、6~8、9~11に区切られる。この順番に即して、内容を確認していこう。

1~3では、ある社会の内側にいる者と外側にいる者とでは、社会に対する見方が異なることが説明されている。すなわちアメリカ社会であれ、日本社会、イスラーム社会であれ、「それを日常として生きている者にはごく当たり前のことであって、ことさらに宗教的であるとは感じないかもしれないが、他文化の者にとっては」宗教的な意味に満ち満ちているように見える、ということだ。1~3を通じて、この内容が繰り返し反復されていることを確認してほしい。

4、5は、「イスラーム社会における女性のスカーフ姿」を例にとって、1~3の議論をさらに具体的に展開している。

まず4では、私たちの側から見ると、「イスラームの教えに従ってスカーフを被る女性たち」は異質な存在に映ることが説明されている。

5冒頭の「たしかに~しかし……」は譲歩表現なので、記述の力点は「しかし、すべての女性が熱烈な宗教心の証としてスカーフを被っているわけではない」のほうにある。これをさらに具体的に説明しているのが、スカーフを被ることは「女性たちにとってまず、宗教的行為というよりも地域に根ざした生活習慣としてある」という箇所だ。それに続けて「私たちにも、とくにその由来を考えることなく、永年の生活習慣として行っている多くの行為があるのではないだろうか」と問いかけている。

ここでも1~3と同様に、ある社会の内側にいる者と外側にいる者とで、行為の捉え方が異なっていることが説明されていることを確認しよう。図式化すると、次のようになる。

イスラーム女性のスカーフ姿
- 外側からの見方＝異質な宗教的行為
- 内側からの見方＝地域に根ざした生活習慣

⑥～⑧は、異質に見える「私たち」と「彼ら」の間に、理解し合う可能性があることを説明している箇所である。

⑥でも「「文化の違い」はたしかに、スカーフの有無という可視化される差異として現象しているけれども、たとえば永年の生活習慣としてそれが行われているという点に注目すれば、私たちの社会もまた、現れ方は異なるけれども、同じような態度が見られることに気がつくだろう」という譲歩表現を用いた箇所が重要だ。

筆者の洞察をかみ砕いて説明しておこう。たとえば日本人からすれば、女性たちがスカーフを被ったり、人々が一日に何度も礼拝をしたりするなど、目に付きやすい違いを見つけると、イスラーム社会と「文化の違い」があることを実感する。

逆もしかりで、②で説明されているように、イスラームの人々からすれば、日本人が正月に大勢で初詣に出かける様子を見れば、自分たちと日本社会との「文化の違い」を実感する。

しかし、日本人にとって初詣は、宗教的行為というより生活習慣として行っているという意識のほうが強い。それが「私たちの社会もまた、現れ方は異なるけれども、同じような態度が見られることに気がつくだろう」ということだ。

スカーフや初詣をいずれも生活習慣であるのだから、私たちと彼らは「同じ人間として理解できないほど違う、というわけでは決してない」（⑦）。日本人もムスリムも、生活するという点では同じ人間である。したがって、一見理解しがたく見える特徴的な行為も、生活習慣という点では共通している。だからこそ「じゅうぶん理解可能」（⑦）と筆者は主張している。

⑧では、「文化の違い」「理解する」を対比的に説明している点に注意しよう。すなわち、

「文化が違う」ということは
- ー 彼我のあいだの通約不能な異質性を意味する
- **のではなく**
- ＋ 理解しあう可能性を表すもの

「理解する」とは
- ー 丸ごと肯定することとは違う
- **むしろ**
- ＋ 批判を含めた対話が、他者との間において可能となる

文中に対比的な表現が登場した場合、筆者はどちらを肯定的に捉えているかを意識しながら読む習慣を身に付けてほしい。

ポイント
対比表現が登場したら、筆者はどちらを肯定的に捉えているかを確認する。

9～11では、「自文化中心的な文化相対主義」と「反・自文化中心的な文化相対主義」が対比されている。その特徴をまとめておこう。

▼自文化中心的な文化相対主義

＝自文化に対する批判的な認識を欠いて、他文化を自文化とは決定的に異なった特殊なものとして見出す文化相対主義（9）

＝われわれにはわれわれ固有の価値観がある、それはお前たちの価値観とは違うのだ、それがお前たちの目から見て、どんなに間違っていようと、われわれはこれでいいのだ（10）

＝自らが帰属する社会を、その歴史を、無条件に肯定したいという自己愛に満ちた欲望を支えている（10）

＝われわれにはわれわれの価値観、われわれの歴史があるのだという主張（10）

⇔

▼反・自文化中心的な文化相対主義

＝自文化中心的に他文化を裁断することを戒めるため、自文化をつねに相対化して考える（9）

←

いまだ明かされない新しい普遍性へと世界を、そして私たちを開いていくだろう（11）

問題文全体を振り返ってみたとき、筆者が肯定的に捉える「反・自文化中心的な文化相対主義」は、「文化の違い」を「理解しあう可能性を表すもの」（8）と捉えることであり、そのことによって「批判も含めた対話が、他者とのあいだで可能になる」。

このように、対比表現に注意することによって、筆者の主張がつかみやすくなることを、本問の読解を通じて確認してほしい。

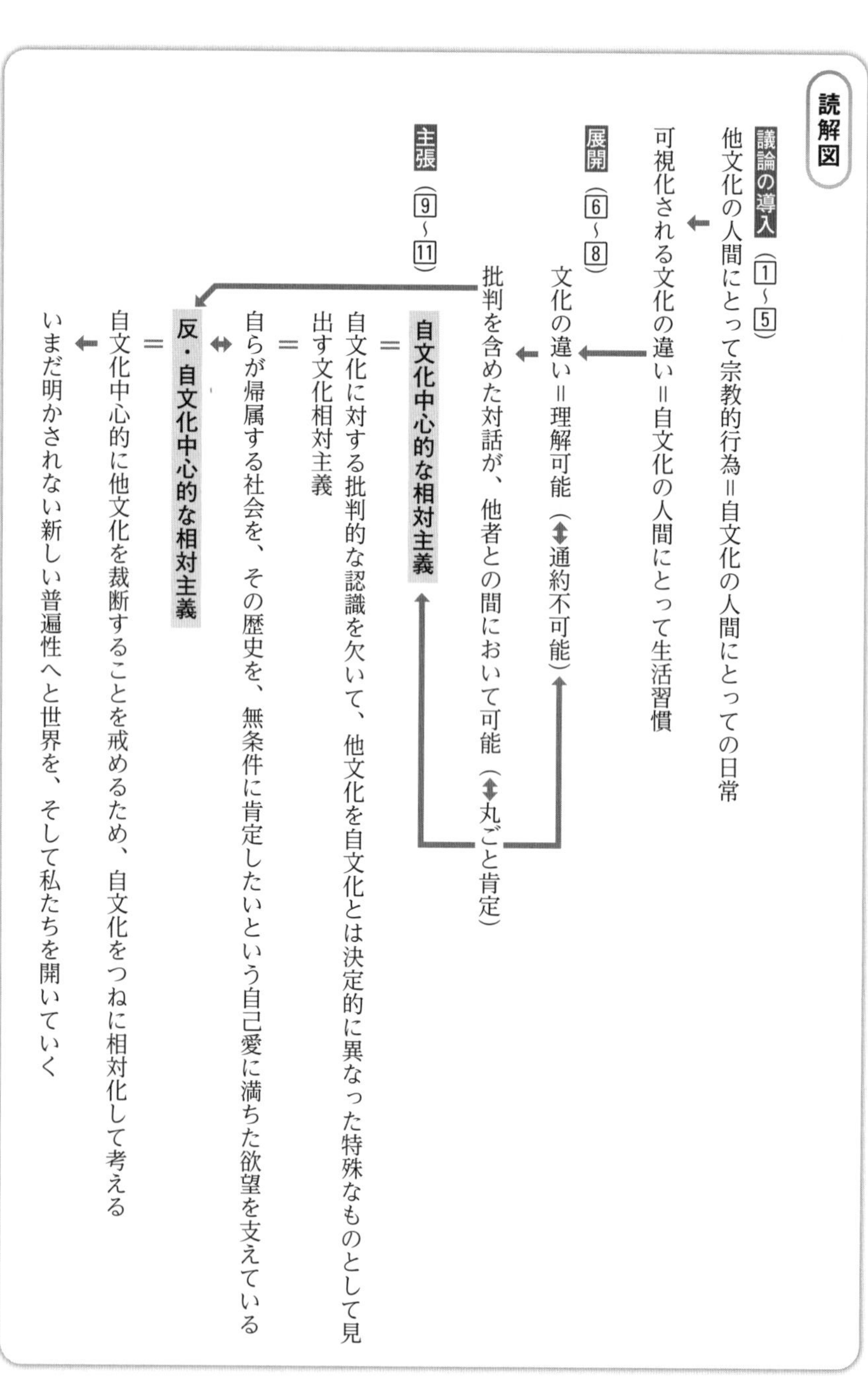
読解図
議論の導入（1〜5）
他文化の人間にとって宗教的行為＝自文化の人間にとっての日常
可視化される文化の違い＝自文化の人間にとって生活習慣
展開（6〜8）
文化の違い＝理解可能（⇕通約不可能）
批判を含めた対話が、他者との間において可能（⇕丸ごと肯定）
自文化中心的な相対主義
＝
自文化に対する批判的な認識を欠いて、他文化を自文化とは決定的に異なった特殊なものとして見出す文化相対主義
＝
自らが帰属する社会を、その歴史を、無条件に肯定したいという自己愛に満ちた欲望を支えている
主張（9〜11）
反・自文化中心的な相対主義
＝
自文化中心的に他文化を裁断することを戒めるため、自文化をつねに相対化して考える
いまだ明かされない新しい普遍性へと世界を、そして私たちを開いていく

6 熱帯の贈与論

奥野克巳（おくの かつみ）
『ありがとうもごめんなさいもいらない森の民と暮らして人類学者が考えたこと』

読解 ★★
記述 ★★★
解答・解説 p.35

◆次の文章を読んで、後の問いに答えよ。 解答時間45分・50点

1 プナン*の民話は、動物譚の宝庫である。

かつてマレーグマだけに尻尾があり、他の動物たちにはなかった。マレーグマの尻尾は格好よく見えた。動物たちはマレーグマのところに出かけて行って、尻尾を分けてくれるように頼んだ。マレーグマは来る動物来る動物に、気前よく尻尾を分け与えた。最後にテナガザルも尻尾をねだりにやってきた。しかしその時には、マレーグマに尻尾の手持ちがなくなっていた。それで、今日、マレーグマとテナガザルには尻尾がない。

2 マレーグマは、人はケチであってはならない、寛大な心を持つべきだという、人に範を[ア]タれる存在として描かれている。この民話は、「ケチはダメ（*amai iba*）」というメッセージを伝えている。プナンにとって、寛大であることは重要な美徳である。

3 プナンは、つねに、もらったものを惜しげもなく誰かに分け与えることが期待されている。私が年二回のペースで訪れる際に、いつも世話になっている男性の家族にお土産として持っていく時計やポーチ、バッグなどは、すぐにそれらをねだる別の誰かの手に渡る。さらにそれらは、また別の人へと渡っていく。遠く離れた森の狩猟キャンプを訪ねた折に、見知らぬプナンの男が、私がある人物にプレゼントした日本製のウェストポーチを身につけていたことが

あった。贈り物は、自らのもとに抱え込むのではなく、それを欲しがる別の誰かに惜しみなく分け与えることが期待されている。

4 もらった贈り物を他人に分け与えることは、プナンが生まれながらに持っている「徳」なのだろうか。いや、そうではないように思われる。私がプナンの居住地を訪ねていくと、ホストファミリーからは、お土産をけっしてみながいる前で見せないように言われる。みなが、あれが欲しい、これが欲しいと言って品物を持ち帰ってしまい、手元には何も残らないことを危惧するからである。逆に言えば、手元にものを置いておきたいというのが本心であり、「社会慣習」として、ものを惜しみなく他人に与えることがおこなわれているということだ。

5 ある時のことである。私が幼児に飴玉をいくつか与えると、彼女はそれらを独り占めしようとした。周囲にいる子どもが欲しそうに<u>ナガ</u>[イ]めていたが、幼児は飴玉をしっかりと身に引き寄せて手放そうとはしなかった。母親がそれを見て、傍にいた子どもたちにも分け与えるように<u>促</u>[ウ]した。最初は怪訝（けげん）な様子だったが、母の教えに従って、幼児は飴玉を他の子どもたちに配り始めた。プナンは、そのようにして後天的に、与えられたものを分け与えるという規範を社会に広く行き渡らせてきたのである。ものを惜しみなく分配するという寛大な精神は、けっして生まれながらのものではない。

6 ケチの小さな芽は、見つけられたらただちにつぶしにかからなければならない。

7 フランスの社会学者マルセル・モース*は、ニュージーランドのマオリ*のものの霊、「ハウ」を取り上げたことで知られる。マオリは、贈り物が贈り手から移動する時に一緒に移動する「贈与の霊」のようなものがあると考え、それをハウと呼んだ。ハウは贈り主のもとに帰りたがるので、別のものに乗せてお返ししなければならない。

8 アメリカ大陸では、インディアンたちもまた、贈り物を交換し、何かをもらったら必ずお返しをしていた。インディアンは、白人の行政官が村を訪れた時に、みごとなパイプを贈り物として贈った。数ヶ月後、インディアンが、その白人のオフィスを訪れると、暖炉の上にそのパイプが飾ってあるのを見て、「白人はもらったもののお返しをしない。それどころか、もらったものを自分のものにして、飾っている。なんという不吉な人々だ」と感じたのだという。インディアンにとって、贈り物は、白人がするように、飾っておくべきものではなかったのである。

9 中沢新一*によれば、インディアンにとっては、贈り物を自分のものにしてはならず、贈り物は動いていかなければならなかった。贈り物と一緒に「贈与の霊」が、他の人に手渡される。「贈与の霊」は、別のかたちをした贈り物にそえてお返ししたり、別の人たちに手渡したりして、動かさなければならない。中沢は、「贈与の霊」が動き、流れてゆく時、世界は物質的にも豊かになり、人々の心は生き生きとしてくるのだと言う。

10 資本主義のもとでは、資本が一ヶ所に集められ、事業に投下されることによって経済活動がおこなわれる。やがて、お金がどこかにためこまれ、経済が停滞すると、社会そのものに活力がなくなってしまう。そうしたお金と社会が関係している点に着目し、「お金は老化し、消え去らなければならない」と唱えたのがドイツの経済学者シルビオ・ゲゼル*である。世界恐慌の時代、財政破綻に陥ったオーストリアのとある町議会は、その町だけで通じる「自由貨幣*」を発行することを決めた。それ以来、地域通貨を導入し、貨幣を循環させ、人と人のつながりを生みだし、社会に活気を取り戻すための取り組みが世界各地で行われてきた。資本主義が抱える課題の先に見出された地域通貨の中にもまた、「贈与の霊」の精神を確認することができる。

11 プナンには、「贈与の霊」そのものズバリの考え方はない。しかし彼らも、ものに「贈与の霊」があるかのように、ものを滞らせることなく、循環させようとしている。人が人にものを贈る。もらった人は別の人にそのものを贈る。そのことにより、ものは特定の個人だけに留まることはない。個人占有の否定、つまりケチの小さな芽をつぶすことは、原理的に、ものを循環させることにつながっている。

12 プナン社会では、与えられたものを寛大な心ですぐさま他人に分け与えることを最も頻繁に実践する人物が、最も尊敬される。そういう人物は、ふつうは最も質素だし、場合によっては、誰よりもみすぼらしいふうをしている。彼自身は、ほとんど何も持たないからである。ねだられたら与えるだけでなく、自ら率先して分け与える。何も持たないことに反比例するかのように、彼は人々の尊敬を得るようになる。そのような人物は、人々から「大きな男（*lake jaau*）」、すなわちビッグ・マンと呼ばれ、共同体のアドホック*なリーダーとなる。そうしたリーダーのあり方は、高級なスーツを身にまとったり、高価な時計を腕に着けたり、ピカピカの高級車を乗りまわしたり、平気で公金を私的に流用したりする先進国の（一部の）リーダーたちとなんと違っていることか。

13 与えられたものを他人へとすぐさま与えて、ものを循環させるスピリットを持っていれば、彼のもとには、その徳を敬い、彼のことをシタう（キ）人々が集まる。彼の言葉は、集まってきた人々に受け入れられ、人々を動かす原動力になる。ビッグ・マンの口から言葉が発せられれば、人々は狩りに出かけるし、言い争いは鎮（ク）められる。

14 逆に、彼が個人的な欲に突き動かされるようになり、与えられたものを独り占めして出し惜しみし、財を個人の富として蓄えるようになれば、彼が発する言葉はしだいに力を失っていく。それだけでなく、人々はしだいに彼のもとを去っていく。その時、ビッグ・マンはもはやビッグ・マンではなくなっている。プナンは、ものを惜しみなく分け与えてくれる男性のもとへと集うのである。

15 なぜそこでは、このような社会道徳が発達してきたのか？　それは、食べることと生きることに深く関連するように思われる。狩猟に出かけて獲物が獲れなくても、隣の家族で獲物が獲れた場合には、そちらに行って食べさせてもらう。逆の場合、つまりこちらで獲物が獲れてあちらで獲れなかった場合、こちらはあちらに惜しみなく食べ物を分け与える。そうすることで、共同体の誰もが、空腹に困らず、つねに食べることが可能になる。つまり、ものがある時に惜しみなく分け与えることで、ものがない時に分け与えられることを保証する仕組みが築かれてきたのである。モースは、社会全体に自然の恵みが行き渡るこうした交換様式を「全体的給付体系」と呼んでいる。その仕組みを支えるために、プナンでは「ケチはダメ」という規範が広く浸透しているのだと思われる。

16 ものをもらった時、何かをしてもらった時に、相手に対して感謝の気持ちを伝える「ありがとう」という表現は、プナン語にはない。ふつう、贈り手に対しては、その場では、何の言葉も発しない。他方で、「ありがとう」に相当する言い回しとして、“*jian kenep*”（よい心）という表現がある。それは、「よい心がけ」であると、贈り手の分け与えてくれた精神性を称える表現である。感謝されるのではなく、分け与える精神こそが褒められるのである。

17 その意味で、ビッグ・マンは、「よい心がけ」という言い回しによって表される文化規範の体現者でもある。熱帯の狩猟民は、有限の自然の資源を人間社会の中で分配するために、独自の贈与論を生みだしてきた。

18 ビッグ・マンが発する言葉は、共同体の中でひときわ大きな意味を持つ。「キエリテン」の起源を語る神話が、そのことを端的に示している。かつて人を含むすべての動物の頂点に<u>クンリン</u>する王だったキエリテン*は、人間に大木を切り倒すように命じ、「耳かきをつくれ」と命じたのである。巨木を切り倒しておいて、そのようなちっぽけなものをつくるように命じるキエリテンには、まったくリーダーとしての資格はない。キエリテンは、やがて王位から滑り落ち、臭い屁を放るだけの動物へと転落したのである。

19 さて、この熱帯の贈与と交換の仕組みの中で、誰が最も強い存在であろうか？　それは少なくとも持つ者ではない。何も持たない者こそが、そこでは最強である。

20 〈彼〉／〈彼女〉はつねに〈私〉の持ちものをねだりにやって来て、〈私〉から持ちものを奪い去っていく。〈私〉にとっての〈彼〉／〈彼女〉である他者は、何も持たない者であるからこそ、〈私〉を脅かしつづける。〈私〉は、つねに物欲を抱えているからである。そのうちに、物欲とともに、〈私〉はこの仕組みの<u>ウズ</u>に呑みこまれる。〈私〉は、やがて持たないことの強みに気づくようになり、最後には、持たないことの快楽に酔い痴れるようになる。

21 その意味で、<u>熱帯の贈与論</u>における「他者」とは、たんにねだりにやって来る〈彼〉／〈彼女〉のことではない。それは、〈私〉が目指すべき、ねだっては与える〈私〉、すなわち「自己」でもあるのだ。プナンの小宇宙では、<u>こうした持つことと持たないことの境界が無化された贈与と交換の仕組みが深く根を張っていて</u>、貨幣を介して、持ちものやお金をためこもうとたくらんで外部から滲入してくる資本主義をばらばらに解体しつづけているのである。

（名古屋大学　教育学部・文学部・理学部・経済学部・医学部、二〇一九年）

＊プナン……東南アジア、ボルネオ島内陸部の森林に居住する狩猟採集民の総称。
＊マルセル・モース（Marcel Mauss, 一八七二～一九五〇）……フランスの社会学者、民族学者。
＊マオリ……ニュージーランドの先住民族。
＊中沢新一（なかざわ しんいち、一九五〇～）……日本の人類学者、宗教学者、思想家。
＊シルビオ・ゲゼル（Silvio Gesell, 一八六二～一九三〇）……ドイツの実業家、経済学者。
＊自由貨幣……シルビオ・ゲゼルが考案した通貨制度で、発行日が明記され時間の経過とともに価値が減っていく貨幣。
＊アドホック……「暫定的な」、「その場限りの」などの意。
＊キエリテン……イタチ科の動物。

問一 傍線部**ア**～**コ**のカタカナは漢字に、漢字は読みをカタカナに、それぞれ改めよ。**各1点**

ア	**イ**	**ウ**	**エ**	**オ**
カ	**キ**	**ク**	**ケ**	**コ**

問二 傍線部**A**について、地域通貨の中に「『贈与の霊』の精神」が確認できると筆者が考えるのはなぜか、本文に即して一〇〇字前後で説明せよ。**12点**

問三　傍線部**B**について、プナンのような狩猟民の社会で「熱帯の贈与論」が生み出された理由を、本文に即して一〇〇字以内で説明せよ。**12点**

問四　傍線部Cについて、「持つことと持たないことの境界が無化され」るとはどのようなことか、本文に即して一二〇字以内で説明せよ。16点

テーマ解説

贈与論は、近年よく出題されるようになっているテーマである。いや、入試評論文だけの話ではない。学問の世界でも、贈与に関する議論が活発に行われている。

贈与というと難しく聞こえるが、簡単にいえば贈り物やプレゼントのこと。だから、誕生日プレゼントやバレンタインデーのチョコレートも贈与だし、友だちに飲食をおごるのも贈与だ。

▼「贈与論」が注目される背景

ではいったいなぜいま、贈与論に注目が集まっているのだろうか。大きな背景としては、資本主義のゆきづまりに対する危機感がある。資本主義批判としては環境破壊や格差の拡大といった点がよく挙げられるが、それだけではない。資本主義の舞台となる市場経済では、お金さえあれば売り買いできるのだから、売り手と買い手の間に人間的な関係は必要ない。つまり、資本主義は人間的な関係を希薄にするという側面もあるのだ。

それに対して贈与は、人間的な関係があってこそ成立するものだ。プレゼントは特定の相手のことを思って贈るし、もらった側も贈り主のことを意識する。つまり贈与には、親密な人間関係を形づくる機能があるわけだ。

このことを文化人類学者の松村圭一郎氏は、次のように説明している。

> なにが贈与交換と商品交換とを区別しているのか。文化人類学では、それらを次のように区別してきた。贈与交換は人と人とをつなげ、商品交換は関係を切り離す。「贈り物」は贈り主のことを想起させる（＝人格化）。一方、「商品」は作り手や売り手を無関係なものとして切り離す（＝非人格化／匿名化）。（『文化人類学の思考法』松村圭一郎・中川理・石井美保編）

もちろん市場経済や商品交換にも、人間的な関係が成立していることだってあるだろう。なじみのお店に通えば、商品交換を通じて店主と親しくなることもある。しかし一般的にいって、市場経済や資本主義は人間関係を切り離しやすいのに対して、贈与は親しい人間関係を形づくる傾向があることは、贈与論を読むうえで知っておきたいポイントだ。

こうした点をふまえておくと、今回の問題文にも「贈与⇔資本主義」という対立軸を発見しやすくなるだろう。

ポイント

資本主義＝人間的な関係の切断

⇔

贈与交換＝人間的な関係の維持

▼贈与は負い目を生み出す

贈与を論じる文章では、必ずといっていいほど参照される本がある。フランスの文化人類学者マルセル・モース（一八七二～一九五〇）の『贈与論』だ。というより、モースの『贈与論』によって、贈与は文化人類学の重要なテーマになったといったほうが正確だろう。

同書のなかで、モースは贈与を「与える義務」「受け取る義務」「お返しの義務」という三つの義務から説明している。

このうち評論文で注目されやすいのは「お返しの義務」だ。贈与は与える→受け取るという一方通行ではない。受け取った側は、お返しをしなければならない。だから贈与は一種の交換であり、贈与交換という言い方をするわけだ。

問題文で紹介されている事例も、主に「お返しの義務」についてのものである。たとえば、ニュージーランドのマオリ族について、問題文には次のように書かれている。

> フランスの社会学者マルセル・モースは、ニュージーランドのマオリのものの霊、「ハウ」を取り上げたことで知られる。マオリは、贈り物が贈り手から移動する時に一緒に移動する「贈与の霊」のようなものがあると考え、それをハウと呼んだ。ハウは贈り主のもとに帰りたがるので、別のものに乗せてお返ししなければならない。7

ハウとは贈り物に宿る精霊のような存在をイメージすればいい。ここで重要なのは、マオリ族ではハウの意志によって、贈り物の交換が行われると考えられているということだ。

たとえば、あなたが私から贈り物を受け取ったとしよう。受け取ったあなたは、さながらハウに命じられるかのように、私に返礼をしなければならない。なぜか。「ハウは贈り主のもとに帰りたがる」からである。

文化人類学が教えるところでは、こうした贈与交換は一対一の関係に限られない。問題文にも「人が人にものを贈る」とあるように、三者以上であっても贈与交換の輪が形づくられていく。こうした相互的な贈与交換のあり方は「互酬（性）」と呼ばれている。

先述したように、贈与交換によって形づくられる社会や人間関係は、商品交換のそれとは大きく異なる。そして問題文でも紹介されているように、贈与交換（互酬性）にはさまざまなバリエーションがある。さまざまな贈与交換によって築かれる社会や人間関係を考察することは、私たちが当然視している資本主義社会を問い直すヒントを与えてくれるのだ。

ただし贈与交換にも難点がある。それは贈り物を受け取る側に「負い目」を感じさせてしまうことだ。それがいきすぎると、贈与は支配ー従属の関係を作り出してしまう。したがって、負い目にならないような贈与交換を構想することも、現代の思想的な課題となっていることを知っておこう。

ポイント

モースの「贈与論」
- 与える義務
- 受け取る義務
- お返しする義務➡負い目

読解の要点

問題文は、プナンで観察される贈与交換について述べた文章である。

まず1では、プナンの動物に関する民話の引用から始まっている。このような具体的な事例やエピソードが問題文冒頭に登場した場合、どのようなことを説明するために、それぞれの具体例が持ち出されているのかを考えながら読み進めることが重要だ。

ポイント

具体例とセットになっている筆者の主張を把握すること。

今回の問題文では、民話が示す教訓は2に述べられている。すなわち「人はケチであってはならない、寛大な心を持つべきだ」という教訓である。

3は、プナンの贈与交換をさらにくわしく述べているパートである。段落末尾の「贈り物は、自らのもとに抱え込むのではなく、それを欲しがる別の誰かに惜しみなく分け与えることが期待されている」という説明から、テーマ解説で述べた「お返しする義務」を想起したい。

4冒頭「もらった贈り物を他人に分け与えることは、プナンが生まれながらに持っている「徳」なのだろうか」という表現は要チェックだ。評論文で疑問文が出てきた場合は、その答えを探すことを意識して問題文を読むことを心がけよう。

ポイント
〈問い➡筆者の解答〉という方向を意識して文章を読む。

この問いに対する筆者の解答は、直後の「いや、そうではないように思われる」から6にかけて、具体例をまじえながら説明されている。5末尾「ものを惜しみなく分配するという寛大な精神は、けっして生まれながらのものではない」が直接的な答えである。

7～11では、マオリ族やインディアンの贈与交換の例とともに「贈与の霊」について解説し、プナンでも「贈与の霊」があるかのような慣習があることが説明されている。「贈与の霊」はテーマ解説でも触れたように、贈与を促していくような力をもつ精霊のことだ。

このパートでは、設問にもなっている10末尾「資本主義が抱える課題の先に見出された地域通貨の中にもまた、「贈与の霊」の精神を確認することができる」を丁寧に読み解きたい。詳細は設問解説に譲るが、地域通貨とは特定の地域や共同体の中でしか使えない貨幣のことである。特定の地域でしか使えないのだから、地域通貨はその地域のなかを循環し、地域通貨を通じて商品を売買する人々のなかにつながりを生み出しやすい。

一方、「贈与の霊」もまた贈り物とともに人から人へと手渡されることで、贈り物の交換を循環させていく。

このように地域通貨と「贈与の霊」には、人から人への循環を活性化させるという共通点があるということを読解できたかどうかを各自、点検してもらいたい。

12～14では、ここまでの議論をふまえながら、プナン社会でリーダーとなる「ビッグ・マン」についての考察が展開されている。ビッグ・マンとは「与えられたものを寛大な心ですぐさま他人に分け与えることを最も頻繁に実践する人物」(12)であるが、それとは対比的な人物像として、個人的な欲に突き動かされるような人間が挙げられていることに注意しよう。

- ものを惜しみなく分け与えるビッグ・マン➡尊敬

↕

- 財を個人のものとして蓄積➡軽蔑

[15]の冒頭「なぜそこでは、このような社会道徳が発達してきたのか」という疑問表現も要チェックだ。それは「有限の自然の資源を人間社会の中で分配するため」⑰であり、そのために「ものがある時に惜しみなく分け与えることで、ものがない時に分け与えられることを保証する仕組みが築かれてきた」のである。

[19]冒頭の「さて」は、話題の転換を示す接続詞なので、ここで論の方向がどのように転換するかを確認しながら読み進めよう。

ここでも「この熱帯の贈与と交換の仕組みの中で、誰が最も強い存在であろうか？」という問いが提出されているので、その解答を探すことを意識して読み進めることが重要だ。そうやって読んでいけば、同じ段落にある「何も持たない者」がその答えであることはすぐにわかる。

最後の二つの段落は慎重に読解したい。「何も持たない者」とは一方では、〈私〉にねだる「他者」である。しかしその「他者」は、ねだって手にした物をすぐに別の誰かに与えなければならない。そうしなければ「何も持たない者」でいられないからだ。

これを〈私〉の立場から見ると、ねだられる時点の〈私〉は何かを持っている者である。そのときにねだられて与えなければ、プナンでは軽蔑の対象であり、人は離れていく。しかしプナンの仕組みのなかでは、〈私〉に与えないという選択肢はない。そして与えていくうちに、「持たないことの快楽に酔い痴れるようになる」⑳。

ここで〈私〉と〈他者〉のポジションが交互に入れ替わっていることを読み解けたかどうかを自己点検してほしい。図示すれば次のようになる。

〈私〉	〈他者〉
何かを持っている	何も持たない
←与える	←ねだる
何も持たない	何かを持っている
←ねだる	←与える
何かを持っている	何も持たない
…	…

[21]で述べられている「熱帯の贈与論における「他者」とは……〈私〉が目指すべき、ねだっては与える〈私〉、すなわち「自己」でもあるのだ」「こうした持つことと持たないことの境界が無化された贈与と交換の仕組み」とは、右図のように、持つ〈私〉と持たない〈他者〉が相互に転換するようなあり方を述べたものである。ここを正確に読み取れるかどうかで、問四の答案の出来は決まってくる。

読解図

導入（1〜3）＝**プナンの贈与交換**

贈り物は、自らのもとに抱え込むのではなく、それを欲しがる別の誰かに惜しみなく分け与えることが期待されている（3）

←

展開Ⅰ（4〜6）**生まれながらに持っている「徳」か？**

← ものを惜しみなく分配するという寛大な精神は、けっして生まれながらのものではない

←

議論の補助線（7〜11）**贈与の霊＝地域通貨**

← 物の交換を循環させていく

展開Ⅱ（12〜14）**「ビッグ・マン」の考察**

＝ 与えられたものをすぐさま他人に分け与えることを最も頻繁に実践→尊敬

⇔ 財を個人のものとして蓄積→軽蔑

展開Ⅲ（15〜18）**なぜプナンでは、このような社会道徳が発達してきたのか？**

← 有限の自然の資源を人間社会の中で分配するため

←

ものがない時に分け与えられることを保証する仕組み

結論（19～21）　熱帯の贈与論の「他者」

＝〈私〉が目指すべき、ねだっては与える〈私〉

←持つことと持たないことの境界が無化

←外部から滲入してくる資本主義をばらばらに解体

7 科学と非科学の違い

酒井邦嘉（さかいくによし）『科学者という仕事』

読解 ★
記述 ★★
解答・解説 p.41

◆次の文章を読んで、後の問いに答えよ。 解答時間40分・40点

1 多くの人にとって、アインシュタインの次の言葉（一九三六年に学生へ語ったもの）は意外に思われるのではないだろうか。

科学研究は、人間の行動を含めて、すべてのできごとが自然法則によって決められているという仮定に基づいているのです。

2 つまり、自由意志があり、偶然に起こっているように思える人間の行動も、実は自然法則によって必然的に定められていると科学は仮定している。したがって、このことを前提とする心理学は科学であるが、前提としない心理学は科学とは言えないことになる。現代の心理学がこのように二面性を持っているのは、人間の行動を含めて心のはたらきがまだ完全には科学で解明されていないからである。

3 分子生物学者のJ・モノーは、『偶然と必然』という著書の中で次のように書いている。

科学的方法の基礎は、自然が客観的な存在であるという原則にある。つまり、諸現象を目的因、いわば《(造物主の) 計画》から解釈することで《真実》の認識に到達できるという考えを徹頭徹尾、拒否しようということなので

ある。

4 この考えに従えば、「高いところの葉を食べる目的でキリンの首が長くなった」とか「社会的なコミュニケーションの目的で人間の言語が生まれた」といった類の進化にまつわる説は、問題となる現象を目的から解釈しようとしているので、いかに非科学的であるか分かるだろう。本当に科学的に難しい問題は、人間の行動や主観的な心のはたらきを、いかに「客観的に」科学の力で明らかにするかということなのである。

5 多くの人は、科学は正しい事実だけを積み上げてできていると思うかもしれないが、それは真実ではない。実際の科学は、事実の足りないところを「科学的仮説」で補いながら作り上げた構造物である。科学が未熟なために、本来必要となるべき鉄骨が欠けているかもしれないのだ。新しい発見による革命的な一揺（ひとゆ）れが来たら、いつトウカイしてもおかしくない位である。

6 だから、「科学が何であるか」を知るには、逆に「科学が何でないか」を理解することも大切だ。科学は確かに合理的だから、理屈に合わない迷信は科学ではない。それでは、占いやシンレイ現象についてはどうだろうか。

7 占いは、当たらないことがあるから非科学的なのではない。天気予報は、いつも正確に予測できるとは限らないが、科学的な方法に基づいている。また、お化けや空飛ぶ円盤の存在は、科学的に証明されてはいないわけだが、逆に「お化けが存在しない」ということを証明するのも難しい。なぜなら、いつどこに現れるかも分からないお化けを徹底的に探すことはできないわけで、結局見つからなかったとしても、「お化けが存在しない」と結論するわけにはいかない。ひょっとして今この瞬間に自分の目の前にお化けが現れるかもしれないからだ。

8 哲学者のK・R・ポパーは、科学と非科学を分けるために、次のような方法を提案した。反証（間違っていることを証明すること）が可能な理論は科学的であり、反証が不可能な説は非科学的だと考える。検証ができるかどうかは問わない。

9 そもそも、ある理論を裏づける事実があったとしても、たまたまそのような都合の良い事例があっただけかもしれないので、その理論を「証明」したことにはならない。しかも、ある法則が成り立つ条件を調べるといっても、すべての条件をテストすることは難しい。むしろ、科学の進歩によって間違っていると修正を受けうるものの方が、はるかに「科学的」であると言える。

［中略］

10 科学の知識は、経験による根拠を必要としない数学の公理のような「アプリオリな知識」と、経験を根拠としていて反証できる「アポステリオリな知識」とに、大きく分けられる。たとえば、「エネルギー保存の法則」はアプリオリな知識であり、「風が吹けば桶屋（おけや）がもうかる」というのは、アポステリオリな知識である。

11 ここで、反証できるアポステリオリな知識しか科学的と認めないならば、ちょっと極端である。C これでは、簡単に証明したり取り下げられたりする理論ばかりが「科学的」ということになってしまい、果たして科学は進歩するのか、という疑問が生ずる。

12 科学理論の発展という観点から、アメリカの科学史家のT・S・クーンは、ある一定の期間を代表して手本となるような科学理論（たとえば天動説）を「パラダイム（範例）」と名づけて、新しいパラダイム（たとえば地動説）へと世界観が変革しながら科学が進歩するということを、豊富な例をもとに主張した。

13 科学の基礎をめぐるこうした考えは、認識についての哲学と密接に関係しており、多くの論争を引き起こしてきた。中でも、認識が経験に基づくことを重視したD・ヒュームによる経験論（一八世紀）や、L・ヴィトゲンシュタインの思想（二〇世紀）は、客観的な実在が認識されるという実在論の立場を取ったポパーや、認識は主体と客体の相対的な関係にすぎないとする相対主義を主張したクーンなどに大きな影響を与えたと言われている。

14 このように、科学的仮説は検証と反証をくり返しながら発展していく。科学における仮説の役割がとても大きいことは、数学者・物理学者のH・ポアンカレがはっきりと述べているところでもある。

15 しかし、科学者が述べる説が、いつも仮説の形を取っているとは限らない。D科学者の単なる思いつきや予想はあくまで意見にすぎず、科学的な仮説とは違う。科学者は仮説と意見をきちんと分けて述べる必要があるが、一般の人にはその区別がよく分からないので、両者を混同することで誤解が生じやすい。

16 科学的な仮説に対しては、それが正しいかどうかをまず疑ってみることが、科学的な思考の第一歩である。仮説を鵜呑(うの)みにしたのでは、科学は始まらない。

17 寺田寅彦(てらだとらひこ)は、「物理学は他の科学と同様に知の学であって同時に又(また)疑の学である。疑うが故に知り、知るが故に疑う。(中略)疑は知の基(もと)である。能(よ)く疑う者は能く知る人である」と述べている(一九一五年ころ)。さらに「恐るべきはウケンイでなくて無批判な群衆のエライドウ心理でなければならない」とも言う。

[中略]

18 「われ思う、ゆえにわれあり」(フランス語の原文は je pense, donc je suis)というR・デカルトの言葉は、「われ疑う、ゆえにわれあり」と解釈する方が実際の意味に近い。これは、疑っている「私」の存在を疑うことはできない、ということなのである。

19 ただし、自分の意見を「われ思う、ゆえに真なり」のように見なすようになったら、もはや科学者としては終わりである。科学にとって実証性こそが命であり、これを失うことは科学をオホウキするのに等しい。危険なのは、一般の人々に向けて自分の考えを述べているうちに、仮説と意見の境についての感覚が麻痺(まひ)してしまうことである。そのため、科学者が書いたエッセーの中にもずいぶん無責任な意見があるのだ。

(大阪大学　文学部、二〇一六年)

問一　傍線部**ア**〜**オ**のカタカナで書かれた語句を漢字に改めよ。**各1点**

ア	イ	ウ	エ	オ

問二　傍線部**A**「「客観的に」科学の力で明らかにする」とあるが、その意味をわかりやすく説明せよ。**9点**

問三　傍線部**B**「占いは、当たらないことがあるから非科学的なのではない」とあるが、筆者はなぜ占いを非科学的だと考えているのか、わかりやすく説明せよ。**9点**

問四 傍線部C「科学は進歩するのか」とあるが、筆者は科学がどのようにして進歩すると考えているのか、わかりやすく説明せよ。**9点**

問五 傍線部D「科学者の単なる思いつきや予想はあくまで意見にすぎず、科学的な仮説とは違う」とあるが、「意見」と「仮説」とはどう違うのか、わかりやすく説明せよ。**8点**

テーマ解説

▼仮説・検証・反証

出典となっている『科学者という仕事』のなかに、筆者が「科学」と「科学研究」の違いを説明したくだりがある。

筆者いわく、サイエンス（科学）の語源をたどると「分ける」ことに関係している。「科学で「分かる」と言う場合、確かに対象となる自然現象を分けながら理解している」。しかし単に現象を分けるだけでは、科学研究とはいえない。科学研究の本領は、さらに一歩踏み込んで、「自然法則」を解明することにある。それが「分かる」ことであり「理解する」ことである、と。

問題文は右記に続く箇所であり、科学の営みを非科学的な営みと区別しながら解説していくことに記述の力点が置かれている。

こうした科学論を読むうえでは、「仮説」「検証」「反証」といった基本的な用語の意味を知っているか知っていないかで、読解に大きな差が開いてしまう。そこで簡単に、科学の営みについて解説しておこう。

科学研究は、自然現象の観察や先行研究にもとづいて、ある現象や事象を説明するための仮説を提出することから始まる。「仮説」とは文字通り、仮に立てる説だから、それが正しいか、誤っているかはわかっていない。それを実験や観察によって確かめるのが「検証」や「実証」である。

では問題文にも登場する「反証」とは何か。文中には「（間違っていることを証明すること）」と説明されているが、これだけではピンと来ない人もいるだろう。

じつは問題文で省略されている箇所で、反証の例はわかりやすく示されているので、少し長いがそのまま引用しておこう。

> たとえば、「すべてのカラスは黒い」という説は、一羽でも白いカラスを見つければ反証されるので、科学的である。しかし、「お化け」が存在することは検証も反証もできないので、その存在を信じることは非科学的である。逆に、「お化けなど存在しない」と主張することは、どこかでお化けが見つかれば反証されるので、より科学的だということになる。一方、「分子など存在しない」という説は、一つの分子を計測装置でとらえることですでに反証されており、分子が存在することは科学的な事実である。（『科学者という仕事』）

この説明からもわかるように、仮説からはみ出す事例が見つかると、仮説がまちがっていることは証明されたことになるのだ。

ポイント
仮説 ⬇ 仮説からはみ出す事例の発見 ⬇ 反証

▼クーンの「科学革命」

12で触れられているT・S・クーンの議論も、評論文ではしばしば登場するので解説しておこう。

科学革命には、大きく二つの用例がある。一つは、一七世紀のヨーロッパで、自然科学が大きな変革を遂げたことを指して使う場合。もう一つは、クーンの提唱した考え方であり、一七世紀に限らず、科学的な理論の枠組み（＝パラダイム）が一新されることをいう。

クーンの科学革命のポイントは、科学は一歩一歩、連続的に発展して変化するのではなく、新しいパラダイムが古いパラダイムに取って代わることによって、非連続的に変化すると主張したことにある。「パラダイム」という言葉の意味を実感してもらうために、クーンの言葉を引用しておこう。

> 新しいパラダイムに導かれた科学者たちは、新しい装置を使って新しい場所を覗く。さらに重要なのは、革命期の科学者たちは、使い慣れた装置で見知った場所を覗いても、以前とは異なる新しいものを見るということだ。それはあたかもその専門家コミュニティーが、見知ったものが異なる光の中で見えるだけでなく、見知らぬものも見える別の惑星に突如転送されたようなものだ。（『科学革命の構造　新版』青木薫訳）

クーンによれば、古いパラダイムと新しいパラダイムの間では、世界観や尺度がまったく違うため、相互理解やコミュニケーションをすることも非常に困難だという。こうした異なるパラダイム間に共通の評価基準が存在しない状況を、クーンは「通約不可能性」と呼んだ。

共通の評価基準がないということは、優劣を判断することはできないことを意味する。したがって新しいパラダイムが優れていて、古いパラダイムが劣っているのではない。クーンの科学革命論は、こういった知の相対主義をも含んでいる。

▼よりよい仮説とは何か

念のため補足しておくと、クーンの議論は出版された当初は大きな反響を呼んだが、現代の学問では鵜呑み（うの）にされているわけではない。というのもクーンの議論をそのまま受け取ると、天動説と地動説でどちらが真理に近いか、判定できなくなってしまうからだ。

現代では、仮説や理論には良し悪しがあると考えるのが一般的だ。たとえば科学哲学者の戸田山和久氏は、『「科学的思考」のレッスン』という本の中で、より良い仮説や理論の基準として、以下の三つを挙げている。

---

①より多くの新奇な予言を出してそれを当てることができる。

②アドホック（その場しのぎ）の仮定や正体不明・原因不明の要素をなるべく含まない。

③すでに分かっているより多くのことがらを、できるだけたくさん／できるだけ同じ仕方で説明してくれる。

この三つの基準から見れば、地動説のほうが天動説に比べて、より良い仮説であると判定できるのである。

読解の要点

問題文は典型的な「科学論」であり、テーマ解説で説明したような論点を知っているかどうかで、理解度は大きく変わってくる。だがテーマに関する知識に頼りすぎると、論理的な読解がおろそかになりやすい。テーマに関する知識と論理的な読解があわさることで、問題文の内容を正確に把握できることを、本問で実感してもらいたい。

[1]～[4]では、科学研究の前提について説明されている。それを端的に述べているのが、「科学研究は、人間の行動を含めて、すべてのできごとが自然法則によって決められているという仮定に基づいている」（[1]）というアインシュタインの言葉だ。

[3]、[4]の「問題となる現象を目的から解釈」することは「非科学的」であるという点は慎重に読解したい。自然法則は、何かの目的のためにあるわけではない。端的に〈そういうことになっている〉のである。それゆえ、人間も含めた自然もまた、何かのために存在しているのではなく、自然法則に従っているだけだ。そして自然法則は客観的なので、筆者が引用する文にあるように「科学的方法の基礎は、自然が客観的な存在であるという原則にある」のだ。

[1]～[4]は、科学的な前提と非科学的な前提の違いが説明されていた。続く[5]～[9]では、「科学的な方法」という点から、科学と非科学の違いについて述べられている。

その要点は、ポパーの説を紹介する形で述べられている。

「反証（間違っていることを証明すること）が可能な理論は科学的であり、反証が不可能な説は非科学的だ」というものだ。

科学研究は、仮説と事実によって営まれる。だが仮説に当てはまる事実が見つかったとしても、「たまたまそのような都合の良い事例があっただけかもしれないので、その理論を「証明」したことにはならない」（[9]）。他方、仮説を裏切るような事実や事例があれば、「仮説」が間違っていることが証明される。

注意したいのは、仮説の反証が可能であることと、実際に仮説が反証されることとは違うということだ。仮説は反証される可能性がある。だからこそ反証されない間は、その仮説に暫定的な正しさが認められることになるのである。

問三とも関連することだが、逆に反証の可能性がないことは、その説が誤りである可能性を受け入れないということだから、「反証が不可能な説は非科学的」なのだ。

[10]〜[14]は〈科学はどのように進歩するのか〉を論じているパート。詳細は問四の設問解説に譲るが、内容の中心になるのは[12]である。すなわち「新しいパラダイム（たとえば地動説）へと世界観が変革しながら科学が進歩する」という記述である。

科学論に登場する「パラダイム」の詳細については「テーマ解説」を参考にして理解を深めてほしい。読解するうえでは、例として挙げられている「天動説」から「地動説」へとパラダイムが変わっていくのは、「アポステリオリな知識」の変化であることに注意しよう。だからこそ[14]冒頭で「このように、科学的仮説は検証と反証をくり返しながら発展していく」とまとめているのである。

[15]〜[19]では、「仮説」と「意見」の違いを指摘しながら、科学的な思考に欠かせない態度を説明している。ここも詳細は問五で解説するが、「科学にとって実証性こそが命であり」（[19]）、それゆえ「科学的な思考の第一歩」は、科学的な仮説が「正しいかどうかをまず疑ってみる」（[16]）ことであるというのが、このパートの要旨である。

読解図

科学研究の前提（1～4）

科学研究の前提
＝
すべての出来事は自然法則によって必然的に定められている
⇔
現象を目的から解釈しようとする＝非科学的

科学と非科学の違い（5～9）

実際の科学＝事実＋科学的仮説
⬅
反証が可能＝科学
⇔
反証が不可能＝非科学

科学はどのように進歩するか（10～14）

アプリオリな知識＋アポステリオリな知識
⬅
パラダイムの変化
⬅
検証と反証を繰り返しながら発展

科学的な仮説と意見の違い（15〜19）

科学的な仮説 ⟷ 意見

実証性が命 ＝ 単なる思いつきや予想

↓ 疑ってみる　↓ 鵜呑みにする

8 近代的自然観と人間観

河野哲也（こうのてつや）
『意識は実在しない』

読解 ★★
記述 ★★★
解答・解説 p.47

◆次の文章を読んで、後の問いに答えよ。 解答時間60分・40点

1 環境問題は、汚染による生態系の劣悪化、生物種の減少、資源のコカツ（ア）、廃棄物の累積などの形であらわれている。その原因は、自然の回復力と維持力を超えた人間による自然資源の搾取にある。環境問題の改善には、思想的・イデオロギー的な対立と国益の衝突を超えて、国際的な政治合意を形成して問題に対処していく必要がある。

2 しかしながら、環境問題をより深いレベルで捉（とら）え、私たちの現在の自然観・世界観を見直す必要性もある。というのも、自然の搾取を推進したその理論的・思想的背景は近代科学の自然観にあると考えられるからだ。もちろん、自然の搾取は人間社会のトータルな活動から生まれたものであり、環境問題の原因のすべてを近代科学に押しつけることはできない。

3 しかしながら、近代科学が、自然を使用するに当たって強力な推進力を私たちに与えてきたことは間違いない。その推進力とは、ただ単に近代科学がテクノロジーを発展させ、人間の欲求を追求するためのコウリツ（イ）的な手段と道具を与えたというだけではない（テクノロジーとは、科学的知識に支えられた技術のことを言う）。それだけではなく、近代科学の自然観そのものの中に、生態系の維持と保護に相反する発想が含まれていたと考えられるのである。

4 近代科学とは、一七世紀にガリレオやデカルトたちによって開始され、次いでニュートンをもって確立された科学を指している。近代科学が現代科学の基礎となっていることは言うまでもない。近代科学の自然観には、中世までの自然観と比較して、いくつかの重要な特徴がある。

5 第一の特徴は、機械論的自然観である。中世までは自然の中には、ある種の目的や意志が宿っていると考えられていたが、近代科学は、自然からそれら精神性を剝奪（はくだつ）し、定められた法則どおりに動くだけの死せる機械とみなすようになった。

6 第二に、原子論的な還元主義である。自然はすべて微小な粒子とそれに外から課される自然法則からできており、それら原子と法則だけが自然の真の姿であると考えられるようになった。

7 ここから第三の特徴として、A物心二元論が生じてくる。二元論によれば、身体器官によって捉えられる知覚の世界は、主観の世界である。自然に本来、実在しているのは、色も味も臭（にお）いもない原子以下の微粒子だけである。知覚において光が瞬間に到達するように見えたり、地球が不動に思えたりするのは、主観的に見られているからである。自然の感性的な性格は、自然本来の内在的な性質ではなく、自然をそのように感受し認識する主体の側にある。つまり、心あるいは脳が生み出した性質なのだ。

8 真に実在するのは物理学が描き出す世界であり、そこからの物理的な刺激作用は、脳内の推論、記憶、連合、類推などの働きによって、ウチツジョある経験（知覚世界）へと構成される。つまり、知覚世界は心ないし脳の中に生じた一種のイメージや表象にすぎない。物理学的世界は、人間的な意味に欠けた無情の世界である。

9 それに対して、知覚世界は、「使いやすい机」「嫌いな犬」「美しい樹木」「愛すべき人間」などの意味や価値のある日常物に満ちている。しかしこれは、主観が対象にそのように意味づけたからである。こうして、物理学が記述する自然の客観的な真の姿と、私たちの主観的表象とは、質的にも、存在の身分としても、まったく異質のものとみなされる。

10 これが二元論的な認識論である。そこでは、感性によって捉えられる自然の意味や価値は主体によって与えられるとされる。いわば、B自然賛美の抒情詩（じょじょうし）を作る詩人は、いまや人間の精神の素晴らしさを讃（たた）える自己賛美を口にしなければならなくなったのである。こうした物心二元論は、物理と心理、身体と心、客観と主観、自然と人間、野生と文化、事実と規範といった言葉の対によって表現されながら、私たちの生活に深く広くシントウしている。日本における理系と文系といった学問の区別もそのひとつである。二元論は、没価値の存在と非存在の価値を作り出してしまう。

11 二元論によれば、自然は、何の個性もない粒子が反復的に法則に従っているだけの存在となる。こうした宇宙に完全に欠落しているのは、ある特定の場所や物がもっているはずの個性である。時間的にも空間的にも極微にまで切り詰められた自然は、場所と歴史としての特殊性を奪われる。近代的自然科学に含まれる自然観は、自然を分解して利用する道をこれまでないほどに推進した。最終的に原子の構造を砕いて核分裂のエネルギーを取り出すようになる。自然を分解して（知的に言えば、分析をして）、材料として他の場所で利用する。近代科学の自然に対する知的・実践的態度は、自然をかみ砕いて栄養として摂取することに比較できる。

12 近代科学が明らかにしていった自然法則は、自然を改変し操作する強力なテクノロジーとして応用されていった。しかも自然が機械にすぎず、その意味や価値はすべて人間が与えるものにすぎないのならば、自然を徹底的に利用することに躊躇（ちゅうちょ）を覚える必要はない。本当に大切なのは、ただ人間の主観、心だけだからだ。こうした態度の積み重ねが現在の環境問題を生んだ。

13 だが実は、この自然に対するスタンスは、人間にもあてはめられてきた。むしろその逆に、歴史的に見れば、人間に対する態度が自然に対するスタンスに反映したのかもしれない。近代の人間観は原子論的であり、近代的な自然観と同型である。近代社会は、個人を伝統的共同体の桎梏（しっこく）から脱出させ、それまでの地域性や歴史性から自由な主体として約束した。つまり、人間個人から特殊な諸特徴を取り除き、原子のように単独の存在として遊離させ、規則や法に従ってはたらく存在として捉えるのだ。こうした個人概念は、たしかに近代的な個人の自由をもたらし、人権の概念を準備した。

14 しかし、近代社会に出現した自由で解放された個人は、同時に、ある意味でアイデンティティを失った根無し草であり、誰（だれ）とも区別のつかない個性を喪失しがちな存在である。そうした誰ともコウカン可能な、個性のない個人（政治哲学の文脈では「負荷なき個人」と呼ばれる）を基礎として形成された政治理論についても、現在、さまざまな立場から批判が集まっている。物理学の微粒子のように相互に区別できない個人観は、その人のもつ具体的な特徴、歴史的背景、文化的・社会的アイデンティティ、特殊な諸条件を排除することでなりたっている。

15 だが、そのようなものとして人間を扱うことは、本当に公平で平等なことなのだろうか。いや、それ以前に、近代社会が想定する誰でもない個人は、本当は誰でもないのではなく、どこかで標準的な人間像を規定してはいないだろうか。そこでは、標準的でない人々のニーズは、社会の基本的制度から密かに排除され、不利な立場に追い込まれていないだろうか。実際、マイノリティに属する市民、例えば、女性、少数民族、同性愛者、障害者、少数派の宗教を信仰する人たちのアイデンティティやニーズは、周辺化されて、軽視されてきた。個々人の個性と歴史性を無視した考え方は、ある人が自分の潜在能力を十全に発揮して生きるために要する個別のニーズに応えられない。

16 近代科学が自然環境にもたらす問題と、これらの従来の原子論的な個人概念から生じる政治的・社会的問題とは同型であり、並行していることを確認してほしい。

17 自然の話に戻れば、分解して個性をなくして利用するという近代科学の方式によって破壊されるのは、生態系であることは見やすい話である。自然を分解不可能な粒子と自然法則の観点のみで捉えるならば、自然は利用可能なエネルギー以上のものではないことになる。そうであれば、自然を破壊することなど原理的にありえないことになってしまうはずだ。

18 しかし、そのようにして分解的に捉えられた自然は、生物の住める自然ではない。自然を原子のような部分に還元しようとする思考法は、さまざまな生物が住んでおり、生物の存在が欠かせない自然の一部ともなっている生態系を無視してきた。

19 生態系は、そうした自然観によっては捉えられない全体論的存在である。生態系の内部の無機・有機の構成体は、循環的に相互作用しながら、長い時間をかけて個性ある生態系を形成する。エコロジーは博物学を前身としているが、博物学とはまさしく「自然史（ナチュラル・ヒストリー）」である。ひとつの生態系は独特の時間性と個性を形成する。そして、そこに棲息する動植物はそれぞれの仕方で適応し、まわりの環境を改造しながら、個性的な生態を営んでいる。自然に対してつねに分解的・分析的な態度をとれば、生態系の個性、歴史性、場所性は見逃されてしまうだろう。これが、環境問題の根底にある近代の二元論的自然観（かつ二元論的人間観・社会観）の弊害なのである。E自然破壊によって人間も動物も住めなくなった場所は、そのような考え方がもたらした悲劇的帰結である。

（東京大学　文科、二〇一二年）

問一　傍線部**ア**〜**オ**のカタカナで書かれた語句を漢字に改めよ。**各1点**

ア	イ	ウ	エ	オ

問二　傍線部**A**「物心二元論」とあるのはどういうことか、本文の趣旨に従って説明せよ。**6点**

問三　傍線部B「自然賛美の抒情詩を作る詩人は、いまや人間の精神の素晴らしさを讃える自己賛美を口にしなければならなくなった」とあるが、なぜそのような事態になるといえるのか、説明せよ。6点

問四　傍線部C「自然をかみ砕いて栄養として摂取することに比較できる」とあるが、なぜそういえるのか、説明せよ。6点

問五　傍線部D「従来の原子論的な個人概念から生じる政治的・社会的問題」とはどういうことか、説明せよ。**6点**

問六　傍線部E「自然破壊によって人間も動物も住めなくなった場所は、そのような考え方がもたらした悲劇的帰結である」とはどういうことか、本文全体の論旨を踏まえた上で、一〇〇字以上一二〇字以内で説明せよ。**11点**

テーマ解説

▼目的論的自然観と機械論的自然観

問題文では「近代的自然観」の特徴はくわしく解説されているので、それと対比される前近代の自然観について最初に解説しておこう。

あくまで西欧に限定した議論だが、近代の機械論的自然観に対して、中世までは目的論的自然観が支配的だった。目的論的自然観とは、自然の事物は、そのなかに可能性として含まれている目的を実現するように変化するという考え方のことをいう。

その発端は、古代ギリシアの哲学者アリストテレスまでさかのぼる。アリストテレスによれば、たとえばアサガオの種は、成育してアサガオとして花を咲かせ、新たな実を生みだすことが目的である。このような見方をすれば、あらゆる事物の生成変化は、何らかの目的を目指していることになる。アリストテレスの言葉を見てみよう。

> だから、ツバメが巣を作り、クモが網を張るのは、あるいはまた植物が果実のために葉を繁らせ、養分摂取のために根を上方ではなく下方に伸ばすのは、自然によってのことであるとともに、何かのためを目指してのことであるとすれば、そうした目的因的な原因が、自然によって生じそれによって存在するもののうちに働いていることは明白である。(『アリストテレス全集4 自然学』内山勝利訳)

こうしたアリストテレスに端を発する目的論的自然観を退けたのが、問題文にも登場する機械論的自然観である。機械論的自然観とは、あらゆる自然現象を機械のメカニズムのように捉えることをいう。

機械の部品じたいは単なる物体であり、目的は存在しない。部品Aが部品Bに作用して、それが今度は部品Cに作用して……というぐあいに、物理的な力の作用が連鎖することで、機械全体が作動するというメカニズムになっている。こうして「近代科学は、自然からそれら精神性を剝奪し、定められた法則どおりに動くだけの死せる機械とみなすようになった」(5)のである。

ポイント

目的論的自然観＝自然の事物には目的が含まれている

⇔

機械論的自然観＝自然を自然法則に従う機械とみなす

▼物心二元論から「拡張した心」へ

このような機械論的自然観を準備した思想として、よく取り上げられるのがデカルトの物心二元論だ。物心二元論とは、精神と物体を明確に区別することをいう。すなわち精神の本質は考えることであり、物体の本質は空間的な広がりである。この物心二元論を人間に適用したものが心身二元論であり、そこでは身体は物体と同様に機械とみなされる。

物心二元論では、心(精神)を主体とみなし、自然の事物や身体は単なる機械とみなされる。それゆえ問題文に述べられているように、「身体器官によって捉えられる知覚の世界は、主観の世界である。自然に本来、実在しているのは、色も味も臭いもない原子以下の微粒子だけである」(7)。

筆者は、物心二元論に基礎づけられた機械論的自然観には、「生態系の維持と保護に相反する発想が含まれていた」(3)ことを問題文で考察している。その詳細は「読解の要点」に譲り、ここでは筆者が出典となった『意識は実在しない』で提示している、新しい心の見方を紹介しておこう。

それは「拡張した心」という考え方である。「拡張した心」とは、心を環境から切り離されたものと見るのではなく、周囲にも拡がったものとして捉えることだ。

心が環境にも拡がっているとはどういうことか。ここでいう心には、物事を考えたり計算したりする働きも含まれている。たとえば私たちは、738×356のような計算も、常人では頭のなかだけで実行するのは無理だ。紙とエンピツ、あるいは計算機がないと答えを導くことはできない。

このように、私たちが何か複雑なことを考えたり計算したりするためには、何らかの道具の助けが必要だ。それは、心が周囲の環境にある事物と一体になって考えているということでもある。

思考や計算だけではない。筆者によれば、本を読んだり、音楽を聴いたりする行為も、外的な環境との複雑な相互作用が含まれているという。『意識は実在しない』で示されている筆者の言葉を引用しよう。

> 心のはたらきと呼ばれるものは、身体全体を含めた人間個体を超えて、その身体と相互作用する環境という広域において成立している。こうした心のあり方が、現代の心の哲学では「拡張した心」と呼ばれる。

「拡張した心」は、物心二元論と異なり、心と物を相互に作用を及ぼす関係として考える。心と物を明確に区別しないという意味では、一元論的な捉え方といってもいいかもしれない。

駆け足での紹介になったが、現代の哲学や思想では、心と物、あるいは社会と自然といった二元論を批判し、両者の相互作用を考察する議論が活発になっている。それは自然を、人間が都合よく利用できる客体として見るのではなく、人間と対等な存在として位置づけることでもある。

問題文は、そのイントロダクションに当たる内容といっていいだろう。

ポイント

物心二元論＝心を主体とみなし、自然の事物や身体は単なる機械とみなす

↓

拡張した心＝心と物を相互に作用を及ぼす関係として考える

読解の要点

問題文は、環境問題の理論的・思想的背景に近代科学の自然観があるという主張を展開したものだ。問題文は大きく、[1]〜[3]、[4]〜[12]、[13]〜[16]、[17]〜[19]の四つに分けられる。順番に読解のポイントを解説していこう。

[1]〜[3]は論の導入に当たる部分であり、いま述べたように「自然の搾取を推進したその理論的・思想的背景は近代科学の自然観にあると考えられる」([2])と、問題文のテーマを提示している。「近代科学の自然観そのものの中に、生態系の維持と保護に相反する発想が含まれていた」([3])もほぼ同内容表現だ。

この導入部を受けて、[4]〜[12]では、近代科学の自然観の特徴が説明されていく。このパートは「テーマ解説」で説明した内容を知っていれば、読解しやすいはずだ。

筆者は近代科学の自然観の特徴として、次の三点を挙げている。

- 機械論的自然観＝自然は定められた法則どおりに動くだけの死せる機械（[5]）
- 原子論的な還元主義＝自然はすべて微小な粒子と自然法則からできている（[6]）

↓

- 物心二元論＝自然に本来実在しているのは微粒子だけであり、知覚の世界は主観の世界（[7]）

問題文では7～10まで、知覚世界と物理学的世界という対比を軸に、物心二元論がくわしく説明されていくので整理しておこう。

【物理学的世界】
「自然に本来、実在しているのは……微粒子だけである」(7)
「人間的な意味に欠けた無情の世界」(8)
「自然の客観的な真の姿」(9)

⇔

【知覚世界】
「主観の世界」(7)
「自然の感性的な性格は……心あるいは脳が生み出した性質」(7)
「心ないし脳の中に生じた一種のイメージや表象」(8)
「意味や価値のある日常物に満ちている」(9)
「主観が対象にそのように意味づけた」(9)
「私たちの主観的表象」(9)
「感性によって捉えられる自然の意味や価値は主体によって与えられる」(10)

7～10までが物心二元論の知的態度を説明しているのに対して、11、12では実践的態度について述べられていることに注意しよう。「自然を分解して利用する」「最終的に原子の構造を砕いて核分裂のエネルギーを取り出す」「自然を分解して……、材料として他の場所で利用する」(11)、「自然を改変し操作する強力なテクノロジーとして応用されていった」「自然を徹底的に利用することに躊躇を覚える必要はない」(12)といった表現は、いずれも〈自然の利用〉という実践に関わる内容である。

13～16では、近代の原子論的人間観とその問題点が論じられている。まず13で、近代の原子論的な人間観と近代的な自然観は「同型」であると述べられているので、読解するうえでは、両者がどのような意味で同型なのかを意識しながら読み進めることが重要だ。

原子論的人間観とは「人間個人から特殊な諸特徴を取り除き、原子のように単独の存在として遊離させ、規則や法に従ってはたらく存在として捉える」ことをいう。

近代的自然観は、自然のさまざまな性質や特徴を「主観的表象」として実在の世界から取り除き、自然法則に従う微粒子を自然の真の姿であると捉える。この「自然」を人間に置き換えたのが原子論的人間観であることが理解できるだろう。

さらに16に「近代科学が自然環境にもたらす問題と、これらの従来の原子論的な個人概念から生じる政治的・社会的問題とは同型であり、並行している」とあるように、両者から生じる「問題」も同型であると筆者は指摘している。

傍線部Dの解説は問五に譲るが、近代科学の自然観からは個別性を無視した自然利用が生じ、原子論的な個人概念からは個別性を無視した社会形成が生じた。だから両者は「同型」なのだ。

17~19では〈生態系の破壊〉という観点から、近代的自然観の弊害が論じられている。筆者が生態系を「全体論的存在」（19）と説明している点は重要だ。「全体論的」とはその構成要素がバラバラに独立しているのではなく、相互に結びつきあって全体を形成していることをいう。それが「生態系の内部の無機・有機の構成体は、循環的に相互作用しながら、長い時間をかけて個性ある生態系を形成する」（19）ということだ。

しかし「分解的・分析的な態度」で自然に接すれば、「生態系の個性、歴史性、場所性」（19）は無視され、「自然は利用可能なエネルギー以上のものではないことになる」（17）。そこに筆者は、近代的自然観の弊害を看取しているのである。

読解図

導入（1〜3）**テーマの提示**

近代科学の自然観↓環境問題

展開Ⅰ（4〜12）**近代科学の自然観の特徴**

5 機械論的自然観

6 原子論的な還元主義

7〜10 物心二元論

＝

物理学的世界 ⇕ 知覚世界

＝ ＝

微粒子と自然法則によって記述される　　心あるいは脳が生みだす主観的表象

＝

自然の真の姿（実在）

←

11 自然を分解して利用する道を推進

展開Ⅱ（13〜16）**近代の人間観と自然観の同型性**

＝

13 人間個人から特殊な諸特徴を取り除き、原子のように単独の存在として遊離させ、規則や法に従ってはたらく存在

←

14 個性のない個人を基礎として形成された政治理論

15 標準的でない人々のニーズを排除
≒
従来の原子論的な個人概念から生じる政治的・社会的問題
≒
近代科学が自然環境にもたらす問題

結論（17～19） **近代科学による生態系の破壊**
←
17 自然を分解不可能な粒子と自然法則の観点のみで捉える
←
自然は利用可能なエネルギー以上のものではない
←
18 19 長い時間をかけて形成してきた全体論的存在である生態系の個性を無視
←
近代の二元論的自然観の弊害

9 「正義」とは何か

仲正昌樹（なかまさまさき）

『いまを生きるための思想キーワード』

読解 ★
記述 ★★
解答・解説 p.56

◆次の文章を読んで、後の問いに答えよ。　解答時間35分・40点

1 「哲学」で使われる用語には、一見日常的に〝我々〟が慣れ親しんでいる言葉のように見えて、かなり意味がズレているものがある。分かったつもりになっていると、とんでもない誤解をしてしまうことがある。哲学用語の多くは、西欧の言葉からの翻訳である。もとの言葉だと哲学用語と日常語の違いがさほど大きくなくても、日本語にした時、その差が拡大することがしばしばある。

2 その端的な例は、二〇一〇年春にＮＨＫで放送されて大きな反響を呼んだマイケル・サンデル（一九五三〜）の公開講義『ハーバード白熱教室』——講義のオリジナル・タイトルは〈Justice〉——を機に、アメリカの政治哲学のキーワードとして急に注目を集めることになった〝正義〟であろう。サンデル・ブームに伴って、多くの日本人が、英米の政治哲学のアクチュアルなテーマであるとされる「正義」論に少なからず関心を持った（かのように見えた）。しかし、英語の〈justice〉と、日本語の「正義」の間には無視できない大きいズレがある。

3 日本語の「正義」という言葉を聞く時、すぐに思い浮かぶのは、「正義の味方」だろう。「正義の味方」で連想するのは、仮面ライダーとか○○戦隊などの、子供向け（？）ヒーロー番組のヒーローとか、時代劇だと水戸黄門とか遠山の金さんのような「善」の化身のごとき存在だろう。日本語の「正義」は、「善」、それも神（々）とか天、宇宙の意志といった、個々の人間の思惑や利害を超越したものに由来する、「絶対的な善」、あるいは、それを実現することとほぼ同義に使われることが多い。

4 ドラマやアニメの世界では、「善の化身」としての「正義の味方」は、罪のない弱者を虐げる強大な「悪」と闘い（＝強きをくじき弱きを助ける）、艱難辛苦の末に「悪」に勝利し、「正義」を実現する。現実の政治や社会問題についての議論では、そこまで露骨ではないものの、庶民の側に立って巨悪と闘う「正義の味方」の登場に期待し、それらしい人が出て来ると持ち上げるような風潮がある。普通の人間が束になってもかなわない、巨大な「悪」と闘うことが、正義の味方であることの証明になるわけである――皮肉な言い方をすると、「巨悪」がいないと、「正義」は自己の存在を証明できない。

5 「弱者」に優しい「正義の味方」には、人情の機微に敏感で、温かい心配りをするというイメージもある。「杓子定規」に「正義」の基準を押し付ける「正義の味方」はあまりいない――「杓子定規」なのは、本当の「正義の味方」でなく、偽善者かお役人というのが相場である。「正義」の「義」という字が、「義理」「忠義」「大義」などの「義」でもあるということもあって、「正義の味方」は、人間関係を大事にしそうなイメージがある。ただ、これらの「義」関連の言葉には、ネガティヴなニュアンスもある。「大義」には、大きなことのために少数の人を犠牲にしてしまうようなイメージがあるし、「義理」は狭い人間関係に拘りすぎるような感じがあり、「忠義」は現代社会でアクチュアルに使われている概念ではない。それに比べると、「正義」にはあまり否定的なイメージはない。狭すぎることも広すぎることもなく、ちょうどいい「義」の在り方というような意味合いが、現代日本では、この言葉に込められているのかもしれない。

6 英語の〈justice〉には、[A]そうした人情的な意味はあまり含まれていない。むしろ、日本語で「人情」と呼ばれているものと、対立するような意味合いさえある。英和辞書で引いてみると、「正義」とか「公平」「公正」といった意味と並んで、「司法」「裁判」「裁判官」といった法律関係の意味が出ている。〈justice〉は、（日本語の「人情」とは対極にあるように思われる）「法」と深く結び付いているのである。

7 語源から言うと、〈justice〉の最初の三文字〈jus〉は、ラテン語の〈jus（ius）〉という単語に由来する。〈ius〉は、

「法」「権利」「正義」を意味する言葉であった。古代ギリシアやローマの都市国家では、三つの概念は不可分に結び付いていたわけである。簡単にまとめて言うと、各人に正当な理由に基づいて割り当てられた「権利」が適切に保護され、紛争が起きても「法」によって正しく解決されることが「正義」だった。現代の英語では、〈law〉〈right〉〈justice〉の三つの言葉に分割されているが、元は一つの概念であったわけである――〈right〉は、「正しい」という意味の形容詞でもある。ドイツ語の〈Recht〉には、この三つもしくは四つの意味が備わっている。

8 B「法」や「権利」と不可分に結び付いている「正義」は、ある意味冷たい。「正義」を実現するには、個人的な感情や義理などはできる限り排し、予め決まった法的ルールに従って、問題を公正に（=偏ることなく）処理することが求められる。一度結んだ契約は必ず履行し、違反者を罰するのが「正義」である。たとえ、契約を結んだ相手が、弱者に情けをかけることなどない、周囲から嫌われ憎まれている者であっても、契約が「法」に則って結ばれたのである限り、それを破るのは「不正義」である。

9 シェイクスピア（一五六四～一六一六）の『ヴェニスの商人』（一五九六）で、ポーシャが変装した裁判官（judge）は、期日までに借金を返せなかったら、一ポンドの肉を切り取る権利を与えるという契約に従って、アントニオの肉を要求する高利貸シャイロックの請求を認めることが、国家の定めた「法」の「正義」に適っていると判定（judge）する――〈judge〉の語源のラテン語〈judex〉は、〈ius（法=正義）〉を語る者ということである。ただし、そのすぐ後で、契約書の杓子定規な――やはり「正義」に適った――解釈によって形勢を逆転させる。

10 「法」の理想の実現、あるいは、「法」の本質としての「正義」は、基本的に人間相互の契約や決まり事から、生じてくるものなので、水平的である。つまり、普通の人間の想像を絶するようなものではないし、そうであっては困るのである。ただ、キリスト教の教義に関わる文脈で問題になる「（神の）正義」は、全知全能の唯一神に由来するものなので、当然、人知を超えて絶対的であり、一方的に人間たちに啓示される。その意味での「正義」は垂直的であり、現代日本語の「正義」のニュアンスに近くなる。

11 英語などの西欧の言語の日常会話では、水平的・法的な「正義」と垂直的・宗教的な「正義」が混ざり合っていることも多いが、一九七〇年代以降、もう少し特定すると、アメリカの哲学者ジョン・ロールズ（一九二一〜二〇〇二）の『正義論』（一九七一）以降、英米の政治哲学で取り沙汰されている「正義」は、明らかに前者の意味での「正義」である。ロールズたちリベラルな論者が探究している「正義」は、民族・言語・宗教・歴史を異にする様々な共同体ごとの価値観（＝善）の違いを超え、人々が普遍的に合意することができる規範、言い換えれば、その社会を共同で形成するための契約の基盤になり得るような価値中立的規範である。各人の人生経験、世界観、宗教が違ったとしても、公正なルールとして（ほぼ）全員が受け入れることができるものが、「正義」である。

12 ロールズは、まだ社会の基本的ルールが定まっていない「原初状態」にある人々が、各人が自らの幸福を自由に追求することを可能にするための協力の枠組みとして、どのような基本的制度を採択するかについて思考実験を行う。それによって彼は、普遍的な人間本性ゆえに人々が到達するであろう正義の基本的原理を特定することを試みる。どのような価値観や歴史的背景を持った人々でも、そうした違いを超えて――というよりはむしろ、お互いの違いを意識しているからこそ――到達するであろう、自由や平等に関わる「正義」の原理があるというのである。

13 そうした価値中立的な「正義」の原理の発見、構築を目指すリベラル派に対して、サンデルなどのコミュニタリアニズム（共同体主義）の論客は、純粋に価値中立的な「正義」の成立は不可能であると主張した。コミュニタリアンにとっての〝正義〟は、各共同体が追求しているテロス（目的原理）の延長線上に出てくるものであって、決して価値中立的ではない。一九八〇年代から九〇年代前半にかけて、リベラルとコミュニタリアンの間で、「正義と（共同体的）善」の関係をめぐる壮大な論争が展開された。この論争は当然のことながら決着が付かなかった。しかし、はっきりしているのは、いずれの側も、日本語で「正義の味方」という時のような、絶対的・垂直的な「正義」を求めていたわけではないし、「正義」の原理をみんなに受け入れさせるべく、人格改造のようなことを企てたわけでもない、ということだ。論争の焦点は、どういうルールなら〝みんな〟が公正（fair）なものとして受け入れることができるか、だった。

14 日本で、哲学書としては異例の数十万部のベストセラーになったサンデルの一般向け教科書〈Justice: What's the Right Thing to Do?〉――直訳すれば、『正義：為すべき正しいこととは何か』――の邦訳タイトルは、『これからの「正義」の話をしよう』である。原題にはない、「これからの」という日本語は曲者である。「これからの」というと、何となく、価値の軸が失われて混迷する世界の中で何を規準に生きて行けばいいか、その指針を、サンデル先生が示してくれそうな響きがある。実際、サンデルの〝正義〟論を、現代人の心の持ち方と結び付けようとするかのような議論が一部に見受けられる。生き方や、心の持ち方を、特定のすぐれた教師に求めるとすれば、それは哲学ではなくて、信仰である。

15 日本の〝哲学ブーム〟は、往々にして、人生観とか癒しの話に落ち着きがちだが、D〝正義〟論もその道を辿ることになるかもしれない。公正なルールを探求する、英米の「正義論」というのは、ドライで地味な議論である。例えば、経済・社会的格差はどのような形で、どの程度まで、そしてどういう条件の下であれば、正当化されるのか、社会の基本的ルールを問題にする。「心」の奥底まで入ってきて、導いてくれるような〝癒しの哲学〟ではない。

（筑波大学　人文文化学群・社会国際学群・人間学群・医学群、二〇一七年）

問一　傍線部**A**「そうした人情的な意味」とはどのようなことか、七〇字以内で説明せよ。**8点**

問二　傍線部**B**「「法」や「権利」と不可分に結び付いている「正義」は、ある意味冷たい」とあるが、「ある意味冷たい」とはどのようなことか、九〇字以内で説明せよ。**8点**

問三　傍線部**C**「前者の意味での「正義」」とはどのようなものか、「リベラル」と「コミュニタリアン」との捉え方の違いも含めて一二〇字以内で説明せよ。**12点**

問四 傍線部**D**「〝正義〟論もその道を辿ることになるかもしれない」とあるが、なぜそのように考えられるのか、文章全体を踏まえて一二〇字以内で説明せよ。**12点**

テーマ解説

▼ロールズの正義論

近年、入試評論文や社会科学系の小論文では、問題文のテーマになっている「正義」に関する議論が目立つようになってきた。とりわけジョン・ロールズの『正義論』や、マイケル・サンデルのコミュニタリアニズムはよく参照されるので、両者の違いについて、あらためて解説しておこう。

アメリカで正義に関する議論が活発になったのは、およそ半世紀前の一九七〇年代のことだ。アメリカの一九六〇年代は、黒人や女性の社会運動が大きく進展していった時代である。一九六三年に男女賃金平等法が、翌年には人種差別を禁じる公民権法が制定された。しかし制度は変わっても、現実には男女間の不平等や黒人差別は解消されない。さらにベトナム戦争が長期化したことで、六〇年代後半には若者を中心にベトナム反戦運動が活発化していった。

こうした状況のなかで、アメリカではあらためて「正義とは何か」という問題が問い直されることになった。その発火点となったのが、一九七一年に出版されたロールズの『正義論』だ。

問題文にあるように、同書で「ロールズは、まだ社会の基本的ルールが定まっていない「原初状態」にある人々が、各人が自らの幸福を自由に追求することを可能にするための協力の枠組みとして、どのような基本的制度を採択するかについて思考実験を行う」⑫。

ここでいう「原初状態」とは、性別、階級、人種、才能、健康、性格、財産などの個人情報は一切知らない状態に人々がいる、という仮想の設定のことだ。これをロールズは「無知のヴェール」を被せられた人々と表現している。

そういった人々が議論をしたら、どのような原理やルールを採用して社会を運営しようとするか。ロールズによれば、人々は基本的自由を平等に分かち合うというルールに加えて、競争に参加する機会が均等に保証され、所得と富は最も不遇な人々の境遇を改善するように分配されなければならないという原理に同意するという。

この「原初状態」の設定からわかるように、ロールズの議論は「民族・言語・宗教・歴史を異にする様々な共同体ごとの価値観（＝善）の違いを超え、人々が普遍的に合意することができる」⑪自由や平等に関する「正義」の原理があることを示すものだ。

ロールズの議論は非常に抽象的だが、そのポイントは個人の自由と社会的な平等を両立させようとするところにある。したがって格差の放置は許されず、高所得者や高所得の企業に税や保険料を多く負担してもらい、それを社会保障などを通じて低所得者に分配する福祉国家が目指されることになる。

なお、このように、富の再分配によって経済的な弱者を救済し、福祉国家的な政策を支持する立場を、現代のアメリカではリベラリズムと呼ぶことも知っておこう。

ポイント

ロールズの正義論

原初状態による話し合い

⬅

・基本的自由を平等に分かち合う

・競争に参加する機会が均等に保証される

・所得と富は最も不遇な人々の境遇を改善するように分配されなければならない

＝

個人の自由と社会的平等の両立

▼コミュニタリアニズムとは何か

ロールズに代表されるリベラリズムを批判したのが、コミュニタリアニズムである。コミュニタリアニズムは、「コミュニティ」という言葉と近いことが示すように、共同体の道徳や価値を尊重する立場をいう。日本語で訳せば「共同体主義」だ。

ロールズの正義論の出発点は「無知のヴェール」を被った個人である。コミュニタリアニズムの論客であるサンデルは、このような抽象的な個人は「負荷なき自我」であると痛烈に批判する。「負荷なき」とは何も背負っていないということ。つまりリベラリズムが想定する個人は、その人の生い立ちや育った地域などを消し去った、のっぺらぼうの個人だというわけだ。

サンデルによれば、現実の人間は「負荷なき自我」ではなく「状況に位置づけられた自我」だという。「状況に位置づけられた自我」とは、生い立ちや文化、伝統など、特定の文脈に位置づけられた自己であり、端的にいえば、共同体のなかで形成される自己のことだ。

人間観が違えば、正義の考え方も変わってくる。リベラリズムのように抽象的な個人からスタートすれば、共同体のあり方とは無関係に、個人の自由や平等を尊重することが正義となる。一方、コミュニタリアニズムのように共同体あっての人間と考えれば、共同体で共有されている「共通善」をみんなで育てることが正義となる。したがってコミュニタリアニズムの「〝正義〟」は、各共同体が追求しているテロス（目的原理）の延長線上に出てくるものであって、決して価値中立的ではない」(13)ことになる。

こうした共同体的な正義を育てる具体的な方法として、サンデルは公民教育や社会奉仕活動、公共施設の利活用などを挙げている。

ここまで見てきたように、リベラリズムとコミュニタリアニズムの正義観の違いの根っこには人間観の違いがある。このことを知っておくと、正義に関する評論文の読解も深まるはずだ。

ポイント

リベラリズムの人間観＝抽象的な個人
⬇普遍的な原理・ルール
⇔
コミュニタリアニズムの人間観＝共同体のなかの個人
⬇共同体の善に基づいたルール

読解の要点

問題文は、法哲学や政治思想の基本テーマである「正義」について論じている文章だ。平易な文章で書かれているので、読解は容易だろう。

問題文は大きく、[1]～[2]、[3]～[5]、[6]～[9]、[10]～[13]、[14]～[15]という五つのパートに分けられる。順番に見ていこう。

[1]、[2]は、主題を示す導入パートだ。[1]では、西欧の哲学用語を「日本語にした時、その差が拡大することがしばしばある」と述べ、[2]では、その端的な例として「英語の〈justice〉と、日本語の「正義」」を挙げている。したがって、次の段落以降で、「英語の〈justice〉と、日本語の「正義」」との違いが説明されるだろうと推測しながら読むのが論理的な読解である。

推測どおり[3]～[5]が、日本語の「正義」について解説するパートになっている。ここで筆者が、日本の「正義」について、それぞれの段落ごとに、次の三つの特徴を挙げている点に注意しよう。

- 「神（々）とか天、宇宙の意志といった、個々の人間の思惑や利害を超越したものに由来する、「絶対的な善」、あるいは、それを実現することとほぼ同義に使われることが多い」(3)ということ。
- 「弱者」や「庶民の側に立って巨悪と闘う」(4)こと。
- 「人情の機微に敏感で、温かい心配りをするというイメージ」や「人間関係を大事にしそうなイメージ」(5)があること。

読解図

　こうした日本語の「正義」に対して、6～9では英語の〈justice〉について解説されている。まず6、7では、〈justice〉の辞書的な意味と語源的な意味を確認し、8、9で、日本語の「正義」との違いに焦点が当たっていることを読み取ってほしい。そのポイントは、「個人的な感情や義理などはできる限り排し、予め決まった法的ルールに従って、問題を公正に（＝偏ることなく）処理することが求められる」（8）ことにある。

　10～13は、6～9の内容をふまえて、英米の政治哲学で扱われる正義論を解説するパートだ。

　ここでは「水平的・法的な「正義」」と「垂直的・宗教的な「正義」」が対置されているので、その内容を確認しておこう。

「水平的・法的な「正義」」は、「人間相互の契約や決まり事から、生じてくるもの」（10）であるのに対して、「垂直的・宗教的な「正義」」は、「人知を超えて絶対的であり、一方的に人間たちに啓示される」（10）。

　注意深く読解を進めていれば、ここでいう「垂直的・宗教的な「正義」」は、3の「神（々）とか天、宇宙の意志といった、個々の人間の思惑や利害を超越したものに由来する、「絶対的な善」」という説明と近似していることがわかるはずだ。

　11～13では、リベラルにとっての〝正義〟とコミュニタリアンにとっての〝正義〟とが比較されている。リベラルは「価値中立的な「正義」の原理の発見、構築を目指す」のに対して、コミュニタリアンは「純粋に価値中立的な「正義」の成立は不可能である」と考える（13）。だが、どちらも「水平的・法的な「正義」」を求めている点では共通しており、それゆえ「どういうルールなら〝みんな〟が公正（fair）なものとして受け入れることができるか」ということが論争の焦点になるのである。

　14、15で、議論は再び日本に戻る。日本では「サンデルの〝正義〟論を、現代人の心の持ち方と結び付けようとするかのような議論が一部に見受けられる」（14）ように、日本で〝正義〟論が受容されても、〝哲学ブーム〟と同様に「人生観とか癒しの話に落ち着」く道を辿ることになるかもしれないと筆者は診断している。

導入（①②）**主題の提示**

← 英語の〈justice〉と、日本語の「正義」とのズレ

展開Ⅰ（③〜⑤）**日本語の「正義」**

← ③「絶対的な善」

④「庶民の側に立って巨悪と闘う」

⑤「人情の機微に敏感で、温かい心配りをする」「人間関係を大事にする」

⇔

展開Ⅱ（⑥〜⑨）**英語の〈justice〉**

⑥「「法」と深く結び付いている」

⑦「法」「権利」「正義」は不可分に結び付いていた

←

⑧個人的な感情や義理などはできる限り排し、予め決まった法的ルールに従って、問題を公正に処理することが求められる

展開Ⅲ（⑩〜⑬）**英米哲学の「正義」**

リベラルもコミュニタリアンも水平的・法的な正義（⇕垂直的・宗教的正義）

・リベラルにとっての正義＝「価値中立的規範」⑪

⇔

・コミュニタリアンにとっての正義＝「各共同体が追求しているテロス（目的原理）の延長線上に出てくるものであって、決して価値中立的ではない」⑬

結論（⑭⑮）**日本での〝正義〟論**

サンデルの〝正義〟論の人生論的な受容 ⑭

← 〝哲学ブーム〟と同様に「人生観とか癒しの話に落ち着」く道を辿ることになるかもしれない

10 資本主義と自由の蒸発

大澤真幸（おおさわまさち）
『自由という牢獄（ろうごく）』

読解 ★★★
記述 ★★
解答・解説 p.63

◆次の文章を読んで、後の問いに答えよ。 解答時間40分・50点

1 資本主義の本質は、形式と化した欲望、空虚な形式への欲望にある。このことが、「手段」でしかない低級な（と見える）欲望が、高級な（と見える）規範的な欲望に一般的に勝つ傾向として現れる。要するに、低級な市場的規範が高級な規範を締め出す傾向がある。このA「低級が高級に勝つ」ということがどういうことなのか、あらためて確認しておこう。

2 貨幣は普遍的な手段である。この点にアカギがある。それは（市場で得られるものの範囲内において）任意の目的Xに奉仕することができる。それに対して、高級な規範は、常に、特定の内容をもった目的aを目指している。代数学でも、変数Xは、特定値aをその一部に含む。それと類比的な論理で、高級の規範は低級な規範の中に包摂されてしまうのだ。

3 ところで、高級な規範は、それ自体で目的であるように対象や他者を扱うところに本質があった。低級な規範の一部になるということは、高級な規範が、何か別の目的Xの手段と解釈される、ということを含意する。だが、高級な規範の条件は、行為の対象をそれよりも上位の別の目的のための手段として相対化しないということにあった。つまり、高級な規範の対象は、終極的な目的でなくてはならない。だから、高級な規範の（特定の内容をもつ）目的aが低級な規範の不特定の（形式的な）目的Xの手段へと転換したとたんに、高級な規範そのものが、イアトカタもなくなるほどに変質してしまうのだ。

4 したがって、高級な非市場規範が市場的規範に締め出される、というイメージは、厳密にはミスリーディングである。前者は後者に包摂されるのだが、そのとたんに性質を変えてしまうのだ。たいして難しいことを言っているわけではない。たとえば、二酸化炭素の排出権を取引する制度を導入することは、地球環境の保護aという目的を、市場で金銭的な利益をあげるという一般的な目的Xのための手段として追求することを意味する。しかし、そうしたとたんに、「自然」というものを、かけがえのないそれ自体で保護に値する「目的」としてグウする態度は、永遠に失われてしまうのである。

5 われわれの社会は、市場的な規範がめざす目的Xが、いわばその変域をどんどん拡大し、非市場的な自律的目的aをのみ込んでいく社会である。それが、資本主義ということであろう。貨幣は、任意の目的Xに貢献しうる普遍的な手段である。資本主義は、特定の目的よりも、普遍的な手段の方に魅力があるように見せるシステムだ。貨幣（＝形式）は、普遍的な手段である、まさにそのことによって、任意の特定の目的を下僕として自らに従わせることになるのだ。ここで主従の逆転が生じている。手段でしかなかったもの（貨幣）に目的たちが仕える、という逆転が、である。経済学の言い分は、貨幣（市場）は何にでも使える手段に過ぎないのだから目的の性質（目的の善さ）を変えるものではない、というものだが、実は、商品化したとたんに、主従（目的ー手段関係）は反転しており、かつての主人（個々の特定の目的）からは、「それ自体で価値あるもの」としての輝きは失われてしまう。

＊

6 ここで、もう一例、貨幣的インセンティヴ[*]の効果についての、興味深い行動経済学[*]の実験をサンショウしよう。ダニエル・ピンクのベストセラーDrive（邦訳『モチベーション3・0』）に紹介されている、MITやプリンストン大学の心理学者が実施した実験だ。この実験では、被験者にゲームをやらせ、貨幣的インセンティヴがゲームの成績にどのような影響を与えるかを調べている。

7 被験者が取り組むように指示されるゲームは、多様である。数字の列を記憶するゲーム、言葉遊び、空間感覚を必要とするパズル、さらにボールを投げて輪を通すといった身体運動のゲーム等々。被験者は、二つ（または三つ）のグループに分けられる。一つのグループには、金銭的な報酬はない。もう一つのグループは、成績に応じて、金銭的な報酬が出る。後者の報酬組に関しては、さらに、報酬が小さいグループと大きいグループに分けられることもある。またしても、B実験結果は、経済学の常識を覆すものだった。

8 課題が機械的で単純な場合には、報酬は、普通に機能する。つまり、報酬が高いグループほど成績がよい。ところが、驚いたことに、ほんのわずかでも認知的なひらめきや創意工夫が必要な課題になると、逆に、報酬が高いグループの方が、成績が悪くなるのだ。

9 たとえば、「ロウソクの問題」という、すでに一九四〇年代には知られていた実験がある。実験参加者は、一本のロウソク、紙箱に入った多数の画鋲（がびょう）、そしてマッチが与えられ、「ロウがテーブルに垂れ落ちないように、ロウソクを壁に付けるにはどうしたらよいか」という課題が与えられる。この課題は、けっこう難しい。参加者は、画鋲でロウソクを壁に付けようとしたり、マッチの火でロウソクを溶かして、壁に固定しようとしたりするが、これでは、「ロウがテーブルに垂れ落ちてはならない」という部分が解決できない。この課題を解くには、少しばかり視点を変える必要がある。画鋲が入っていた紙箱を空っぽにして、画鋲で壁に固定し、その上にロウソクを立てるというのが正解だ。参加者は、当初、箱を、画鋲を入れるためにあるだけだと見なすので、「使える道具」の中に含めていない。箱も道具として与えられていたことに気づかなければ、正しい答えには到達できないのだ。このような課題では、（成績に応じた）報酬のあるグループの方が、報酬のないグループよりも、解決に、平均して三分半ほど長い時間を要した。

10 ところが、課題の設定をほんのわずか変えるだけで、実験の結果は変わってくる。最初から、画鋲を箱の外に出しておいて、参加者に、ロウソクと画鋲とマッチと（空の）紙箱を与えておくと、今度は、「賞金」が与えられるグループの方が、速く問題を解くことができるのだ。最初の実験の設定と後者の実験の設定では何が違うのか。後の実験では、箱はもともと空なので、正解は最初からほとんど示されているに等しく、「ひらめき」の要素がない。このような課題でのみ、金銭的報酬と成績とが正の相関になる。

11 この実験には、さらなる追試がある。アメリカの大学生にとって数十ドルの報酬は、もともとたいした金額ではない。そのため、貨幣的インセンティヴが利かなかったのかもしれない。そこで、同じ実験をインドの田舎でも行った。平均所得が低いインドの人々にとっては、同じ金額でも莫大な報酬と感じられたはずだ。結果はどうなるのか。アメリカで実施したときと、変わらない。単純な課題では、報酬が高いほど成績がよくなるが、少しでも独創性を必要とする課題では、報酬は逆効果である――報酬が最も高いグループの成績が最悪だったのだ。

12 どうしてこのような結果になるのか。この結果をどう解釈したらよいのか。結果は、ここまでのわれわれの考察を支持し、補強するものになっている。大筋では、この実験は、先に紹介した、寄付金集めについてのイスラエルの高校生の実験と似ている。どちらも、貨幣的インセンティヴがあると、むしろ成績が下がるのだ。ただ、イスラエルの例では、行為に道徳的な善さがあり、被験者には、道徳的な満足感、他人のために役立っているということからくる満足感があっただろう。この実験のみであれば、純粋に利他的な行為の方が、利己的な側面が入る行為よりも喜びが大きい、という解釈も可能だ。しかし、本項で紹介した実験では、ただパズルを解いたりするだけなので、被験者に、道徳的な満足感はない。

13 したがって、次のように解釈するほかない。まず、単純で退屈な課題は、シーシュポス[*]の作業のようなものであって、これを解くことは快楽を伴わない。したがって、被験者には、この課題を解くこと自体を、有意味な目的と見なすことは難しい。このとき、金銭的報酬を、「目的」として与えてやると、課題を解くことへの被験者の意欲は高まる。

14 だが、認知的なひらめきや創造性がほんの少しでも伴う課題の場合には、事情がまったく異なる。このような課題を解くことは、ある程度は常に楽しい。つまり、被験者にとっては、この課題を解くことが、報酬＝快楽を伴っており、すでにそれ自体で目的となっているのだ。ここで、金銭的報酬が得られる仕組みを加えると、被験者には、金銭を得ることがより上位の目的となり、課題を解くことが手段に転ずる。すると、課題解決自体の魅力、それに伴う快楽が小さくなるのだ。かくして、被験者の課題解決への意欲も低下する。そのことが、創意工夫や発想切り替えの能力を制限することになり、彼らの成績を下げることになる。

＊

15 このように、貨幣的なインセンティヴが加わると、つまり――われわれの用語に置き換えれば――形式への欲望の中に回収されると、一般に、創造的な作業に伴う魅力は低下し、そうした作業への意欲が小さくなる。

16 だが、ふしぎなことはその先にある。[D] このようなことがあるにもかかわらず、資本主義の下では、貨幣的なインセンティヴが、つまり形式への欲望が、概して優位になるのだ。たとえば、技術者としての仕事がふたつあり、一方は、金銭的には無報酬で、他方は、高額の賃金が支払われるとしよう。ここまで紹介してきた実験が示していることは、前者の（技術者としての）仕事の方が楽しく、意欲もわくということである。にもかかわらず、ほとんどの人は、後者を、つまり金銭的な報酬がある方を望む。なぜか、おもしろくなく、魅力が乏しい方に、多くの人が集まるのだ。

17 このことは、現代社会における、「自由の蒸発」とでも呼ぶべき現象を説明する。自由は、有意味なことを選択したという自覚とともにある。もし、「それ」が意欲をかき立てない、つまらないことと感じられていれば、「それ」をなすことは、自由の行使としては自覚されない。選択肢は確かにあり、外的な制限が加えられていないのに、主体は、それを選んだことを、自由の有効な行使とは見なさない。これが、自由の蒸発である。なぜ、自由が蒸発するのか。その原因をさらに遡って考える必要がある。

（東北大学　法学部・文学部・教育学部・経済学部、二〇二三年）

＊ここで、もう一例……筆者は本文より前の部分でイスラエルで行われた行動経済学の実験の例を挙げているため、「ここで、もう一例」と述べている。その実験は、金銭的な報酬の有無が寄付金集めの成果に及ぼす影響を見ようとするものであり、本文の別の箇所でも「先に紹介した」実験として言及されている。

＊インセンティヴ……人々の意欲を引き出すために与える刺激のこと。
＊シーシュポスの作業……単調でいつまでも続く実りのない仕事のこと。シーシュポスはギリシア神話に登場する人物。神々を欺いた刑罰として大きな岩を山頂に運ぶことを命じられた。岩は山頂まで上げるたびに転がり落ちるため、シーシュポスはその苦行を永遠に続けなければならなかった。

問一　傍線部**ア**〜**エ**のカタカナで書かれた語句を漢字に改めよ。**各2点**

ア	イ	ウ	エ

問二　傍線部**A**「低級が高級に勝つ」とは、どのようなことか。これに続く本文の記述に即して三〇字以内で説明せよ。**9点**

問三　傍線部**B**「実験結果は、経済学の常識を覆すものだった」とあるが、ここで筆者が言う「経済学の常識」とはどのような見方か。本文の内容に即して四〇字以内で説明せよ。**9点**

問四 傍線部**C**「この結果をどう解釈したらよいのか」とあるが、筆者自身はどのような解釈を示しているか。本文の内容に即して九〇字以内で説明せよ。**12点**

問五 傍線部**D**「ふしぎなことはその先にある」とあるが、ここで筆者が言う「ふしぎなこと」とはどのようなことか。本文の内容に即して七五字以内で説明せよ。**12点**

テーマ解説

▼なぜ「形式と化した欲望」が資本主義の本質なのか

「資本主義の本質は、形式と化した欲望、空虚な形式への欲望にある」という冒頭の一文に面食らった人もいるかもしれない。一般に資本主義社会とは、私的所有や利潤追求の自由を原則とする経済体制だと理解されている。こうした説明に比べると、冒頭の一文は極度に抽象的だ。

じつは筆者は、「形式と化した欲望」については問題文より前の箇所でくわしく説明している。入試に出題される評論文は、多くの場合、一冊の著作のどこかを切り取る形で作成されるので、解答する側は、問題文を読むうえで前提となる事柄を知らないまま、読解しなければならない。それはやむをえないことではあるが、復習の段階では、補足的な解説があったほうが理解度も高まるので、筆者が「形式と化した欲望」をどのように説明しているかを解説しておこう。

問題文を読み進めていけば、「形式と化した欲望」が「貨幣への欲望」であることは読み取れるだろう。ではなぜ、貨幣への欲望は「形式と化した欲望」なのだろうか。出典となった『自由という牢獄』の別の箇所で、筆者は次のように説明している。

> 貨幣は、本来、(他者が所有する)私の欲望の対象a、b、c…を得るための媒介であって、それ自体は欲望の最終目標ではない。それゆえ、貨幣は、さまざまな具体的な対象(a、b、c…)を代入しうる変数Xのようなものであって、内容のない形式だと述べたのである。

ここで「形式」と「内容」が対比的に用いられていることに着目しよう。私が欲しいと思っているスマートフォンやカバンは、具体的な内容をもっている。それに対して貨幣は、スマートフォンともカバンとも交換できるが、「それ自体は欲望の最終目標ではない」。このように具体的な内容がなく、手段でしかない貨幣を欲望することを指して、筆者は「形式と化した欲望」「空虚な形式への欲望」と表現しているのだ。

ではなぜ、「形式と化した欲望」が「資本主義の本質」なのか。筆者が出典で提示している論理はかなり複雑だが、要点だけを述べれば、形式と化した欲望、すなわち貨幣への欲望には際限がないからである。

経済学者のマルクスは「資本主義とは、無限に終わらない価値増殖運動である」と主張した。厳密な意味とは異なるが、ここでは価値のことを利益と考えておこう。資本主義を利益の増殖が無限に続いていく運動と捉えると、その本質が「貨幣への欲望」にあるという説明は納得がいくはずだ。

ポイント

形式と化した欲望＝貨幣への際限のない欲望
⬇
利益（価値）の無限増殖運動
＝
資本主義の本質

▼自由が蒸発する理由

最終段落で言われる「自由の蒸発」についても少し補足しておこう。なぜ資本主義の議論が、「自由の蒸発」に結びつくのだろうか。

一般的にいえば、資本主義はさまざまな自由が許されるシステムである。私たちは、前近代のように身分に縛られず、仕事を選ぶ自由を手にしている。インターネットを使えば、いくらでも商品やサービスを選び、購入することができる。

しかし筆者は最後の段落で、「選択肢は確かにあり、外的な制限が加えられていな」くても、「有意味なことを選択したという自覚」が伴わなければ、「自由の行使としては自覚されない」と述べている。

同様のことを筆者は、問題文とは別の箇所で「自由の蒸発は、選択肢が「終極的な目的が有する輝き」を失うことに、つまり選択肢が「それ自体としての価値」を失うことに由来する」とも語っている。

だが問題文は「なぜ、自由が蒸発するのか。その原因をさらに遡って考える必要がある」と、新たな問いが提出されて締めくくられている。

問題文に続く箇所で、筆者はこの問いに対して「第三者の審級の不在」を答えとして挙げている。「第三者の審級」とは、筆者である大澤真幸氏独特の用語であり、超越的な視点（の担い手）のことをいう。その典型は神である。

たとえば近代以前の時代では、神という第三者の審級がさまざまな事物の価値を意味づけていた。だから人々は、価値がある選択肢を選ぶことができた。しかし私たちが生きている現代社会は、神が事物の価値を意味づけるようなことはない。その意味で、現代は「第三者の審級」が衰弱した時代だ。

筆者は「第三者の審級がいないとき……まさに「選択に値する」と見なされるような魅力的な可能性は、永遠に与えられない」という。

これは身近な例でいえば、選択肢は非常にたくさんあるのに、どれもつまらないものに見えてしまう状況や、本当に自分の欲しい商品やサービスがどれなのかがわからないような状況のことである。

何が価値があるのかを意味づけてくれる第三者の審級が存在しない。そのとき、選択肢はたくさんあるにもかかわらず、自由は蒸発してしまうのである。

読解の要点

問題文は、「＊」で区切られた三つのパート（1～5、6～14、15～17）に分かれているので、順番にその論旨をたどっていこう。

1～5は抽象的な表現が頻出するので、読解にとまどった人もいるかもしれない。そこで内容の理解を中心に、論じられていることを解説することにする。

まず1の冒頭で「資本主義の本質は、形式と化した欲望、空虚な形式への欲望にある」と述べられているように、問題文は「資本主義の本質」を考察した内容であることに注意しよう。

ここで述べられている「形式と化した欲望、空虚な形式への欲望」とは、2以降を読むと、貨幣への欲望のことだとわかる。貨幣は何かを売り買いする形式的な手段でしかない。そういった手段でしかない貨幣への欲望を、筆者は1で「低級な（と見える）欲望」「低級な市場的規範」と評し、「高級な（と見える）規範的な欲望」「高級な規範」と対置している。

この対比をもとに、2以降では「低級が高級に勝つ」ことの内実が解説されていく。そのポイントは、それ自体が目的となる高級な規範が、貨幣にもとづく市場の制度やルール（＝低級な規範）に包摂されると、高級な規範でなくなってしまうことにある。

筆者はこのことを4で、二酸化炭素の排出権取引制度という具体例を挙げて解説している。この具体例によって、それまでの抽象的な議論を理解できたかどうか、各自点検してもらいたい。簡単に図示しておこう。

低級な規範＝市場で金銭的な利益をあげる
↓手段化
高級な規範＝地球環境の保護
↓
高級な規範の変質＝地球環境の保護をそれ自体で目的とする態度の消失

経済学の言い分では、貨幣（市場）は単なる手段でしかないのだから、「目的の性質（目的の善さ）を変えるものではない」（[5]）。たとえば二酸化炭素の排出権を市場で取引しても、地球環境の保護という目的の性質は変わらないことになる。しかし実際は、手段でしかない貨幣に、「目的たちが仕える」という「主従の逆転が生じている」（[5]）と筆者は述べている。

[6]～[14]のパートは、行動経済学の実験を考察するパートなので、最初のパートに比べると読みやすかったはずだ。ただし、問題文全体のなかで、このパートがどのような位置づけになっているかを見失わないようにしたい。

このパートの要旨は、[15]で「貨幣的なインセンティヴが加わると、つまり――われわれの用語に置き換えれば――形式への欲望の中に回収されると、一般に、創造的な作業に伴う魅力は低下し、そうした作業への意欲が小さくなる」とまとめられている。

この一節は、貨幣によって高級な規範の「輝きは失われてしまう」（[5]）ことに対応していることを確認しよう。

[15]～[17]は、それまでの考察をふまえて、「自由の蒸発」という現象を指摘しているパートだ。

筆者は[16]で「ふしぎなことはその先にある」と述べ、「資本主義の下では、貨幣的なインセンティヴが、つまり形式への欲望が、概して優位になる」と論じている。

金銭的報酬が加わると、創造的な作業の魅力や作業への意欲は低下するのに、資本主義の下では、金銭的報酬への欲望の方が、作業の魅力への欲望よりも優位になる。

このことが「現代社会における、「自由の蒸発」とでも呼ぶべき現象を説明する」（[17]）とは、どういうことか。

[17]の「有意味なこと」とは、（無報酬の）創造的な作業の同義語であり、「意欲をかき立てない、つまらないこと」は、貨幣的インセンティヴが加わって魅力が低下した作業と同義である。筆者によれば、「自由」は創造的な作業を選択したという自覚とともにあり、つまらない作業を選んだ場合は「自由の行使としては自覚されない」。

貨幣への欲望が優位である資本主義社会では、「選択肢は確かにあり、外的な制限が加えられていない」のに、金銭的報酬が伴う仕事や作業を優先的に望んでしまう。そのことで、自由の行使が自覚されないことを筆者は「自由の蒸発」と呼んでいる。

読解図

主張（1～5）**資本主義の本質**

1 資本主義の本質＝空虚な形式への欲望

←

「手段」でしかない低級な欲望が、高級な規範的欲望に勝つ

2 高級の規範は低級な規範の中に包摂されてしまう

←

3 高級な規範そのものが変質してしまう

←

5 手段でしかなかったもの（貨幣）に目的たちが仕える

←

個々の特定の目的それ自体の輝きは失われてしまう

具体例の考察（6～14）**貨幣的インセンティヴの効果**

←

発展的主張（15～17）**自由の蒸発**

15 貨幣的なインセンティヴが加わると、創造的な作業に伴う魅力や作業への意欲は低下する

←

16 にもかかわらず、資本主義の下では、貨幣的インセンティヴが優位になる

←

17 選択が自由の行使として自覚されない

＝

自由の蒸発

11 近代文明にとっての「自然」

村上陽一郎（むらかみよういちろう）

「自然・人為・時間」

読解 ★★
記述 ★
解答・解説 p.70

◆次の文章は、近代文明の浸透によって生じた事態について、西洋的な自然観にのっとって論じたものである。よく読んで、後の問いに答えよ。 解答時間30分・25点

1 近代文明の目指したもの、それは、神の軛（くびき）*から人間を解放することだった。この軛は「自然」という形で解釈された。神の作品としての「自然」、神の計画が実現されていく現場としての「自然」、例えば近代の二人の代表的思想家と言われるデカルトとニュートンにとって、「自然」は二様に解釈されたが、それでも「自然」が神の計画を内包するものであり、「自然」のなかに、創造主としての神の意志が内蔵されている、という考えにおいては、両者とも、明確に一致していた。「自然」であるということは、「神」の定めたことに従うということと、事実上同じであった。通常「近代」として規定される一七世紀においても、こうしてキリスト教的な神への信頼は揺いではいなかった。

2 キリスト教にとっての、この安定した事態は、「文明」のハッショウ(ア)とともに変わった。「文明」という言葉の欧語である《civilization》は、一八世紀に誕生したが、その言葉の成り立ちからして、目指すものを正確に言い当てていた。(A)《civil-ize》つまり「都市―化する」ということの言葉は、「都市化」される対象が何であるか、そして「都市化」する主体が何であるかを言外に含んでいる。言うまでもなく、「都市化」されるべきは「自然」である。「自然である」ことは、この文明というイデオロギーのなかでは、単に「野蛮である」ことにほかならない。他方、野蛮なる自然を「都市化」する主体は、当然ながら「人間」以外にはない。もう少し厳密に言えば、神の軛から解放された一八世紀ヨーロッパの人間にとって見えてきた「自然」は、もはや、デカルトにとってのように神の計画を描き込ん

だ書物でもなく、あるいはニュートンにとってのように神の力が常時働きかけている現場でもなく、人間の現実の生活の場であり、人間がそこから利を得、便利を獲得する対象に過ぎなくなった。そして、こうした目でナガめられたとき、「自然」は、良く言えば、無限の可能性を秘めたサクシュの対象であり、悪く言えば、人間の要求にとって一向に経済的でも能率的でもない、矯正すべき「未開」の対象と映ったのであった。「未開」の状態を経済的・能率的な状態へと矯正する、そのことこそ《civilize》の意味であり、「文明」が目指したものとなった。「都市」とは、人間が生活するために、自分たちの手で「自然」を改変し、造り上げたものである。そこで、未開の「自然」全体を人間が人間にとって便利、能率的、経済的に管理できるような「都市」に仕上げること、それが「文明」のイデオロギーであった。もっと簡潔に言えば、「自然全体の都市化」、それが「文明」すなわち《civilization》の目指す目標となった。したがって、以後、「反・文明」の思想が繰り返し生まれるが、それらは、色々のヨソオいを凝らすとは言え、何らかの形で、「自然」に随順し、「自然」のままに生きることをもって、その思想の中心とすることにもなった。

3 こうした状況のなかで、「自然」という概念の意味や価値は多層化し多極化する。例えば文明派からも、反文明派からも、「自然」とは「人為の入っていない状態」であるとされ、前者はそれを否定し、後者はそれに大きな価値を付与する。しかし、文明側とて、山の緑や、海の青さを称えることにおいては、「人為の入っていない状態」にも、反文明派と同様の価値を置く。より歯に衣着せずに言えば、それらが人間の生活にとって必要であるという限りにおいて、文明のイデオロギーは「自然」を肯定する。

4 反文明派にとっても事態は変わらない。例えば、臓器移植について、その反対の理由としてしばしば「自然に反する」が挙げられる。「自然に任せるべきところにまで人為が介入する」ことへの、ほとんど本能的キヒとも受け取れるが、では、そうした場合の「自然さ」というのは絶対的な概念だろうか。かつて、日本社会でのアンケートのなかに面白い結果があったのを思い出す。あなたが最も好きな自然の風景を挙げて下さいという設問への答えとして、圧倒的に一位を占めたのは、「秋風のわたる水田に黄金色の稲穂の波が揺れる」だったのだ。これが「自然」とは。誰でも、少し考えれば、この風景がおよそ「人為の入らない状態」から遠いことは判るはずである。同じように、禁欲は「自然」なのか、荻野式は「自然」なのか、消毒薬は「自然」なのか、輸血は、臓器移植は、と問うていけば、「人為の入らない状態」と人々が思うものが、時代や社会や個人によって、実にまちまちであることに気付かされる。要するに、反文明派にとっても、文明派と同様、「自然」という概念は、自分が価値を置きたいと思う（価値を置きたくないと思う）もの（それはしばしば、比較的近い過去への懐旧、あの《good, old days》感が含まれる）に被せられる相対的な概念でしかない。

5 時間に関する問題の一つが、エンデ[*]が『モモ[*]』などで提起した文明的時間、すなわち人間本来の生活のなかでの時間性の収奪にあることははっきりしている。この問題についてのエンデの指摘が、非常に鋭く、しかも寓話という表現形態を採ったために、その文明批評（あるいは文明批判）が多くの読者の共感を得ることができ、近代文明社会のなかに優れた形で浸み透っていったことは、あらためて指摘するまでもないことだし、そのことの意味は強調し過ぎるということはない。

6 しかし、話がそこで終わっては、問題は前進しないし、恐らくエンデも満足しないのではないか（この「恐らく」という推測は私の買い被りかもしれないが）。例えば、近代文明は「空間」を克服したと言われる。「空間」と「時間」とは相補的であるから、それは「時間」の克服でもある。東京―大阪の距離は「自然的」条件であるが、文明の所産としての鉄道は、それを一二時間、六時間、三時間（いずれリニアなら一時間）というように切り詰めてきた。文明派はそれを社会の（したがって一般化すれば「人間」の）欲求に従った開発であるとする。そして人間の欲求は人間に与えられた「自然」であり、その発露に忠実であるに過ぎないという。反文明派はこれこそ人間本来の生活からの時間性の収奪であるとする。私もどちらかと言えば、後者の立場にいる。

7 明らかに、人間は「三時間で東京・大阪間を移動したい」などという欲求を持つことはない。今三時間であるのは、今の技術がそこまでの可能性を許すからであるに過ぎない。C その意味では、文明派の言い分のなかには詭弁（きべん）がある。

しかし、では批判する側が根拠とする「人間本来の」生活とは何だろう。「本来」という語はヨーロッパ語では「自然」を意味する。英語の《nature》が「自然」でもあり「本性」でもあるのは知られた事実である。とすると、人間にとって「自然」な生活とは何か。ここでもまたあの「自然」という概念の意味の相対性が浮かび上がる。

8 ウシが草を食べるのが「自然」であるならば、人間が人為の手を自分の内外に加えるのも「自然」である。いや、人間が自分の手を使うことを否定すれば、それは人間という「自然」の否定にほかならない。ここでの「自然」は、相対性を持ち、意味の多層化した「自然」ではない。「この世に存在させられた」という意味での、したがってヨーロッパにおいて近代文明が出現する以前の、「自然」に相当する概念と受け止めなければならない。仮令（たとい）「神」を持ち出すことはないとしても。

9 そうだとすれば問題は、人間の「自然な生活」などという形で、「本来」とか「自然」などという言葉に恣意的な価値を載せることにあるのかもしれない。意味の相対化された状態のなかで、人間にとって「自然・本来」の姿を言い立てるだけでは無責任である。

10 われわれにとって真の課題は何か。[D]それは「自然」としての「人為」を「人為」的に問題とするという、無限の自己言及を誠実に行うこと以外にはなかろう。

（佐賀大学　文化教育学部、二〇一一年／改題）

＊轅（くびき）……馬車や牛車などの乗り物の箱の台の下に平行して添えた二本の長い棒の先端に付けて馬や牛の首にあてた横木。転じて、自由を束縛するものの比喩として用いられている。

＊エンデ……ミヒャエル・エンデ（Michael Ende, 一九二九年生～一九九五年没）。ドイツの児童文学作家。

＊『モモ』……エンデが一九七三年に発表した児童文学作品。ある街に現れた「時間貯蓄銀行」と称する男たちによって人々から時間が盗まれ、みんなの心に余裕がなくなってしまった。そのなかで、貧しいけれど友人の話に耳を傾け、自分自身をとりもどさせてくれる不思議な力を持つ少女・モモの冒険によって、奪われた時間が取り戻されるというストーリーになっている。一九七四年にドイツ児童文学賞を受賞し、世界各国で翻訳されている。

問一　傍線部**ア**〜**オ**のカタカナで書かれた語句を漢字に改めよ。**各1点**

ア　**イ**　**ウ**　**エ**　**オ**

問二　傍線部**A**について、どのように正確に言い当てていたのかということを、「都市化」という言葉を使いながら、わかりやすく説明せよ。**5点**

問三　傍線部**B**は要するにどういうことを言おうとしているのか。七〇字以内でわかりやすくまとめよ。**5点**

問四　傍線部**C**で、「詭弁がある」としているのはどうしてか。その理由を七〇字以内で説明せよ。**5点**

問五　傍線部**D**はどういうことを言おうとしているのか。七五字以内でわかりやすく説明せよ。**5点**

テーマ解説

▼文化と文明

問題文の筆者である村上陽一郎の文明論や科学論は、入試評論文でよく取り上げられてきた。ここでは筆者の『文明のなかの科学』という著作を参照しながら、「文化」と「文明」の違いについて解説しておこう。

文化は英語でいえば「カルチャー（culture)」だ。筆者は「カルチャー」の語源が「農耕」であることに着目して、「文化」を「自然に対する人為の働き掛け」と説明している。どんな民族や地域であろうと、人間は自然に対して働き掛けてきたのだから、人間集団の数だけ文化はあるといっていいだろう。

一方、問題文にあるように、「文明」を意味する《civilization》は、一八世紀の西欧で誕生した言葉であり、その原義は「都市化」であり、「「未開」の状態を経済的・能率的な状態へと矯正する」ことを目指すものであった。

では、文化と文明は何が違うのか。筆者は次のように説明している。

> それでは、古代のインダス文明やエジプト文明、あるいはその他「文明」と名付けられるものと、「日本文化」や「ミャンマー文化」や「エスキモー文化」などとの間にある差とは一体何だろうか。それは、「普遍化へ向かう攻撃性」であろう、というのが、ここでの私の暫定的な結論である。ある一つの「文化」は「普遍化への意志」を持って、他の諸文化への攻撃的な姿勢を示したときに「文明」となり得るのではないか。そして、そのことは、ヨーロッパの一八世紀に「文明」という概念が造られたときに、暗暗裡にその概念のなかに込められた潜在的な前提ではなかったか。
> （『文明のなかの科学』）

ここでいう「普遍化」とは、自分たちの文化を他の地域にも押し広げていくということだ。近代の文脈でいえば、この「普遍化への意志」とは「西洋化」と等しい。そこではヨーロッパこそが「人為」であり、非ヨーロッパは「自然」、すなわち未開や野蛮と見なされることになる。さらに言えば、一九世紀で「人間」とは、成人の白人男性のことであるから、女性や子どももまた「自然」に割り振られていたのである。

このように、一つの文化が他の文化を飲み込み、普遍化していった状態が「文明」であることをふまえると、文化と文明の違いは「個別的／普遍的」という対比で捉えることができるだろう。

ポイント
文化＝個別的
⬆普遍化
文明

▼「人間の自然からの自立」がもたらしたもの

自然と人為の関係は、哲学的に考えると難しい問題を孕んでいる。というのも、人間だってある意味では自然であり、私たちが自然と見なしている自然環境だって人為の産物としての側面があるからだ。

しかし問題文にあるように、一九世紀以降の近代文明では「『自然』とは『人為の入っていない状態』であるとされ」③、矯正や改変の対象となっていった。『文明のなかの科学』では、それを「人間の自然からの自立」と表現し、次のように述べている。

> 人間は自然から自立する、自立した上で自然を管理し、支配し、征服し、収奪する。それを「善」と判断するのが「文明」のイデオロギーである……。（同前）

筆者は同書のなかで、「人間の自然からの自立」がもたらした結果として、二つの事柄を指摘している。

一点目は、学問もまた「自然」を対象とする自然科学と、「人為」の世界を扱う「文化科学」に分かれていったことだ。したがって理系と文系の区別は、一九世紀の「文明」という概念の成立に由来していることになる。

二点目として、道徳観の変化が挙げられている。それはこういうことだ。いくら「人間の自然からの自立」といっても、「人為」のなかには、性欲、食欲、睡眠欲の「自然」が残ってしまっている。

キリスト教的な価値が支配的であった時代であれば、こうした人間の欲望を戒めるのは、神の役割だった。「しかし今や『人為』の世界の中で人間の行動を律するのは、神の原理ではなくて、人間の原理でなければならなかった」（同前）。

したがって一八、九世紀以降、ヨーロッパは「人為」にもとづいて道徳や倫理を作り直さねばならなくなったのである。筆者の言葉を引用しておこう。

> 「自然」の命ずるままに、「自然」な欲求に従うことは「悪」であり、それを、自らの理性によって支配し、制御して初めて人間は「文明人」たる資格を得ることができる、というのが、一九世紀のヨーロッパ的道徳

の新しい特徴であった。（同前）

読解の要点

リード文に「次の文章は、近代文明の浸透によって生じた事態について、西洋的な自然観にのっとって論じたものである」とあるので、この点を意識して読解を進めていこう。

①～④では、一八世紀の近代文明の成立とともに、西欧の「自然」概念が大きく変化したことが論じられている。

一八世紀以前の西洋的な自然観は、「「自然」が神の計画を内包するものであり、「自然」のなかに、創造主としての神の意志が内蔵されている」（①）というものだった。

しかし「「文明」という言葉の欧語である《civilization》が一八世紀に誕生して以降、未開の「自然」を能率的に都市化することが「文明」の目標となり、「自然」は、「人間の現実の生活の場であり、人間がそこから利を得、便利を獲得する対象に過ぎなくなった」（②）。

近代文明の成立以後、「「反・文明」の思想が繰り返し生まれる」（②）が、文明派も反文明派も、「自然」を「人為の入っていない状態」（③）と見なす点では共通していた。

しかし「人為の入らない状態」として想定されるものは、「時代や社会や個人によって、実にまちまち」（④）であり、文明派にとっても反文明派にとっても、「「自然」という概念は、自分が価値を置きたいと思う（価値を置きたくないと思う）もの……に被せられる相対的な概念」（④）になっていった。

「自然」が相対的な概念になっていったというくだりが、近代文明成立以前の「安定した事態」（②）と対比をなしている点には注意を向けておこう。一七世紀までは、「「自然」であるということは、「神」の定めたことに従うということと、事実上同じであ」り、「キリスト教的な神への信頼は揺いではいなかった」（①）。つまり「自然」は絶対的な概念だったわけだ。しかし一八世紀以降、自然は「相対的な概念」に変わっていったのである。

⑤～⑦では、「文明的時間、すなわち人間本来の生活のなかでの時間性の収奪」（⑤）を通じて、「自然」について考察している。

ここでは、鉄道によって移動時間を切り詰めてきたことについて、文明派と反文明派がどのように対立しているかを読解することが重要だ。すなわち文明派は、鉄道による移動時間の切り詰めを、人間の「自然」な欲求と捉えるのに対して、反文明派は「人間本来の生活からの時間性の収奪であるとする」（⑥）。

筆者はどちらかといえば反文明派の立場であるが、「「本来」という語はヨーロッパ語では「自然」を意味する」（7）ことに注意を促し、文明派と反文明派で、「人間にとって「自然」な生活とは何か」をめぐり、再び「「自然」という概念の意味の相対性が浮かび上がる」（7）と述べている。そのくらい「自然」とは融通無碍（ゆうずうむげ）に用いられる概念なのだ。

そこで筆者は8～10で、視点を転換することを提案している。3で見たように、文明派も反文明派も、「自然」を「人為の入っていない状態」とするが、筆者は「人間が人為の手を自分の内外に加えるのも「自然」である」（8）という見方を示している。

別の言い方をすれば、文明派と反文明派は「自然／人為」と二項対立で捉えるのに対して、筆者は「自然」と「人為」を切り分けず、「人為」もまた「自然」であると述べている。

「自然」や「本来」の意味が相対化された状態では、「自然な生活」が大事だと主張しても、「「本来」とか「自然」などという言葉に恣意的な価値を載せる」（9）だけであり、近代文明がもたらす負の問題に対して無責任である。

それゆえ筆者は、真の課題は、「人為」と区別した「自然・本来」の姿を言い立てることではなく、「「自然」としての「人為」を「人為」的に問題とするという、無限の自己言及を誠実に行うこと」と主張する。この箇所の詳細な解釈は、問五の設問解説を参照してほしい。

読解図

導入（1～4）**西洋的な自然観の変化**

1「自然」＝神の計画を内包

⬅ 「自然」であること＝「神」の定めたことに従うこと

⬅ 2「文明」にとっての「自然」＝野蛮・未開＝都市化の対象

⬅

③④ 文明派・反文明派にとっての「自然」＝「人為の入っていない状態」

← 「自然」概念の相対化

展開

（⑤〜⑦）**「人間本来の生活」とは？**

⑤ 人間本来の生活のなかでの時間性の収奪

＝

⑥ 鉄道による「時間」の克服

- 文明派＝人間に与えられた「自然」である欲求に従った開発
- 反文明派＝人間本来の生活からの時間性の収奪

← ⑦ 文明派の言い分は「詭弁」

← 反文明派が根拠とする「人間本来の」生活とは何か？

← 本来＝自然

← 「自然」という概念の相対性が浮かび上がる

結論

（⑧〜⑩）**「自然」としての「人為」**

← ⑧ 人間が人為の手を自分の内外に加えるのも「自然」である

← ⑨ 「自然」の意味が意味の相対化された状態で、人間にとって「自然・本来」の姿を言い立てるだけでは無責任

← ⑩ 真の課題は、「自然」としての「人為」を「人為」的に問題とするという、無限の自己言及を誠実に行うこと

12 ナショナリズムの両義性

塩川伸明（しおかわのぶあき）
『ナショナリズムの受け止め方』

読解★★
記述★
解答・解説 p.76

◆次の文章を読んで、後の問いに答えよ。 解答時間25分・40点

1 ナショナリズムおよび言語・民族・エスニシティ・ネイション・ナショナリティ等といった一連の主題は、さまざまな角度から論じられてきた。それらの議論は多様な知的領域にわたっていて、論じ方もそれぞれに異なっており、その全体像をつかむのはシナンの業である。そうした中で、特に強い関心を引くのは、あるときには変えがたい本源的なものとみなされ、個人のナイオウに触れるものとして強い情動の対象となるものが、あるときには「合理的選択」の対象とされたり、一種の道具的な扱いをされたりすることもあるという両義性である。これは理論の次元では、原初主義vs近代主義、本質主義vs構築主義といったおなじみの論争と関わるが、問題はそういった抽象的理論だけにあるわけではない。理論などとあまり関わりなしに日常的なジッセンの中で民族とかエスニシティとかについて考える場合にも、それらはあるときは内面に根ざした深い情動を伴う現象となるが、別の局面では、もっとザッハリヒ*で、合理的な選択の対象となったりするというような二面性がある。

2 こうした問題について考える際、一つのカギとなるのではないかと思われるのは、個人の可塑性・可変性の大きさと主体性の大きさのあいだにズレがあるという事実である。というのは、次のような事情をネントウにおいている。

3 人間の可塑性が最も高いのは幼児期だが、その時期には主体性はまだあまり育っておらず、言語をはじめとする文化は、親をはじめとする周囲の大人たちから与えられる。「人は女として生まれるのではなく、女となるのだ」というボーヴォワール*の言葉をもじって言えば、どういう言語を話し、どういう文化をわがものとし、どういう民族集団

近代②
ナショナリズム／本質主義／構築主義

に属する人間になるかは、「生まれる」のではなく、生後に「なる」ものだとはいえ、文化を最も基礎的なレヴェルで吸収する幼児期には、自分自身で「なる」というよりは、まわりの大人たちによって「ならされる」という性格が濃い。

4 やがて成長していくにつれて、どのような文化を吸収し、自己をどのようなものとして形成するかということを、大なり小なり自分自身で意識するようになり、その意味での主体性が育っていくが、その時期までには、既にある程度まで固まった基礎のようなものができており、可塑性はもはや幼児期ほど高くはなくなっている。もっとも、思春期から青春期にかけてはまだかなりの可塑性があり、そのことが「アイデンティティ・クライシス」*なるものを生む条件となるのだろうが、それにしても、その可塑性にはある種の限界があり、どのようにでもジザイに選び取れるというほど広くはない。

5 さらに、青年期を過ぎて歳をとればとるほど、それまでに形成されてしまった「自己」――それは特定の文化の枠に相当程度強くコウソクされている――を再形成するということは、不可能とまではいわないまでも、だんだん難しくなっていく。異文化の摂取、外国語の習得、幼児よりいだいていた信仰からの改宗等は歳をとってからも可能であり、可塑性が完全になくなるというわけではないが、成人してから接した「異文化」が「自らの」ものになりきったり、ある年齢以降に習得した「外国語」が「母語」と同質のものとなるということは考えにくい（改宗によって選んだ宗教は、場合によっては「自分のもの」と意識されるようになるかもしれないが、それでも、幼時から無意識にはぐくまれていたものと、後から主体的に選び取ったものとでは、自己との関係のあり方が異なるだろう）。

6 もし可塑性・主体性とも十分に大きいというような人がいるなら、その人はどういう風にでも自己を形成することができ、生まれ育った民族集団からリダツして、自分の選択で他の民族の人になりきるというようなことがあるかもしれない。逆に、可塑性も主体性も全くない場合には、人はある一定の文化の枠にシバり付けられて、およそ脱出とか変容の可能性は一切ないということになる。だが、そのどちらも非現実的だということはいうまでもない。誰しも、無限ではないまでもなにがしかの可塑性と主体性をもっている。その際、可塑性が最も大きい時期には主体性はまだ育っておらず、主体性が強まった時期にはもはや可塑性は制限されているというズレのあることが、問題を複雑にする。そのことは主体的選択による自己形成に限界を画すが、限界があるからといって絶対に変わり得ないということでもない。変わりうる要因と変わりにくい要因をともに抱えており、しかもその大小ないし高低に時間的なズレがあるということこそ、c人間と文化の関係の基礎にある条件ではないだろうか。

7 その結果、言語をはじめとする文化や生活習慣は、ある角度から見れば主体的選択の対象であり、可変的だが、ある角度から見れば「与えられた」ものであり、容易には変えられない重さをもつ。それらは時として政治家やイデオ*ローグの操る手段という性格をもつが、完全には操りきれない「自然力」のように見えることもある。ナショナリズムをめぐって極度に異なった見解が並び立ち、激しい論争が絶えないのは、こういった事情に由来するのではないだろうか。

（岩手大学　人文社会科学部・教育学部、二〇二〇年）

＊エスニシティ……文化的特性（言語・宗教・慣習等）を共有する集団への帰属意識。
＊ザッハリヒ……客観的な。即物的な。
＊ボーヴォワール……二〇世紀のフランスの哲学者・フェミニスト。本文中の言葉は、代表作の一つ『第二の性』の中の一節。
＊アイデンティティ・クライシス……自己同一性の喪失危機。自分が何者であるのかについて確固たる認識が持てず、心理的に危機的な状態に陥ること。
＊イデオローグ……イデオロギーの担い手。特定のイデオロギーの提唱者。

問一　傍線部**ア**～**ク**のカタカナで書かれた語句を漢字に改めよ。**各1点**

ア	イ	ウ	エ	オ

カ

キ

ク

問二　傍線部A「ナショナリズムおよび言語・民族・エスニシティ・ネイション・ナショナリティ等といった一連の主題は、さまざまな角度から論じられてきた」とあるが、それらの議論について、どのような性質が筆者の関心を引くと述べているか。四〇字以内で説明せよ。 **8点**

問三　傍線部B「個人の可塑性・可変性の大きさと主体性の大きさのあいだにズレがある」とあるが、人間の成長につれて、「可塑性」と「主体性」のありようはどのように変化するか。一〇〇字以内で説明せよ。 **12点**

問四 傍線部**C**「人間と文化の関係の基礎にある条件」とあるが、どのようなことか。六〇字以内で説明せよ。**12点**

テーマ解説

▼原初主義vs近代主義、本質主義vs構築主義

本問は、背景知識を知らないと、内容を理解することが難しい評論文の典型だ。たとえば冒頭の「ナショナリズムおよび言語・民族・エスニシティ・ネイション・ナショナリティ等といった一連の主題」という筆致は、これらの話題に関して、読者が一定の知識を持っていることを筆者が当てにしていることを示している。

このうち「エスニシティ」は注で「文化的特性（言語・宗教・慣習等）を共有する集団への帰属意識」と説明されている。ならば民族とエスニシティは何が違うのか。また、ナショナリズムやその関連語であるネイション、ナショナリティとは何なのか。

じつはこれらの言葉（概念）は、学問の世界ではさまざまに議論されており、論者によって理解の仕方も込められる意味も異なっている。問題文の場合、上記の個々の概念を考察するのではなく、「それらの議論は多様な知的領域にわたっていて、論じ方もそれぞれに異なっており、その全体像をつかむのはシナンの業である」(1)と述べられているので、厳密な区分けに拘泥する必要はないが、最低限、ネイションという英単語が、文脈によって「国民」とも「民族」とも訳される場合があることは知っておいてよい。したがってネイションが「民族」の意味で用いられる場合は、エスニシティと意味が接近する。

問題文を読解する上で重要なことは、その後に出てくる「原初主義vs近代主義、本質主義vs構築主義といったおなじみの論争」というくだりだ。

後者の「本質主義vs構築主義」から説明すると、本質主義とは、日本民族は二六〇〇年続いているとか、中国民族は五〇〇〇年続いているといったように、民族の本質が時代を超えて変わらずあり続けると考える立場である。それに対して、構築主義は、民族は永遠不変のものではなく、歴史的な文脈のなかでつくられるという立場を指す。

そして「本質主義」の古さに着目して、民族の本質は近代以前のはるか昔までさかのぼれると考えるのが「原初主義」であり、民族は近代化のプロセスでつくられたと考えるのが「近代主義」だ。

したがって本質主義や原初主義に立脚するなら、民族や民族への帰属意識は変えがたいものとして捉えられるのに対して、近代主義や構築主義に立てば、民族は歴史のなかで変化する人為的な構築物として捉えられる。

筆者はこの二つの立場を念頭に置きながら、「あるときには変えがたい本源的なものとみなされ、個人のナイオウ

に触れるものとして強い情動の対象となるものが、あるときには「合理的選択」の対象とされたり、一種の道具的な扱いをされたりすることもある」と述べているのだ。

　では、この一節はどのように読解すればいいだろうか。前半の「あるときには変えがたい本源的なもの」は、民族の本質や伝統をイメージすればよい。民族紛争を考えればわかるように、民族は強い愛憎の対象になる。それが「個人のナイオウに触れるものとして強い情動の対象となる」ということである。

　それに対して後半の「あるときには「合理的選択」の対象とされたり、一種の道具的な扱いをされたり」とは、民族は政治エリートの合理的な打算の対象になったり、統治という目的のために道具として民族を利用したりすることを指している。実際、近代史を紐解(ひもと)けば、政治エリートが民族を大衆に上から押しつける事例は少なくない。民族がエリートの打算や道具的な使用の対象になるのだから、近代主義や構築主義の主張のように「民族はつくられる」という側面が強いわけだ。

ポイント

構築主義・近代主義＝民族は歴史的な文脈のなかでつくられる

⇔

本質主義・原初主義＝民族は太古から本質を連綿と受け継いでいる

▼外と内の違い

「原初主義VS近代主義、本質主義VS構築主義といったおなじみの論争」に関して、学問の世界では、近代主義や構築主義が優勢だ。要するに、多くの学者は「民族」はつくられたものだと考えている。しかし民族運動に参加する人々などは、「民族」を原初主義や本質主義的なものとして受け止めている。

　なぜ立場がここまで分かれてしまうのか。それを読み解くカギとして提示されるのが、「個人の可塑性・可変性の大きさと主体性の大きさのあいだにズレがある」ことだ。たとえば問題文にあるように、幼児期は可塑性が高い一方、「主体性はまだあまり育っておらず、言語をはじめとする文化は、親をはじめとする周囲の大人たちから与えられる」（3）。

　可塑性（変化する可能性）が高いことは、理論的には構築主義と親和性が高い。ところが言語や文化が「与えられる」という側面を見れば、それは合理的に選択できないことなので、原初主義や本質主義に近づいていくのである。筆者は『民族とネイション』という著作で、次のように述べている。

> そのため、抽象理論として考えるなら言語や民族文化は絶対的・固定的なものではないにもかかわらず、子供時代の無自覚的な習得過程を経た後の成人にとっては、所与かつ変更不能のものとして受けとめられ、あたかも絶対的・固定的であるかの外観を呈することになる。

近代主義や構築主義にそのまま従えば、可塑性と主体性は両立する。つまり言語や文化は、固定的なものではないのだから、自分で選ぶことができることになる。しかし言語や文化の内側で生きる人間にとっては、そうではない。主体性が成熟した時期には、言語や文化は「所与かつ変更不能のものとして受けとめられ」る。

このズレは、民族意識や民族感情にも反映される。すなわち「民族感情は外から見ると「つくられたもの」と捉えられるにしても、内からは「自然なもの」と受けとめられてこそ意味をもつ」(同前)。

むろん筆者がいうように、「誰しも、無限ではないまでもなにがしかの可塑性と主体性をもっている」(⑥)から、近代主義や構築主義の主張も誤ってはいない(成人してから国籍を変える人がいることを思い浮かべればよい)。

以上見てきたように、「原初主義vs近代主義、本質主義vs構築主義」など、ナショナリズムや民族に関する議論が百家争鳴のようになることの背景には、個人の可塑性の大きさと主体性の大きさとのあいだのズレがある、というのが筆者の主張である。

読解の要点

問題文は、①～②、③～⑤、⑥～⑦と大きく三パートに分けられる。

①、②は、問題提起をしているパートだ。①で筆者は「ナショナリズムおよび言語・民族・エスニシティ・ネイション・ナショナリティ等といった一連の主題」に関する議論の中で、こういった主題が「あるときには変えがたい本源的なものとみなされ、個人のナイオウに触れるものとして強い情動の対象とな」り、「あるときには「合理的選択」の対象とされたり、一種の道具的な扱いをされたりすることもあるという両義性」を持つことが、「特に強い関心を引く」と述べている。

「原初主義vs近代主義、本質主義vs構築主義」についてはテーマ解説を参照してほしいが、ここで言われている両義性が具体的にどういうことなのかが理解できないと、問題文の論旨はつかみづらい。あらかじめ言っておくと、その具体例は後からいくつか示されるので、それを参考にして1の内容理解を深めるような読み方をしたい。

続く2では、1で論じた両義性や二面性を考えるカギとして、「個人の可塑性・可変性の大きさと主体性の大きさのあいだにズレがあるという事実」があることが挙げられている。

それを具体的に解説しているのが3~5である。すなわち幼児期から青年期を過ぎるまで、可塑性と主体性の大きさはどのように変化していくのかが、このパートでは解説されている。可塑性とは、可変性とほぼ同義であり、変化・変容の可能性のことだ。

このパートをかみ砕いて説明すると、幼児期では、自分が能動的に言語を身につけようとしたり、ある文化を摂取しようとしたりすることはないが、どのような言語や文化も吸収できる高い柔軟性を持っている（3）。

だが、そういった柔軟性は成長していくにつれて弱まっていき、それと反比例するように、自分のあり方を自分で選ぼうという主体性は育っていく（4）。たとえば幼児と高校生では、ある言語の吸収の仕方は大きく異なる。高校生の段階では、自分で英語を習得しようと主体的に意識することはできても、幼児のような習得はできないわけだ。

青年期を過ぎると、主体性は確立される一方で、新しい言語や文化を吸収することは、さらに難しくなっていく（5）。

6、7は結論パートである。6では3~5をあらためて論じ直し、主体性と可塑性の大小ないし高低に時間的なズレがあるということが、「人間と文化の関係の基礎にある条件」ではないかと筆者は主張している。ここは傍線部になっているので、詳細は設問解説に譲ろう。

7の内容は、1の二面性を繰り返していることが読めていれば、この問題文が読解できている証拠。すなわち「言語をはじめとする文化や生活習慣は、ある角度から見れば主体的選択の対象であり、可変的」ということが、「あるときには「合理的選択」の対象とされたり、一種の道具的な扱いをされたりする」に対応し、「ある角度から見れば「与えられた」ものであり、容易には変えられない重さをもつ」が「あるときには変えがたい本源的なものとみなされ、個人のナイオウに触れるものとして強い情動の対象とな」ることに対応している。

文化や生活習慣にこうした二面性があることが「ナショ

ナリズムをめぐって極度に異なった見解が並び立ち、激しい論争が絶えないのは、こういった事情に由来するのではないだろうか」と筆者は推察している。

読解図

導入 （1 2）**ナショナリズム論の二面性を考えるカギ**

1 ナショナリズムに関連する一連の主題がもつ両義性

(i)合理的な選択対象

(ii)深い情動を伴う変えがたい対象

←

2 個人の可塑性の大きさと主体性の大きさのズレがあるという事実

←

展開 （3〜5）**可塑性と主体性の関係**

3 幼児期は可塑性が最も高く、主体性はまだ育っていない

4 成長していくにつれ、可塑性は制限される一方、主体性は強まっていく

5 青年期を過ぎると、「自己」は特定の文化にコウソクされているため、再形成することが難しくなる

←

結論 （6 7）**人間と文化の関係の基礎にある条件**

6 可塑性と主体性の大小に時間的なズレがある

7 言語や文化はある角度から見ると主体的選択の対象であり、ある角度から見ると変えられない重さをもつ

←

ナショナリズムをめぐって極度に異なった見解が並び立つ

13 傷つきやすさを避けるモデル

岡野八代（おかのやよ）
『フェミニズムの政治学』

読解 ★★★
記述 ★★★
解答・解説 p.80

◆次の文章は、「契約モデル」ではなく「傷つきやすさを避けるモデル」を用いて責任を論じるロバート・グディンの議論を紹介するものである。これを読んで後の問いに答えよ。 解答時間40分・40点

1 グディンの責任論の出発点は、わたしたちは、身近な家族、友人に始まり、ビジネス上の契約相手、あるいは、ある価値観や領域を共有し合う同胞に対して、「特別な責任」を負っているという道徳的な直感をもっている、という事実である。かれは、その直感を生じさせているじっさいの関係性を注視することで、〈わたしたちはなぜ互いに責任を果たし合うのか〉といった、さまざまな関係性に共通する責任の意味を示し、わたしたちが社会を構成するのは、そのようにして示された責任をよりよく果たしあえる共同体を築くためである、と論じる。

2 ここで、かれが義務と責任を区別していることに注意したい。義務とは、ある行為を命じる意志を重視し、その結果については問わない義務論的な倫理であり、責任とはある結果を生じさせる帰結主義的な倫理である。わたしたちはすでに、自分自身に命令を下す義務論的な倫理がいかに多くの感情や行為を忘れさせ、社会における関係性から切り離されたものかを知っているはずだ。グディンによれば、義務は義務を負う者に直接ある行為をするよう命じるが、責任は、責任を負う者につねに行為を命じるものではなく、むしろ、ある特定の成果がもたらされることを引き受けるよう命じる。Aたとえば責任の場合は、教師が学生によりよい教育効果をもたらすために、ある特定の講義については専門の講師を雇い入れることによって、自らが直接的な行為をなさなくても果たしたことになる。また、義務は、義務を果たすか否かの二元論的な倫理であるが、責任は程度の問題であり、多数の者たちと分有可能で、かつ責任者

に多くの裁量があることを特徴とする。

3 さて、議論のなかでかれが批判の標的とするのは、伝統的な契約論、すなわち、わたしたちがある特定の他者や関係性に対して「特別な責任」を負うべき理由は、自発的に取り交わした契約がもたらす結果に対しては義務を負わなければならないからだ、という考えである。かれは、この契約論的な責任論に対して、ヴァルネラビリティ・モデル、すなわち、「傷つきやすさを避けるモデル」を提起する。

4 グディンによれば、わたしたちが特定の他者や関係性に「特別な責任」を負うべきなのは、他者とともにおかれたある関係性のなかで、ある特定の他者が、わたしたちの行為や選択に左右される、すなわち傷つきやすい立場に置かれるからである。また、この場合の関係性は、自発的に取り結んだ関係性だけでなく、偶然に否応なくおかれた状態における他者との関係性をも含んでいる点に注意しておきたい。

5 かれの責任論は、つぎの二点を強調する。第一に、家族関係に代表されるような「特別な責任」は、より公的な場における責任と比べてなんら特別な責任倫理を表しているわけではない。家族における責任が特殊な責任のように思われてきたのは、責任が個人の自発的行為から生じる、という契約モデルに囚われているからである。そうではなく、ヴァルネラブルという用語そのものが示しているように、つねに責任は関係性のなかでこそ生じていると考えなければならない。したがって、責任は通常考えられているほどに、責任を負う者によって一方的に担われるものではないであろう。文脈に応じた実践を積むなかで、当事者は互いに呼びかけと応答の仕方を学びあいながら、それぞれの立場が流動的でありながらも固定され、だからこそ取替えのきかない「特別な責任」が関係性のなかで立ち現れてくるのである。

6 関係性のなかから生じ、関係性のなかでその重みも変化する、といった関係的な責任理解からすれば、ビジネス契約における当事者の責任と、子どもに対する親の責任とが、一つの責任論の中に包摂される。すなわち、両者の違いは、その関係性の違いから発する当事者間の相互依存の在り方とその程度にある。一方の当事者の行為に左右される、傷つきやすい相手が被るであろう危害を生じさせない責任という意味においては、同じ内容の責任を負っているのである。

7 第二に、そうだとすれば「特別な責任」はやはり、親密な関係性がなければ果たし得ないのではないかという点について、グディンはつぎのように論じる。契約モデルは、ある結果を生む行為を最初にした者が、行為の帰結についても責任を負うべきだとする、因果論的な責任モデルをとる。他方、「傷つきやすさを避けるモデル」は、ある行為が他者に及ぼす結果の重さを勘案する帰結主義をとる。なぜならば、このモデルが重視するのは、傷つきやすい立場に置かれた者が被る危険性のある「危害」をいかにして避けるか、という意味における責任だからである。ここでは、だれが「傷つきやすさ」という状況を惹起したのかは問われない。ヴァルネラブルな立場にある者にとってみれば、その責任を誰が担うかは、状況に左右される二次的な問題であり、まず重要なのは、危害を避ける、という結果がもたらされることだからだ。

8 すなわち「傷つきやすさを避けるモデル」は、初発の行為はどうあれ、最終的にその責任がもっともよく果たせる者が果たすのが合理的だと考える。たとえば、因果論的なモデルでは、母親や父親は子をもつという決意を最初にしたのだから、その行為の帰結としての子の養育に責任があるとされるが、「傷つきやすさを避けるモデル」からすれば、どのような経緯があったにせよ、もし母親や父親が最終的にその子の養育の責任が果たせるのであれば、彼女たちが「特別な責任」を果たすのが合理的だとする。だが逆に、子を養育する責任を、もし母親や父親が最終的に果たせない場合は、なんらかの形で、子に対する危害を避けるための責任を果たし得る者が果たす方がよい、と考える。

9 たとえば、グディンは、別の著作で福祉に依存しなければならない母親たちを社会的コストとして批判する者たちに問いかける。

いったん子どもたちがこの世界に生まれてくれば、いったい誰が、その子どもたちを飢えさせることは道徳的に許されると真剣に論じるだろうか。他者に対する教訓として、こうした母親たちが飢えることは道徳的に適っていると、誰が本気で論じるだろうか。

10 かれは、飢えという深刻な危害を最終的に避けることができるのに、その対策をとらない者――この場合は、政府――の責任を問うのだ。もちろんそれは、母親のなんらかの落ち度から生じてくるような責任を免除することと同じではない。子に対する母親の責任と政府の責任は、矛盾するどころか両立し得るし、相互に補完しあうこともあるだろう。ここに、責任の第一の特徴である、「分有可能性」の実践的な価値がある。

（大阪大学　文学部、二〇二一年）

問一　傍線部**A**「たとえば責任の場合は、教師が学生によりよい教育効果をもたらすために、ある特定の講義については専門の講師を雇い入れることによって、自らが直接的な行為をなさなくても果たしたことになる」とあるが、この例において、なぜ教師は責任を果たしたと言えるのか、責任の意味を明らかにしながら、説明せよ。**8点**

問二　傍線部B「契約モデルに囚われている」とあるが、このモデルに囚われていると、なぜ家族における責任が特殊な責任のように思われるのか、説明せよ。**8点**

問三　傍線部C「そうだとすれば「特別な責任」はやはり、親密な関係性がなければ果たし得ないのではないかという点」について、グディンはどのように考えているのか、「そうだとすれば」の「そう」の内容を示しながら、説明せよ。**12点**

問四　傍線部**D**「「分有可能性」の実践的な価値」とあるが、「傷つきやすさを避けるモデル」による責任論では、なぜ責任を分かちもつことが可能になるのか、またそのことによって実際にどのような価値が生じるのか、本文中で言及される具体例を用いて説明せよ。**12点**

テーマ解説

▼正義の倫理とケアの倫理

問題文の背景には、近年注目を集めている「ケアの倫理」という概念に関する議論がある。「ケアの倫理」は、アメリカの倫理学者キャロル・ギリガンが「正義の倫理」と対置して提唱した概念である。

ここでいう「正義の倫理」とは、普遍的な原理にもとづく倫理のことをいう。ざっくりいえば、正義の倫理は、身近な人間であれ、見ず知らずの人間であれ、個別の事情は考慮せず、一般的な原則にしたがって行動することを要求する。それに対して「ケアの倫理」は具体的な関係性や文脈のなかで生じた他者への気遣いや応答責任を重視する。

筆者は出典となっている『フェミニズムの政治学』のなかで、ギリガンの主張を次のように紹介している。

> まず、ギリガンによって見いだされた「ケアの倫理」が第一に命じるのは、「他者を傷つけないこと」「危害を避けること」である。つまりケア実践は、他者の状態とその者がおかれた文脈を注視すること（＝文脈依存的相対主義）と考えられている。

さらにギリガンによれば、正義の倫理とケアの倫理では、責任に対する考え方が違うという。正義の倫理は、個人の権利に基礎を置くため、他者の生き方を侵害しないように、自分のしたいことを我慢することを責任と考える。それに対して、ケアの倫理では、他者の痛みや苦しみを汲み取り、傷つきやすい他者に応答することを責任と考える。

ポイント

正義の倫理＝普遍的な原則から個人の権利を尊重する
⬇一般的な義務に従う責任
⟺
ケアの倫理＝具体的な関係性のなかで他者を気遣う
⬇具体的な他者からの声に応答する責任

▼ケアの倫理をいかに社会に開くか

以上をふまえれば、問題文で取り上げられているグディンの「傷つきやすさを避けるモデル」は、ケアの倫理の延長上にあることはわかるだろう。

問題文を深く理解するうえで重要なのは、グディンのモデルを筆者がどのように意味づけているかということだ。そのポイントは、5で検討されている、家族における責任は、他の責任よりも特別なのではないかという問いと、「「特別な責任」はやはり、親密な関係性がなければ果たし得ないのではないか」(7)という問いである。

これらの問いはいずれも、ケアの倫理に対して寄せられる異論や疑念と重なっている。正義の倫理との対比からわかるように、ケアの倫理は、個別的な関係性を重視する。それは裏を返せば、一般化することが難しいということでもある。ここから、「結局ケアの倫理が主張する他者への応答責任は、家族のような親密な関係性に限定される議論なのではないか」という疑問が生じるわけだ。

こうした問いに対して、グディンは「責任が個人の自発的行為から生じる、という契約モデルに囚われているから」(5)、家族における責任を特別視してしまうと答えている。この点について、問題文に省略された箇所があるので補足しておこう。「契約モデル」では、子どもの育児・世話といったケアは、「母の献身と愛情を強調することで、契約という概念を超えた利他主義的な行為として、したがって、私的な責任として片づけられてきた」。すなわち子どもを育児・世話する責任は、自発的な契約という「契約モデル」からはみ出してしまうので、特別扱いされることになるのである。

しかし「責任は関係性のなかでこそ生じている」(5)という主張だけでは、先の疑念は十分には払拭されない。それは家族に限らないとしても、「親密な関係性」が前提になってしまうように聞こえるからだ。

詳細は「読解の要点」に譲るが、結論的なことを抽出すれば、グディンはこの問題を、ケアの倫理と帰結主義の合わせ技で乗り越えようとしている。帰結主義とは要するに功利主義である。功利主義は、動機はどうあれ、結果的にできるだけ大勢の人をできるだけ幸福にする行為を、道徳的に正しい行為と判断する(34頁参照)。

これをケアの倫理に適用すれば、傷つきやすさを避けるという目的に対して、「初発の行為はどうあれ、最終的にその責任がもっともよく果たせる者が果たすのが合理的だと考える」という主張が導かれるだろう。

筆者は、こうしたグディンの議論を通じて、ケアの倫理にもとづく応答責任は、決して家族や親密な関係性に限られたものではなく、社会的に開かれたものであることを主張しているのである。

読解の要点

リード文で示されているように、問題文は「契約モデル」と「傷つきやすさを避けるモデル」という対比を用いて、グディンの責任論を紹介している。そのことを念頭に置いて、本文の読解に入ろう。

[1]、[2]はグディンの責任論の概要を解説するパートだ。グディンの責任論の出発点は、私たちが家族や友人をはじめとした多様な他者に対して、「「特別な責任」を負っているという道徳的な直感をもっている」（[1]）ことである。

そして[2]では、グディンが義務と責任を区別していることに注意を促し、両者の違いを次のように解説している。

義務＝ある行為を命じる意志を重視し、その結果については問わない義務論的な倫理
＝義務を負う者に直接ある行為をするよう命じる
＝義務を果たすか否かの二元論的な倫理

⇔

責任＝ある結果を生じさせる帰結主義的な倫理
＝ある特定の成果がもたらされることを引き受けるよう命じる
＝程度の問題であり、多数の者たちと分有可能で、責任者に多くの裁量がある

---

[3]以降、この違いは「契約モデル」と「傷つきやすさを避けるモデル」の違いとして引き継がれている。

まず[3]、[4]では、わたしたちがある特定の他者や関係に対して「特別な責任」を負うべき理由について、二つのモデルの違いが述べられている。

【わたしたちがある特定の他者や関係に対して「特別な責任」を負うべき理由】

契約モデル
＝自発的に取り交わした契約がもたらす結果に対しては義務を負わなければならないから

⇔

傷つきやすさを避けるモデル
＝ある関係性のなかで、ある特定の他者が傷つきやすい立場に置かれるから

---

[5]〜[10]は、「傷つきやすさを避けるモデル」にもとづく責任論の二つの強調点を展開するパートである。

[5]、[6]で論じられている第一の強調点は「家族関係に代表されるような「特別な責任」は、より公的な場における責任と比べてなんら特別な責任倫理を表しているわけではない」（[5]）ということだ。そして、その理由を説明するにあたって、再び二つのモデルが対比されている。

契約モデル

＝責任が個人の自発的行為から生じる➡家族における責任は特殊な責任

＝責任は責任を負う者によって一方的に担われる

⇔

傷つきやすさを避けるモデル

＝責任は関係性のなかで生じ、関係性のなかでその重みも変化する➡家族における責任は、より公的な場における責任と比べてなんら特別ではない

＝当事者が互いに呼びかけと応答の仕方を学びあいながら、「特別な責任」が関係性のなかで立ち現れてくる

「責任は責任を負う者によって一方的に担われる」について補足しておこう。先の教師の例でいえば、教師は受け持つ学生に対して責任を負っているのだから、自分自身で教えなければならないとすることが、「責任は責任を負う者によって一方的に担われる」ことにあたる。

7～10で挙げられている二つ目の強調点は、「傷つきやすさを避けるモデル」が「ある行為が他者に及ぼす結果の重さを勘案する帰結主義をとる」（7）ことである。

ここでもまた二つのモデルが対比されているので、まとめておこう。

契約モデル（因果論的な責任モデル）

＝ある結果を生む行為を最初にした者が、行為の帰結についても責任を負うべき

⇔

傷つきやすさを避けるモデル

＝責任を誰が担うかは、状況に左右される二次的な問題であり、まず重要なのは、危害を避ける、という結果がもたらされること

＝初発の行為はどうあれ、最終的にその責任がもっともよく果たせる者が果たすのが合理的

こうした「傷つきやすさを避けるモデル」の責任論は、9、10の例で示されているように、責任を分有することを可能にするのである。

読解図

契約モデル（≒義務）

2＝ある行為を命じる意志を重視し、その結果については問わない義務論的な倫理

3＝自発的に取り交わした契約がもたらす結果に対しては義務を負わなければならないから「特別な責任」が生じる

5＝責任が個人の自発的行為から生じる➡家族における責任は特殊な責任

7＝ある結果を生む行為を最初にした者が、行為の帰結についても責任を負うべき

⇔

傷つきやすさを避けるモデル（≒責任）

2＝ある結果を生じさせる帰結主義的な倫理

4＝ある関係性のなかで、ある特定の他者が傷つきやすい立場に置かれるから「特別な責任」が生じる

5 6＝責任は関係性のなかで生じ、関係性のなかでその重みも変化する➡家族における責任は、より公的な場における責任と比べてなんら特別ではない

7＝責任を誰が担うかは、状況に左右される二次的な問題であり、まず重要なのは、危害を避ける、という結果がもたらされること

8＝初発の行為はどうあれ、最終的にその責任がもっともよく果たせる者が果たすのが合理的

⬇

9 10＝「分有可能性」

14 現代社会におけるリスクの特徴

美馬達哉（みまたつや）『リスク化される身体』

読解 ★★
記述 ★★
解答・解説 p.88

◆次の文章を読んで、後の問いに答えよ。　解答時間40分・40点

1　リスクの人類学的研究をおこなっている代表的な学者が、メアリー・ダグラスである。彼女は、近代社会でのリスク概念を理解する前提として、A「危険（danger）」についての人類学的なとらえ方を論じている。彼女によれば、好ましくないこと、起こってはならない事件として、社会から恐れられる「危険」とは、多数の死傷者や巨大な物質的被害として客観的に決まっているわけではないという。被害の大きさよりも、「危険」によって社会秩序が乱されたかどうかが重要だというのが、彼女の主張だ。

2　たとえば、戦争状態にあるときに、戦闘地域で多数の戦闘員が死亡したとしても、それは「危険」ではない。だが、非戦闘地域であれば、不発弾一つでも「危険」として大騒ぎになる。また、交通事故による死者数を考慮すれば、客観的には、子どもたちにとって学校よりも道路の方が危険だろう。だが、学校内で死傷者がでる事件が起きると、学校の「危険」が急に注目される。これは、本来は安全であるべき学校で、子どもが危害を受けたことは、社会的には大きな意味づけを帯びるからだ。つまり、あるできごとが「危険」かどうかは、文化的な意味づけ（社会秩序の混乱かどうか）による情動で左右されることになる。

3　「危険」が発生した場合、B次に問題となるのは、その「危険」について誰（何）に責任があるのかという点だろう。ただし、責任という言葉には二つの意味が含まれている。一つは、客観的な直接的因果関係での原因という意味だ。つまり、誰（何）が、その「危険」を直接に引き起こしたのか、という点である。もう一つは、その「危険」の結果

に対して補償し、今後の予防に対して責任があるのは誰（何）か、という点だ。

［中略］

4 以上をふまえて、津波や地震のような自然災害あるいは飢饉（ききん）や疫病が発生したとき、人間社会はどう対応するかを考えてみよう。

5 伝統的な社会では、「危険」は神が人間に対して怒りを示した結果だと説明される。そして、その責任追及は、過去にさかのぼって、神の定めた人間社会の規則（タブー）をやぶって、神の怒りを招いたできごと（あるいはその人物）を探し出すことに向けられる。タブーの侵犯が呪術師によって見つけられれば、適切な儀礼によって神の怒りを鎮め「危険」が続くことを回避できるわけだ。

6 これに対して、近代社会はどうだろうか。合理的に「危険」に対応する社会であれば、「危険」が生じたのは、潜在的にあったリスクが、適切に対処されなかったため現実化してしまったと説明される。したがって、直接的な原因解明としての責任追求と並行して、未来へ向けた対策としてリスクマネジメントがおこなわれる。地震や津波の場合でも、天災としての側面とともに、リスクに備えた防災策が十分にとられていなかったために被害が拡大したのではないかという人災面が注目されるのは、この点に由来している。

7 過去にあったタブーの侵犯を償うことで将来の「危険」を防ぐ伝統社会と、未来のリスクをマネジメントして「危険」を予防する近代社会、見かけは違っていても、この二つの間には案外と共通点がある、というのがダグラスの問いかけだ。近代社会でのリスクの洗い出しと、伝統社会でのタブーの侵犯を探すための呪術に共通点はないだろうか？　近代社会でのリスクマネジメントと、伝統社会での神の怒りを鎮める呪術との間には共通点はないだろうか？

8 医療の分野で有名なのは、手術室などでの清潔と不潔の区別だ。近代医学の最先端である手術室だから、細菌などによる感染というリスクを減らすために科学的なリスクマネジメントがおこなわれていると思われているが、じつはそうでもない。たとえば、手術場には、大型のピンセットのようなもの（鉗子（かんし））をいれる花瓶のような背の高い入れ物がある。その入れ物はもちろん丸ごと消毒してあるが、内側は下から三分の二までは清潔で、上の三分の一と外側は不潔だと考えられている。もし、助手や看護師が鉗子を不潔な部分にちょっとでも触れさせると、それは不潔なものとなり手術には使えなくなる。しかし、なぜ三分の二なのかは、定められたルールなだけで、細菌数などの科学的理由によるものではない。

9 リスクマネジメントとタブーや呪術が似通ってしまうのは、その行為によって生じる結果が重大なのに、その結果がどうなるかが不確実な場合といわれている。これは、医療にもよく当てはまる特徴だ。どんなに技術の優れた名医が努力しても、完全に失敗しないことはありえない。結果がどうなるか不確実な行為の場合には、リスクを避けるために成功したのか、そのリスクの有無は結果に無関係だったのかを判断することはきわめて困難である。そのために、リスクマネジメントが儀礼や呪術と区別がつかなくなりやすい。人類学の見方からは、リスクは一つの現代の神話といえるかもしれない。

10 現代社会におけるリスクの特徴は、リスクが多様化している点である。

11 第一は、（経済的）グローバリゼーションがリスクに与えた影響である。資本の国際的移動が自由化され、商品やサービスの国際貿易が増大した結果、さまざまな製品やその原材料が世界のあらゆる場所から調達される。このことは、ある一面ではリスクを減らすことにつながる。たとえば、日本で異常気象のために、青果物不足が起きたときは、（十分値上がりしたならば）北米から空輸して野菜を供給する事態が生じた。一方でグローバルな経済的連携によって、地球上のさまざまなできごとが直接・間接に生活に影響することもある。たとえば、地理的には遠く離れた中東の政治情勢が原油価格を通じて、日本経済に大きな影響を与えるのはその例だ。

12 新しい投資手法として、二〇世紀末から本格的に導入されたリスクを少なくするための方法（金融工学として一般に呼ばれている）も、リスクを増大させる場合がある。たとえば、ポートフォリオ投資によってリスク（ボラティリティ）を減らすために投資を分散化すると、新しい分野に投資することで今までなかったリスクを引き受けることにつながる場合がありうる。また、代替的リスク移転やデリバティブ*のように、リスクマネジメントの手法が、新たにリスクを積極的にとる投機の手段として使われると、当初は想定されなかったリスクが生まれる。たとえば、低所得者向け住宅ローンの信用リスクを減らすためにおこなわれた証券化は、二〇〇七～〇八年のサブプライムローン*問題を引き起こした。

13 巨大科学技術やバイオテクノロジーが作り出すリスクも、現代社会に特有の新しいリスクだ。とくに、欧州の人びとにリスク意識を感じさせたきっかけになったのは、一九八六年に旧ソ連で起きたチェルノブイリ原発事故であった。また、京都議定書で話題になった地球温暖化などの環境問題のリスクも無視できないものになっている。遺伝子改変などの新しいバイオテクノロジーが将来どのような影響を与えるかについては、まだほとんど何もわかっていない状態だ。また、この点に関しては、私的な民間企業の行為であっても、その企業の社会のなかで果たしている役割に見合う公的責任が強調されるのも、これまでには想定されていなかったリスクの新しい側面の一つかもしれない。

14 以上のような現代のリスクの新しい特徴をアンソニー・ギデンズは次のように整理している。

15 一つ目は、リスクの意味が、たんに経済的な損失だけではなく、社会的・文化的な要素にも関わっている点である。これは、ダグラスのいう「危険」と重なる点だ。彼女のいう「危険」とは、経済的損失や人的被害の大きさだけを指すのではなく、社会秩序の混乱という文化的な意味も持っていた。将来の不確実な「危険」に備えるリスクも同じ性質を受け継いでいる。

16 さらに、天災や不可抗力の事故という「外部リスク」だけでなく、巨大科学技術や金融工学によって作られた「人工リスク」が大きいことは、現代社会の大きな特徴の一つである。それは、自分が呼び出した魔法を前にして、そのコントロールができなくなった魔法使いの弟子が途方に暮れてしまう、というたとえ話に似ている。自然や社会を改変するテクノロジーを作り出したものの、それが生み出す重大なアクシデントを確実には予測・制御できなくなっているからだ。

17 三つ目の特徴は、現代社会でのリスクは、環境問題や原子力発電所の事故の問題にはっきりと現れているように、国境を越えたグローバルな広がりを持っている点である。とくに、このリスクのグローバル性と貧富に関係なく多くの人びとに影響する点に注目して、現代社会はたんにリスクの種類が量的に増えた社会であるだけでなく、リスクによって質的に変化している社会であるととらえたのが、社会学者ウルリッヒ・ベックである。

〔中略〕

18 近代社会が作り出した巨大な科学技術や産業は、富や財を生産して豊かな社会を実現するうえで大きな役割を果たしてきた。しかし、この科学技術や産業は、現在の「リスク社会」でも同じように有効であり続けるのだろうか。ベックやギデンズのようにリスク社会論を唱える人びとは、こうした疑問を投げかける。

19 その第一の理由は、技術や産業がうまく扱うことのできるリスクとは、過去のデータにもとづいた知という限界を持っているからだ。つまり、防災の技術がどんなに発達しても、過去のデータから外れた想定外の津波や地震が起きればひとたまりもない。草食動物に動物性のエサ（肉骨粉）を与えることで発生したＢＳＥ（牛海綿状脳症）は誰も予想できなかった。

20 また、複数のリスクが組み合わさった複合効果は現実には完全に評価することはできない。大きな産業事故などの場合にも、一つ一つは小さな確率でしかないリスクが、偶然にも同時に発生することで大事故につながっていく。医療の場面でも、複数の薬を一緒に服用することで、予測されていない副作用が起きることがある。どんなに医学技術が進歩しても、すべての薬のあいだの相互作用を事前に完全にチェックすることはできないだろう。

21 三番目の問題は、アカデミズムのなかの科学は自然現象の研究であるために、それが実用化された後の現実社会での人為的ミスや政治的な問題を軽視してしまいがちなことだ。どんなにすばらしい設計図でも、工場での製品管理がいい加減だったら台無しだ。原子力の安全性技術が進歩しても、現実政治のなかで核拡散がすすめば、原子力に関連したリスクは増大していく。現代社会でのリスクは、専門知識しかない科学者や技術者に任せるには重要すぎる問題なのだ。ベックとギデンズは、社会理論家のスコット・ラッシュとともに書いた『再帰的近代化』という著作のなかで、「再帰性・自己反省性（reflexive）」という言葉をリスク社会に取り組むうえでのキーワードとして使っている。

22 これまでの科学は、自然を対象に研究や介入をしてきた。ベックは、こうした学問を「単純な科学」と呼んでいる。これに対して「再帰的な知」[D]とは、科学や産業自身の生みだした結果や有害作用を研究対象として、そこにあらためて働きかける学問だという。一つの専門領域しか知らない専門家よりも、科学知識を十分に理解する市民の方がこうした「再帰的な知」を扱うには適しているだろう。

23 リスクに関する知識は、そのリスクが「再帰的に」もたらす社会的な影響も含めた広い視野を必要とする点で、「単純な科学」ではなく、「再帰的な知」であることが求められる。ベックやギデンズは、専門家が情報開示をおこなって説明責任を果たしたうえで、再帰的な知に依拠した健全な活力ある市民社会が、専門家の暴走を押さえる民主主義を実践しつつリスクに対応することを理想としているようだ。

24 だが、リスクに関わる事柄は、客観的な確率で決まるのではなく、将来の「危険」に対する恐れの情動と必然的に関わり合っている。その視点から見直すとき、リスク社会では再帰的な近代化を目指すべきだという合理的な指針は、リスクをめぐる情動という経験のはらむリアリティと真摯（しんし）に切り結ぶ質を備えていない絵空事にすぎない。

（秋田大学　国際資源学部・教育文化学部、二〇一九年／改題）

＊ボラティリティ……volatility　価格変動の度合いのこと。
＊デリバティブ……derivative　金融派生商品。株式、債券、為替、金などの金融商品の価格変動リスクを回避・低下させる目的で、現物価格に連動して価格が決まる商品のこと。
＊サブプライムローン……subprime loan　低所得者向けローンのこと。

問一　傍線部A「「危険（danger）」についての人類学的なとらえ方」とは、どういうとらえ方か。本文の内容に即して八〇字以内で説明せよ。**8点**

問二　傍線部B「次に問題となるのは、その「危険」について誰（何）に責任があるのかという点だろう」とあるが、人間社会の対応の仕方が「伝統的な社会」と「近代社会」でどう違うと述べているか。本文の内容に即して一五〇字以内で説明せよ。**12点**

問三　傍線部**C**「この二つの間には案外と共通点がある」とあるが、そのように言えるのはなぜか。七〇字以内で説明せよ。**8点**

問四　傍線部**D**「再帰的な知」とあるが、「再帰的な知」の特徴とはどのようなものか。「単純な科学」との違いを明らかにして説明せよ。**12点**

現代②

リスク社会／再帰性

テーマ解説

▼ベックの「リスク社会論」

問題文後半では、社会学者ウルリッヒ・ベックのリスク社会論が批判的に検討されている。そこであらためて、リスク社会論とはどのような議論なのかを解説しておこう。

リスク社会（化）とは、一言で言えば、近代化の帰結として社会全体がリスクで覆われるようになったことをいう。このことはパンデミックや放射性物質、金融危機、人工知能などをイメージすればわかりやすい。

ベックはまず、「人間の行為から生まれる危険」をリスクとして捉える。たとえば台風が発生することじたいはリスクではないが、それが人間社会に被害を及ぼす危険性があれば、人間の対処によって被害の大小は左右されるので、リスクと見なされることになる。

それをふまえて彼は、近代社会から現代社会への転換を、産業社会からリスク社会への移行と分析した。この転換はリスクが及ぼす影響の範囲と関係している。

二〇世紀前半までの産業社会の時代では、リスクは、公害のように産業が未熟であることから起きるものであり、その対処の単位は「地域」や「国」が中心だった。しかし現代社会では、科学技術や産業の高度化によって、グローバルな規模で予測不可能なリスクが次々と生み出されている。それは、世界中の人々にリスクが「平等」に分配されるということだ。このことは問題文で次のように表現されている。

> ……現代社会でのリスクは、環境問題や原子力発電所の事故の問題にはっきりと現れているように、国境を越えたグローバルな広がりを持っている点である。とくに、このリスクのグローバル性と貧富に関係なく多くの人びとに影響する点に注目して、現代社会はたんにリスクの種類が量的に増えた社会であるだけでなく、リスクによって質的に変化している社会であるととらえたのが、社会学者ウルリッヒ・ベックである。
>
> ⑰

テクノロジーが今後も高度化していくとすれば、それだけリスクも生まれてしまう。このように、高度な産業化によって、社会全体がリスクで覆われていることをベックはリスク社会と呼んだ。

▼「再帰的近代」とは何か

問題文でも示唆されているように、ベックのリスク社会論は、再帰的近代という時代把握と深く関連している。

ベックは、前近代↓近代↓再帰的近代という三段階に分けて説明している。前近代から近代への移行は、文中の表現を使えば「巨大な科学技術や産業は、富や財を生産して豊かな社会を実現する」(18)という産業化のプロセスと考えればよい。それはまた、時代が進むほど人類も進歩していくと信じることができた時代だった。

では、近代の後に位置づけられる「再帰的近代」とは何なのか。

再帰的、再帰性については、「自分が呼び出した魔法を前にして、そのコントロールができなくなった魔法使いの弟子が途方に暮れてしまう」(16)という筆者の巧みな比喩が参考になる。

再帰とは「跳ね返ってくる」ということだ。自分の呼び出した魔法が自分に跳ね返り、コントロールできなくなるように、近代が生み出したものによって、近代自身が影響を受けることを「再帰的近代」という。その具体的な現れがリスク社会であり、「自然や社会を改変するテクノロジーを作り出したものの、それが生み出す重大なアクシデントを確実には予測・制御できなくなっている」(16)のである。

ポイント

前近代
↓産業化
近代（産業社会）
↓リスク化
再帰的近代（リスク社会）

このようなリスク社会に対する処方箋は何だろうか。問題文では「再帰的な知」が挙げられているが、ベックは政治的な力も強調している。そのキーワードは「サブ政治」である。サブ政治とは、議会の外で展開される市民運動や専門家集団、NPO・NGOなどのことだ。

リスク社会では、予測不可能なリスクへの対応が迫られる。予測不可能なリスクである以上、その対応を科学の力だけで判断することはできず、政治的な意思決定が必要とされる。この点は、新型コロナウイルスの流行への対応を考えると、イメージしやすいだろう。

さらに先述したように、リスクはグローバルな規模で「平等」に降りかかる。したがって誰もがリスクの当事者であるから、自分たちの安全を脅かすような、国や企業の活動に対しては異議申し立てをしていかねばならない。ベックはサブ政治にその役割を求めている。「ベックやギデンズは、専門家が情報開示をおこなって説明責任を果たしたうえで、再帰的な知に依拠した健全な活力ある市民社会が、専門家の暴走を押さえる民主主義を実践しつつリスクに対応することを理想としている」（23）とは、こうしたサブ政治の役割を念頭に置いて書かれているはずだ。

筆者は、こうした処方箋に対して「リスクをめぐる情動という経験のはらむリアリティと真摯に切り結ぶ質を備えていない」（24）と批判的な評価を下している。ただし出典となっている『リスク化される身体』の他の箇所でも、ベックの議論は繰り返し参照されていることが示すように、リスクについて論じる上で、ベックのリスク社会論は避けて通れないことはまちがいない。

読解の要点

問題文は五〇〇〇字を超える長文である。こういった長い問題文の場合、論旨を見失わないように、「何について論じているのか」ということをつねに確認しながら読み進めるようにしてほしい。

今回の問題文は、大きく1～2、3～9、10～17、18～24という四つのパートに区分できる。順番にその論旨をたどっていこう。

1、2では、設問にもなっているように、「「危険（danger）」についての人類学的なとらえ方」が解説されている。その要旨は「あるできごとが「危険」かどうかは、文化的な意味づけ（社会秩序の混乱かどうか）による情動で左右される」（2）ということだ。

3～9では、伝統的な社会と近代社会を比較しながら、「危険」が発生した場合の「責任」について考察されている。その違いと共通点は、問二、三の設問解説でくわしく説明しているので、そちらを参照してほしいが、「危険」に対して合理的に対応する近代社会のリスクマネジメントも、結果が不確実な場合、伝統社会の呪術やタブーに接近するというのが、このパートの要旨である。

10～17は「現代社会におけるリスクの特徴」について解説しているパートだ。11～13では、グローバリゼーションがリスクに与えた影響（11）、リスクマネジメントの手法がリスクを増大させるケース（12）、巨大科学技術やバイオテクノロジーが作り出すリスク（13）など、「リスクが多様化」している例を挙げた上で、14～17では、アンソニー・ギデンズによる「現代のリスクの新しい特徴」の整理を紹介している。

18～24では、「近代社会が作り出した巨大な科学技術や産業」が、「現在の「リスク社会」」に対して有効性を失っている理由や問題点が三点挙げられている（19～21）。三つに共通しているのは、従来の科学ではリスクの予測が不確実になっていることである。

それに対して22、23では、ベックの「再帰的な知」という概念を紹介し、ベックやギデンズは「再帰的な知に依拠した健全な活力ある市民社会が、専門家の暴走を押さえる民主主義を実践しつつリスクに対応することを理想としているようだ」と論を進める。

しかし筆者の評価はネガティブだ。24の一文目「リスクに関わる事柄は、客観的な確率で決まるのではなく、将来の「危険」に対する恐れの情動と必然的に関わり合っている」という一節は、1、2の内容をふまえていることに注意しよう。

リスクは、将来の「危険」に対する情動と関わる以上、「リスク社会では再帰的な近代化を目指すべきだという合理的な指針」は「絵空事にすぎない」というのが筆者の診断である。

読解図

導入（1 2）「危険」についての人類学的なとらえ方
＝文化的な意味づけ（社会秩序の混乱かどうか）による情動で左右される

展開Ⅰ（3〜9）「危険」が発生した場合の責任と対応
←伝統的な社会＝タブーを侵犯したことに対する神の怒りが原因
⬇儀礼によって神の怒りを鎮める
⇔近代社会＝潜在的なリスクが現実化したことが原因
⬇未来のリスクをマネジメントする
←結果がどうなるか不確実な場合
←儀礼や呪術と区別がつかなくなりやすい

展開Ⅱ（10〜17）現代社会におけるリスクの特徴
＝多様化
＝
- グローバリゼーションがリスクに与えた影響（11）
- リスクマネジメントの手法がリスクを増大（12）
- 巨大科学技術やバイオテクノロジーが作り出すリスク（13）

← ギデンズによる整理

＝

- リスクの意味が、社会的・文化的な要素にも関わっている（15）
- 「人工リスク」が大きい（16）
- グローバルな広がりを持っている（17）

結論（18〜24）

← **「再帰的な知」の評価**

近代社会の科学技術や産業は「リスク社会」に有効か？

←「単純な科学」は不確実性の高いリスクに対応できない（19〜21）

←「再帰的な知」の可能性（22 23）

←リスクは、将来の「危険」に対する情動と関わる以上、絵空事（24）

現代②

リスク社会／再帰性

斎藤哲也（さいとう・てつや）

1971年生まれ。人文ライター。東京大学文学部哲学科卒業後、大手通信添削会社に入社。国語・小論文の通信添削の編集を担当。2002年に独立。人文思想系を中心にライター・編集者として活動するとともに、通信添削問題や模擬試験（現代文）の作成も手がける。著書に『読解　評論文キーワード　改訂版』（筑摩書房）、『試験に出る哲学』『もっと試験に出る哲学』『試験に出る現代思想』（NHK出版新書）、監修に『哲学用語図鑑』『続・哲学用語図鑑』（田中正人・プレジデント社）、編集・構成を手がけた本に『ものがわかるということ』（養老孟司・祥伝社）、『おとなの教養』（池上彰・NHK出版新書）、『新記号論』（石田英敬＋東浩紀・ゲンロン）ほか多数。

ちくま現代文記述トレーニング
テーマ理解×読解×論述力

2023年10月20日　初版第1刷発行

編著者　斎藤哲也（さいとう・てつや）
発行者　喜入冬子
発行所　株式会社　筑摩書房
東京都台東区蔵前2-5-3　〒111-8755
電話　03-5687-2601（代表）
印刷・製本　大日本法令印刷

ブックデザイン　宇那木孝俊

ISBN 978-4-480-91104-9　C7081

ちくま現代文記述トレーニング

テーマ理解×読解×論述力

解答・解説編

筑摩書房

ちくま現代文記述トレーニング　テーマ理解×読解×論述力　解答・解説編

目次

記述問題の採点について

この別冊では、問題文の要旨、解答例、設問解説に加え、自己採点ができるように、各設問の採点基準を掲載しています。実際の大学入試では、多くの場合、大問ごとの配点や各設問の配点は公開されていません。当然、記述問題の採点基準や採点の方針も、ごく一部の大学を除いて明らかにされていません。したがって、本書で設定している配点は、各大学・学部の国語全体の配点を参考に、独自に設定したものになっています。また、採点基準も独自に作成したものです。

以下では、記述問題全般に共通する採点の方針を説明します。自己採点の際に役立ててください。

■形式的な減点要素

- 字数指定のある設問では、特に指定のない場合は句読点やカッコ類（「」、()、『』）は一字として数える。一マスに文字と句読点、文字とカッコ類を同居させている答案は一箇所につき1点減点。
- 句点が脱落している答案、読点の打ち方が明らかにおかしい答案は一箇所につき1点減点。
- 誤字・脱字は一箇所につき1点減点。
- 制限字数をオーバーしている答案、制限字数の半分に満たない答案は0点。最低でも制限字数の八割以上、理想的には九割以上の字数で答案を作成することが望ましい。
- 答案の文章が完結していないものは0点。
- 一行の解答欄に二行以上書いた答案は0点。
- 解答欄の欄外にはみ出している答案は0点。

■文法面での減点要素

- 主語と述語の対応が明らかにおかしいものは、一箇所につき1点減点。

・修飾語のかかり方が明らかにおかしいものは、一箇所につき1点減点。

■文末処理での減点要素

・設問に対応しない文末表現は1点減点。
例：「どんなことか」「どういうことか」という設問文に対して「～から」という文末になっている。

■内容面での減点要素

・各設問の採点基準には明示されていなくても、解答文の論理関係に飛躍や転倒が見られるものは程度に応じて1～2点減点。
・筆者の主張や価値判断を逆に捉えるなど、明らかな誤読にもとづいた答案は0点。
・部分的な誤読にとどまっているものは1～2点の減点。
・問題文から明らかに読み取れない内容を記述した答案は1～2点減点。
・要素は入っていても、助詞の使い方に誤りがあったり、語句を不自然につなげたりするなど、日本語の文章として不適切な答案は程度に応じて1～2点減点。ただし、まったく文章の体をなしていない答案は0点。

■表記に関する注意

※誤字・脱字以外は減点対象とはしないが、一般的な注意点を以下にあげておく。
・問題文中で使われている語句を答案に用いる場合、表記はできるだけ変えないほうが望ましい。ただし、字数調整上、文中のひらがな表記を漢字表記にしても可。
・答案の文末で用いる「こと」「ため」は、「事」「為」ではなく、ひらがな表記が望ましい。
・問題文中の欧文表記は、必要不可欠な場合を除き、極力答案に使わないこと。
・問題文中で強調の意で用いられているカッコ類は、そのまま使うほうが望ましい。ただし、文中に同一の意味で、カッコ類を用いているケースと用いていないケースが混在している場合は、どちらでも可（答案の中では統一すること）。

1 分人とは何か

平野啓一郎

問題：p.16

要旨

分けられない、首尾一貫した「本当の自分」があるという個人の概念では、多種多様な人々と接する現実の対人関係を捉えるには大雑把であり、実感から乖離しているのみならず、私たちを苦しめる要因にもなってきた。代わりに、一人の人間には複数の人格があると捉える分人を生きる足場としよう。人格とは他者との反復的なコミュニケーションを通じて形成される一種のパターンなので、関係する他者の数だけ分人は存在する。196字

解答・解答例　配点50点

問一　ア＝幾　イ＝哺乳　ウ＝硬直　エ＝同僚　オ＝均質　カ＝丁寧　キ＝慌　ク＝付随　各2点

問二　「分けられない」、首尾一貫した「本当の自分」　22字　8点

問三　日常生きている複数の人格はすべて「本当の自分」なのに、複数の人格とは別のどこかに中心となる「本当の自分」が存在しているかのように考えること。　70字　14点

問四　多様な他者との反復的なコミュニケーションを通じて形成される、複数の分人の中心のないネットワーク。　48字　12点

解答時間・配点

岩手大学は、現代文、古文、漢文、資料・グラフ読み取り型小論文がそれぞれ1問ずつという出題が続いている。試験時間は90分なので、本問では30分を標準的な解答時間とした。国語全体の配点は学部により異なるが、教育学部の200点満点にもとづき、本問の合計点を50点と推定した（古文50点、漢文50点、小論文50点）。

設問解説

問二　傍線部と同義の語句を抜き出す問題。「個人individual」については、2以降でさまざまに説明されている。しかし、「読解の要点」で見たように、2は「キリスト教の信仰」面から、3～5は「論理学」という点から個人を説明した箇所であるから、「個人individual」の説明としては一面的だ。したがって、解答の候補は6以降から探せばよい。

そうやって見ていけば、解答候補となるような箇所は、7の「この『分けられない』、首尾一貫した『本当の自分』という概念」しかない。

ただし、これでは29字になってしまうので、「この」と「という概念」は外せばよい。

採点基準

○この「分けられない」、首尾一貫した「本当の自分」 **8点**（「この」が入っても可）
△これ以上は分けようがない、一個の肉体を備えた存在 **4点**
×自我だとか、「本当の自分」といった固定観念 **0点**

問三　指示語を含む傍線部説明問題だが、本問を正確に解くためには「矛盾」の意味を知っていることが大前提である。矛盾とは、二つの事柄が相容れず、両立しない状況のことをいう。したがって本問では、何と何が相容れないのかと意識しながら読解することが重要だ。

そのような視点で、傍線部より前の内容を見ると、⑪と⑫で、次のような相容れない内容が書かれていることが発見できる。

- 複数の人格は、すべて「本当の自分」である。⑪

⇔（にも拘らず）

- 日常生きている複数の人格とは別に、どこかに中心となる「自我」が存在しているかのように考える。⑫

中心となる「自我」を、中心となる「本当の自分」と言い換えれば、矛盾の内容ははっきりする。すなわち、複数の人格はすべて「本当の自分」であることと、複数の人格以外に中心となる「本当の自分」があると考えることは、明らかに相容れず両立しない。

したがって、解答は上記二つの内容をつなげて作成すればよいが、矛盾のニュアンスが伝わるような答案にできたかどうかで点差は開くだろう。

採点基準

❶[2]日常生きている❷[3]複数の人格はすべて「本当の自分」なのに、❸[3]複数の人格とは別のどこかに❹[3]中心となる「本当の自分」が存在している❺[3]かのように考えること。

❶○日常生きている **2点**
○現実を生きている **2点**
△日常の／現実の **1点**

❷○複数の人格は、すべて「本当の自分」である **3点**
△複数の人格を無視して **2点**
×向き合っているのは多種多様な人々 **0点**

❸○複数の人格とは別に **3点**
○複数の人格以外のどこかに **3点**
○複数の人格の奥に **3点**
△どこかに **1点**

❹○中心となる「本当の自分」が存在している　3点
○中心となる「自我」が存在している　3点
△「本当の自分」が存在している　2点
△一なる「個人」として扱われる局面が存在している　2点
❺○❹かのように考えること　3点
○❹という固定観念が染みついていること　3点

問四　まずは設問内容をしっかり把握しよう。設問は、傍線部の説明ではなく、〈筆者は「自分」をどのようなものと考えているか〉を尋ねている。したがって問題文全体から、筆者が「自分」を説明している箇所を探すことが、答案作成の出発点となる。その際、設問では「分人」という言葉を用いることが条件とされているので、「分人」というキーワードに着目して、答案の手がかりとなるパーツを集めていこう。すると、以下のような記述が拾えるはずだ。

- 一人の人間の中には、複数の分人が存在している。……あなたという人間は、これらの分人の集合体である。(20)
- 分人のネットワークには中心は存在しない。(22)
- 分人は、……常に、環境や対人関係の中で形成される。(22)
- 分人も、一人一人の人間が独自の構成比率で抱えている。(22)
- 人格とは、その反復（＝反復的なコミュニケーション）を通じて形成される一種のパターンである。(27)
- 関係する人間の数だけ、分人として備わっているのが人間である。(28)

これらの記述を検討すると、まず(20)で、筆者は「自分」を〈複数の分人の集合体〉と捉え、(22)以降で分人の具体的な説明をしていることがわかる。したがって答案では、〈複数の分人の集合体〉や〈複数の分人のネットワーク〉という要素は欠かせない。

次に、(22)以降では、分人がどのように形成されるかという点が繰り返し語られているので、「常に、環境や対人関係の中で形成される」「多種多様な他者との反復的なコミュニケーションを通じて形成される」といった要素も必要だ。

さらに、「個人」との対比を考えると、複数の分人は〈中心が存在しない〉という点も盛り込みたい。五〇字という字数条件を考えると、この三点を説明するだけで精一杯だろう。「一人一人の人間が独自の構成比率で抱えている」という要素は、一歩踏み込んだ内容であり、字数を考えると外さざるをえない。

採点基準

❶[4]多様な他者との反復的なコミュニケーションを通じて形成される、❷[3]複数の分人の❸[2]中心のない❹[3]ネットワーク。

※「分人」という語を用いていない答案は、他の要素があっても不可。0点

❶※他者とのコミュニケーションを通じて形成される趣旨が書かれていれば可。
○多様な他者との反復的なコミュニケーションを通じて形成される 4点
○常に、環境や対人関係の中で形成される 4点
△反復的なコミュニケーションを通じて形成される 2点（他者、対人関係という要素がない）

❷○複数の分人の 3点
△分人の 1点

❸○中心のない 2点
△独自の構成比率で 1点
※両方に触れていても2点どまり。

❹○ネットワーク／ネットワーク化された集合体 3点
○集合体 3点

出典・筆者紹介

平野啓一郎（ひらの けいいちろう）

一九七五年—。小説家。愛知県生まれ。『日蝕』により第一二〇回芥川賞を受賞。以後、数々の作品を発表し、各国で翻訳紹介されている。美術、音楽にも造詣が深く、幅広いジャンルで批評を執筆している。

本文は、『私とは何か——「個人」から「分人」へ』（講談社現代新書 二〇一二年）によった。

2 倫理学は実存の問題を探究すべきか

古田徹也

問題：p.29

要旨

倫理学という学問は、個別の人生とその不可欠の要素である運の問題を軽視する傾向が強かった。運は、理想や予想を裏切り、秩序や安定を乱すものとして捉えられがちだからだ。しかし運を無視したままでは、倫理学は実存の領域に踏み込めない。現実の生活で我々は、運を、必然的な運命として、あるいは偶然の結果として引き受けている以上、倫理学が運を手放さないことは、個々人の人生の実質を手放さないことに直結している。197字

解答・解答例　配点50点

問一　ア＝検討　イ＝排除　ウ＝規範　エ＝純粋　各2点

問二　Ⅰ＝というのも　Ⅱ＝それゆえ　各3点

問三　Ⅲ＝人生の安定を乱す厄介者 11字　Ⅳ＝個々人の人生に必要不可欠な 13字　各4点

問四　我々は、運によって起こった偶然の出来事を、必然的な運命として受けとめる場合もあれば、偶然のまま受けとめることもあるから。60字　10点

問五　倫理学探究において、偶然的にも必然的にも作用しうるがゆえに、両義的でも曖昧でもある運という概念を、存在しないかのように無視するのではなく、我々の生き方の個別性と、その個別の生き方の複雑性を反映しているものとして捉え、考慮の対象とすること。119字　18点

解答時間・配点

岡山大学は現代文2問（評論・小説）、古文と漢文がそれぞれ1問という出題が続いている。試験時間は120分なので、本問では30分を標準的な解答時間とした。国語全体の配点は、学部により異なるが、文学部・教育学部の200点満点にもとづき、本問の合計点を50点と推定した（小説50点、古文50点、漢文50点）。なお、実際の入試問題には字数制限が無いが、本問では解答字数を独自に設定した。

設問解説

問二　Ⅰを含む一文の末尾には「からである」という理由を示す語句で結ばれている。したがって形式面から、理由を示す接続詞が入

る見当をつけられれば、選択肢のなかでは「というのも」が適切であることがわかる。「というのも～からである」は呼応表現の定番だ。Ⅱの前後は以下のような内容になっている。

X 「一般的な義務や規範、法の原理」では「運」が厄介者として捉えられがち。
Ⅱ
Y 倫理学上の理論では、運という要素を無視して議論が進められていく傾向が強い。

このように整理すれば、Xが理由となってYが導かれていることがわかるので、Ⅱに入る接続詞は「それゆえ」が適切だ。「つまり」を選んでしまった人もいるかもしれないが、「つまり」は要約を示す接続詞なので、ここでは不適である。

問三 まずは二つの空欄が置かれた文脈を確認しよう。「読解の要点」で説明したように、空欄が置かれている7では、倫理学では運という要素が無視されやすいことと、物理学の基礎的な問題で摩擦が無視されることを対応させたうえで、筆者は「しかし、実際のところ、摩擦がなければ物が動くことも人が歩くこともできない」と、摩擦をポジティブに捉え返そうとしている。

それを受けるかたちで、引用文の「言語哲学」を「倫理学」へ、そして、「歩くこと」を「生きること」へと置き直すならば、ウィリアムズの問題意識として読み替えることができると述べているので、筆者の想定にしたがって引用文を置き直してみよう。すると、次のような内容になるはずだ。

倫理学には摩擦（＝運）がなく、ある意味で条件は理想的なのだが、しかし、だからこそ我々は生きることができない。我々は生きたい。そのためには運が必要なのだ。

これをウィリアムズの問題意識と重ねて、筆者なりの言葉で言い直したものが、空欄を含む一文である。「すなわち、摩擦は――つまり運は――Ⅲではなく、Ⅳ要素なのだ、と。」

ウィリアムズの問題意識は、3にあるように、運の問題は「倫理学的探究に含まれる」べきというものだ。それを踏まえれば、空欄を含む一文は、〈運はネガティブなものではなく、生きる上で重要なポジティブなものだ〉といった趣旨の内容になると判断できる。

ここまで読解できれば、後は文中からそれぞれヒントになるような語句を拾えばよい。

まず、Ⅲには運をネガティブに表現するような語句が入る。そういった視点で問題文を眺めれば、「理想や予想を裏切り、秩序や安定を乱す厄介者」（6）という語句が見つかるだろう。この語句をヒントに、解答を作成すればよい。

Ⅳは逆に、運をポジティブに捉えている表現を探してみよう。さらにⅣが「要素」という語にかかっていくことを踏まえれば、「個々人が送る個別の人生と、その不可欠な要素としての運」(2) という語句が拾えるだろう。ここをヒントにすれば、〈個々人の人生に必要不可欠な〉といった解答が得られる。

なお原著では、空欄Ⅲは「人生をかき乱す厄介者など」、空欄Ⅳは「それなしではそもそも「生きる」ということが不可能な」となっている。

採点基準

Ⅰ＝人生の安定を乱す厄介者

※〝人生の安定を乱す〟という方向で書けていれば表現は広く許容。〝人生に必要な〟など逆方向の解答は不可。

○人生の安定を乱す邪魔者 **4点**

○秩序や安定を乱すもの **4点**

○理想や予想を裏切る不安要素 **4点**

△排除すべき厄介者 **2点**（排除すべき理由が〝人生の安定を乱す〟ということ）

△無視してよいもの／なおざりにしてよいもの **2点**（同前）

Ⅱ＝個々人の人生に必要不可欠な

※〝人生に不可欠〟という方向で書けていれば表現は広く許容。逆方向の解答は不可。

○生きるのに必要な **4点**

△生きるのに必要な倫理学的探究 **3点**（「倫理学的探究要素」となり、表現として不自然）

△人生にとって重要な **3点**（「不可欠」「必要」というニュアンスに欠けるもの）

△人生に潜在的に必要な **3点**（「潜在的に」は不要）

△必要不可欠な／必要な **2点**

△無視できない／重要な **1点**

問四 まず傍線部の文脈を確認しよう。「その引き受け方」という指示語を用いた表現になっているので、指示内容を把握すると、直前には「運の産物を自分自身をかたちづくる一部として引き受けている」とある。よって「その引き受け方」とは〈運の産物の引き受け方〉であることがわかる。

ではなぜ、〈運の産物の引き受け方は様々だ〉と言えるのだろうか。そういう問題意識で本文を読み解くと、(9)では「偶然と思われたものは実は必然だった」と、自分の身に起こった出来事を必然的な運命として受けとめていく場合があることが説明され、(10)では「偶然をあくまで偶然として受けとめつつ、その偶然の結果を引き受ける、ということもありうる」と述べられている。

解答はこの二つの段落で述べられている内容をわかりやすくまとめればよいが、まとめ方にはテクニックが必要だ。

本問の場合、「受けとめる」という動詞に対して、主語として、「我々は」「人は」などを明示したほうが書きやすい。こうした隠れた主語を明示化すると、解答に必要な要素を配置しやすくなることは、答案作成のポイントとして知っておいていいだろう。

ポイント 隠れた主語を明示化することで、記述問題の答案はまとめやすくなる。

〈我々は〜受けとめる〉という主語－動詞が決まれば、〈我々はXと受けとめる場合もあれば、Yと受けとめる場合もあるから。〉といった答案の形式的な骨格は出来上がる。

そこで次に、XとYをどう表現するかを考えてみよう。「受けとめる」という動詞は、〈〜を〜として受けとめる〉という用法がある。この形に合うように、9と10の内容をまとめてみると、次のような文章を導けるはずだ。

> 9 運によって我が身に起こった偶然の出来事を、必然的な運命として受けとめていく。
>
> 10 偶然の出来事をあくまで偶然として受けとめる。

両者の「〜を」の部分は共通しているので、答案では「我々は〜を、〜として受けとめる場合もあれば、〜として受けとめる場合もあるから」という方向でまとめればよい。

採点基準

我々は、❶運によって起こった偶然の出来事を、❷必然的な運命として受けとめる場合もあれば、❸偶然のまま受けとめることもあるから。

❶○運によって起こった偶然の出来事を 2点
○幸運や不運な出来事を 2点
△運の産物を 1点
△運という概念を 1点（「出来事」のニュアンスがないもの）
△偶然の出来事を 1点（「運」に触れていないもの）

❷○（偶然の出来事を）必然的な運命として受けとめる 4点
△偶然の必然化のプロセスとして受けとめる 3点（こなれていない）
△運命として受けとめていく 2点（「必然」という要素がない）
△「必然的な作用」など、受けとめる・引き受けるニュアンスを欠くもの 2点
△自分の人生における重要な部分として位置づける 1点

❸○（偶然の出来事を）偶然のまま受けとめる 4点
○偶然のまま、その結果を引き受ける 4点
△「偶然的な作用」など、受けとめる・引き受けるニュアンスを欠くもの 2点

問五　傍線部説明問題だが、設問に「具体的に」「本文全体の趣旨を踏まえて」「わかりやすく」という条件が課されていることに注意しよう。こうした解答条件は、出題者の出題意図が反映されているのだから、その意図を汲み取って答案を作成することが肝要だ。

以上のことを念頭に置いて、傍線部の文脈を確認しよう。傍線部説明問題では、傍線部を含む一文全体の内容を把握するのが鉄則だ。

傍線部を含む一文を見ると、「その意味で、運という捉えがたい概念を手放さないことは、個々の人生の実質を手放さないことに直結するのである」とあるので、「その意味で」の指示内容を明確にしよう。ここは直前の「運という概念のこうした両義性や曖昧性は、我々の生き方の個別性と、その個別の生き方の複雑性を反映している」を指していることは明らかだ。しかし、ここにもまた「こうした両義性や曖昧性」という指示語を含んだ語句があるので、それを明確にする必要がある。

両義性とは〈対比的な二つの意味を持っている〉ことだから、ここでは運には偶然的な作用と必然的な作用があることだと理解できる。また曖昧性は「偶然なのか必然なのかがそもそも判然としないケース」にも、運という概念が適用されることだ。

傍線部の「運という捉えがたい概念」の説明は、以上の内容を適切にまとめればいい。

では、述語にあたる「手放さないこと」をどのように説明すればいいだろうか。ここに「本文全体の趣旨を踏まえて」という条件が効いてくる。

「運という捉えがたい概念を手放さない」の主語は何か。これを「我々は」や「一人ひとりの人間は」と捉えてしまうのは誤読である。なぜなら〈一人ひとりの人間が運という概念を手放さない〉というのは、意味をなさないからだ。誰の人生であれ、運と無縁であることなどありえない。個々の人間は、運を受けとめたり引き受けたりすることはできるが、手放したり、手放さなかったりするようなものではない。

読解の要点でも指摘したように、本文全体の趣旨を踏まえれば、この「手放さない」の主語は倫理学であることは明らかだろう。問題文のまえがきでは、問題文が「倫理学における「運」の扱いについて探究した著書の終末部分」であると述べられ、2～4では、倫理学という学問は、運という要素を取り込むべきかどうかという問いが立てられている。また、5でも「道徳と実存の問題にまたがる倫理学探究の内実を、もう少しだけ明確にしておくことはできる」とある。

このように読み解けば、「手放さない」とは、〈無視せずに探究の対象とすること〉だと理解できるだろう。

したがって答案は、先述した「運という捉えがたい概念」を具体的に説明し、「手放さない」の主語が伝わる形で「手放さない」の内容をわかりやすく説明すればよい。

採点基準

❶[6]倫理学探究において、❷[6]偶然的にも必然的にも作用しうるがゆえに、両義的でも曖昧でもある運という概念を、❸[3]存在しないかのように無視するのではなく、❹[3]我々の生き方の個別性と、その

個別の生き方の複雑性を反映しているものとして捉え、❶考慮の対象とすること。

❶※「手放さない」の主語が倫理学や倫理学探究であることを明示していれば、表現は広く許容。
○倫理学探究において～考慮の対象とすること 6点
○～を倫理学の研究対象とすること 6点

❷○偶然的にも必然的にも作用しうるがゆえに、両義的でも曖昧でもある運という概念を 6点
△偶然的な作用と必然的な作用の両面を意味しうる運という概念 3点
△両義性や曖昧性をもつ運という概念 3点

❸○存在しないかのように無視するのではなく 3点
○無視するのではなく／排除するのではなく 3点

❹※生き方の「個別性」か「複雑性」のどちらかに触れていれば可。
○我々の生き方の個別性と、その個別の生き方の複雑性を反映しているものとして捉え 3点
○我々の生き方の個別性（複雑性）を反映しているものとして受けとめ 3点
△人間存在に不可欠なものとして受け入れ 2点
△自分自身を形づくる一部として受けとめ 2点

出典・筆者紹介

古田徹也（ふるた てつや）

一九七九年—。倫理学者・哲学者。熊本県生まれ。言語・心・行為の概念を考察。また、生命や科学技術をめぐる倫理にも関心を向けている。本文は、『不道徳的倫理学講義——人生にとって運とは何か』（ちくま新書　二〇一九年）によった。

3 非難の倫理と修正の倫理

青山拓央

問題：p.41

要旨

近年の脳科学と同様に、犯罪行為を脳活動の産物と捉えるイーグルマンは、犯罪者の処遇について、非難に代えて修正を重視することを主張している。だが彼は、自身の未来志向的な行為観が社会制度や倫理全般に与える影響まで考慮していない。他方、現状の倫理を支える過去志向的な認識は、人間集団にとって未来志向的な効果をもちうる。したがって、認識における未来志向性を、効果における未来志向性と混同しないことが重要だ。198字

解答・解答例 配点80点

問一 ア＝頻繁　イ＝放免　ウ＝疾患　エ＝破棄　オ＝包摂　各2点

問二 犯罪者の扱いが非難から修正へと完全に移行した場合、見せしめの機会が失われるため、他の人々による未来の犯罪を抑止する効果は弱まってしまう可能性があるという議論。79字 14点

問三 殺人犯が後悔や反省を退ける態度と、犯罪者への非難に代えて修正を重視するイーグルマンの提言は、過去の犯罪を避けようがなかったと認識する点で共通しているということ。80字 14点

問四 ある犯罪が遺伝的・環境的要因によるかどうかという線引きは困難である以上、どんな犯罪が非難に値するかどうかを客観的な基準によって確定することはできないということ。80字 14点

問五 現状の倫理を支えている、過去の行為について選択が可能であったという認識は、行為を脳活動の産物と捉え、過去の行為を選択不可能とする科学的認識からすれば誤りを含んでいたとしても、悪事をなした人間への非難や処罰を是とする態度を社会的に共有することを通じて、人間集団の存続を脅かすような未来の行為を抑止する効果をもちうること。159字 28点

解答時間・配点

神戸大学は現代文、古文、漢文がそれぞれ1問ずつという出題が続いている。試験時間は100分なので、本問では50分を標準的な解答時間とした。国語全体の配点は、学部により異なるが、文学部・法学部の150点満点にもとづき、本問の合計点を80点と推定した（古文40点、漢文30点）。

設問解説

問二 設問文で示されている解答条件を読み誤らないようにしよう。設問は傍線部「それが本当に未来を良くするのかどうかは、議論の余地がある」について、「ここで筆者はどのような「議論」を提示しているか」を問うている。

このことを踏まえて、傍線部の文脈を確認すると、「それ」は直前の「非難から修正へと私たちの関心を移」すことを指しているのは明白だ。さらに傍線部直後の「とりわけ、ある特定の犯罪者がより良い人物になるかどうかではなく、その犯罪者の扱われ方を周囲で見ていた人々が、どのようなふるまいをするかに関して」という一文は、傍線部と倒置の関係にあることも重要である。

設問文であえて「ここで」という指示語を入れていることは、出題者が、問題文全体ではなく、この傍線部直後の論点に限定した解答を求めていることを示している。したがって解答は、〈非難から修正へと私たちの関心を移すと、周囲の人々は犯罪者に対してどのようにふるまうのか。それは本当に未来を良くするのか〉という問題について、筆者が提示している議論をまとめればよい。

その具体的な内容は10で説明されている。10をどのようにまとめるか、迷うかもしれないが、傍線部の主語が〈非難から修正へと私たちの関心を移すこと〉であることを踏まえると、「非難から修正への移行が全面的になされた場合には、後者が「ぬるく」見えることで、犯罪傾向のある人々の自制心は損なわれてしまうのではないか？」を中心にして答案を作成するのがいいだろう。

ただし、ここを抜き出すだけでは、「ここで」筆者が提示している議論としては少しズレがあるので、「後者が「ぬるく」見えること」「犯罪傾向のある人々の自制心は損なわれてしまう」といった箇所は、10の他の箇所を参照しながら、適切な形に言い換える必要がある。

❶[5]犯罪者の扱いが非難から修正へと完全に移行した場合、❷[4]見せしめの機会が失われるため、❸[5]他の人々による未来の犯罪を抑止する効果は弱まってしまう可能性があるという議論。

採点基準

❶〇犯罪者の扱いが非難から修正へと完全に移行した場合 **5点**
〇犯罪者の扱いが非難から修正へと全面的に移行した場合 **5点**
〇犯罪者に対して非難よりも修正を重視するようになると **5点**
△非難から修正へと関心を変えると **3点**（「犯罪者の扱われ方」という要素がない）

❷〇見せしめの機会が失われるため **4点**
〇非難し処罰することがもたらす見せしめ効果がなくなり **4点**
△犯罪者を非難し、処罰することで **2点**（単に犯罪者への非難や処罰だけを指摘するにとどまり、「見せしめ」の要素がないもの）

※非難に焦点をあてた答案は❸で減点するので、逆の書き方に

なっていてもここでは可。

例：（非難は）見せしめ効果を発揮するので

❸〇他の人々による未来の犯罪を抑止する効果は弱まってしまう可能性がある **5点**

〇他の人々が犯罪を自制する態度を損ねてしまう **5点**

△非難には未来の犯罪を抑止する効果がある **3点**（修正ではなく非難について述べたもの）

問三　今回の設問のなかではアプローチしやすい問題だ。まず、傍線部内の「その態度」と「イーグルマンのあの提言」を具体化する必要があることは、すぐにわかるだろう。

順番に考えていこう。「その態度」とは直前の「殺人犯のこのような態度」、具体的には〈過去のその殺人のトークンを「仕方がなかった」と考える〉〈後悔や反省のような心情を「後ろ向き」として退ける〉といった態度を指している。

次に「イーグルマンのあの提言」は、2～7で説明されているが、答案を作成する上では、7の「イーグルマンの提言は明らかに未来志向的である。これから社会をどうするかに目を向け、犯罪に関して言うのなら、なされた犯罪への非難ではなく、再犯等の予防に力を注ぐからだ」という箇所が活用しやすい。

この二点については、程度の差こそあれ、解答のパーツを作ることはできるに違いない。問題は「明確な矛盾を見出すことは難しい」をどのように説明するかである。

これを単に〈食い違いがないこと〉のように言い換えるだけでは解答としては不十分であり、さらに一段深く掘り下げて〈なぜ明確な矛盾を見出すことは難しいのか〉という理由説明までを答案に盛り込むようにしたい。

では、その理由はどういうことか。殺人犯が後悔や反省を退ける態度を取る理由は、傍線部の直前に「たしかにその殺人はタイプとして凶悪なものであるが、トークンとして「それをすべきではなかった」と言うのは（その可能性がなかった以上）意味がよくわからない」と説明されている。わかりやすく言い換えれば、殺人以外の行動を取ることができなかったということだ。

一方、イーグルマンの提言についても、「トークンとしてのその犯罪は、それを避けることができなかったもの、すなわち、他の可能性をもたなかったものと見なされることになる」（12）と、殺人者の態度理由とほぼ同義の説明があるので、この点を「明確な矛盾を見出すことは難しい」理由として押さえればよい。

採点基準

❶[4]殺人犯が後悔や反省を退ける態度と、❷[4]犯罪者への非難に代えて修正を重視するイーグルマンの提言は、❸[6]過去の犯罪を避けようがなかったと認識する点で共通しているということ。

❶〇殺人犯が後悔や反省を退ける態度 **4点**

○殺人者が自らの犯罪を仕方のないものとする態度 4点

❷○犯罪者への非難に代えて修正を重視するイーグルマンの提言 4点

△イーグルマンの未来志向的な提言 2点（具体的に書かれていないもの）

△修正を重視するイーグルマンの提言 2点（修正だけにとどまるもの）

△非難しないようにというイーグルマンの提言 1点

❸○過去の犯罪を避けようがなかったと認識する点で共通しているということ 6点

○過去の犯罪行為を不可避なものと見なす点で一致しているということ 6点

△「過去の犯罪は避けようがなかった」という要素を❶か❷のどちらか一方だけに含めているもの 3点

×「一致していること」「食い違ってないこと」など、両者の共通点を具体的に指摘してないもの 0点

問四　傍線部説明問題のなかには、理解はできていてもそれを適切に説明するのが難しいというケースがある。本問はその典型だ。本問の難しさは、傍線部のなかにわかりづらい語句があるからではなく、逆に意味的には理解しやすいからこそ逆に説明しづらい点にある。

では、どのようにアプローチしていけばよいか。傍線部説明問題は、傍線部を含む一文を視野に入れて解くのが鉄則なので、本問の定石に従って考えていこう。すると、傍線部を含む一文は「だが、彼の提言の背景にある科学的根拠を直視したとき」から始まっているので、この一節を具体化しておこう。

「彼の提言の背景にある科学的根拠」は、7の「過去のある犯罪について……線引きの基準はどんどん変化する（おそらくは、遺伝的・環境的要因をより重視する方向に）」という箇所で説明されている。すなわち、〈過去の犯罪が遺伝的・環境的要因の結果なのかどうかは線引き困難である〉ということだ。

このことを直視したとき、非難と修正の適度なバランスを取るために、「非難の領域を残すのは、欺瞞や恣意性の入り込みやすい困難な作業である」というのが傍線部の文脈である。

こうした文脈をふまえれば「非難の領域を残す」ことを、もう少し具体化できるはずだ。まず「非難の領域」を具体化することを考えよう。これは〈非難に値する犯罪領域〉ということだ。したがって傍線部は、〈非難に値する犯罪領域を残す〉ことは「欺瞞や恣意性の入り込みやすい困難な作業である」と述べている。

では「欺瞞や恣意性の入り込みやすい困難な作業である」をより明確に説明するにはどうすればいいか。こうした場合、説明したいことの逆を考えると、答案作成のヒントを得られることがある。つまり、欺瞞や恣意性が入り込まない作業を考えてみるのだ。

ポイント　傍線部の逆の事態を考えることで解答の手がかりを得られることがある。

ある作業に欺瞞や恣意性が入り込まないのはどんな場合か。それは客観的な基準が存在する場合であろう。傍線部の文脈に照らせば、どんな犯罪が非難に値するかという客観的な基準が存在すれば、欺瞞や恣意性が入り込む余地はない。傍線部はその逆であるから、どんな犯罪が非難に値するかを客観的な基準によって確定できない、ということになる。

答案は(i)「彼の提言の背景にある科学的根拠を直視したとき」、(ii)「非難の領域を残す」、(iii)「欺瞞や恣意性の入り込みやすい困難な作業である」を、それぞれ具体化・明確化すればよい。

採点基準

❶[5]ある犯罪が遺伝的・環境的要因によるかどうかという線引きは困難である以上、❷[5]どんな犯罪が非難に値するかどうかを❸[4]客観的な基準によって確定することはできないということ。

❶○ある犯罪が遺伝的・環境的要因によるかどうかという線引きは困難である　**5点**
○科学が発展すれば、犯罪が遺伝的・環境的要因によるものかどうかの線引きの基準は変化する　**5点**
△犯罪の原因を遺伝的・環境的要因に求める科学的観点からすれば　**3点**（「線引き」が困難であることや変化することに触れてないもの）

❷○どんな犯罪が非難に値するかどうかを　**5点**
○犯罪者が非難するに値するかどうかを　**5点**
○非難できる犯罪の範囲を　**5点**
△犯罪者を非難することを　**2点**
△非難できる範囲を　**2点**（「犯罪者」への言及がない）
△行為の判断を　**1点**（抽象的）

❸※「客観的に確定できない」「主観的になる」という方向で答えていれば可。
○客観的な基準によって確定できない　**4点**
○主観的にならざるをえない　**4点**
○客観的に確定できない　**4点**
△不確定である　**2点**

問五　記述量の多い難問だが、適切な読解ができれば歯が立たない問題ではない。まずは18の内容を正確に読み取ろう。

18の一文目にある「その倫理が形作られるまでには進化論的な歴史があり、その歴史の因果関係は科学的事実と整合しうる」とはどういうことか。

問題文で指摘されている「非難を基盤にした倫理」は、長い人類史を通じて形作られてきたものだ。そして、ここで「進化論的」と言っているのは、人間集団の存続・拡大に有利に働いてきたから、「非難を基盤にした倫理」が現在まで保持されてきたことを示唆している。

そういった「非難を基盤にした倫理」が形成・保持されるに至る因果（原因と結果）のプロセスは、科学が明らかにする進化論的な事実（＝「科学的事実」）と食い違わない（「整合しうる」）。

これに続く傍線部の直後が「からだ」という理由表現で結ばれていることに注意しよう。ここから傍線部は、[18]一文目の理由を述べている箇所であることがわかる。それがどのような意味で理由になっているのかは、後ほど説明することにして、先に傍線部の読解に入ろう。

まず、主部となっている「現状の倫理を支えている過去志向的な認識」を具体化しよう。「現状の倫理」が「非難を基盤にした倫理」であることはすぐにわかるが、それを支えている「過去志向的な認識」をどのように説明すればいいか。「過去志向的な認識」とは、過去に目を向けて認識することだから、「非難を基盤にした倫理」を導くような、過去への目の向け方を考えればよい。このように読解できれば、[14]の「その行為はしないこともできた」「代わりにほかの行為をすることもできた」といった表現が手がかりとなることがわかるだろう。すなわち、〈過去の行為は選択可能であった〉ということが、「過去志向的な認識」の内実である。

次に「たとえそれ自体としては虚偽を含んでいたとしても」の説明は、それほど難しくない。設問文にある「本文全体の論旨をふまえたうえで」という条件も加味すれば、次のような対比を把握できるはずだ。

> 科学的認識
> ＝人間の行為は、遺伝と環境（その結果としての脳の状態）の産物
> ＝過去の行為はそのようでしかありえなかった
>
> ⇔
>
> 過去志向的な認識
> ＝人間の行為は、選択可能
> ＝過去の行為は選択可能であった

したがって「たとえそれ自体としては虚偽を含んでいたとしても」は、〈人間の行為を遺伝と環境（その結果としての脳の状態）の産物と捉え、過去の行為を選択不可能とする科学的認識からすれば、誤りを含んでいるとしても〉などと、説明することができる。

述部にあたる「人間集団の存続・拡大にとって未来志向的な効果をもちうる」の説明が、本問の難所である。

説明すべきポイントは二つある。一つは、「人間集団の存続・拡大にとって未来志向的な効果」を具体化すること。もう一つは、「現状の倫理を支えている過去志向的な認識」がなぜ「人間集団の存続・拡大にとって未来志向的な効果をもちうる」のかという理由を説明することである。

一点目について、「未来志向的な効果」の具体例として、文中から

「再犯等の予防」(7)、「他の人々による未来の犯罪を抑止する効果」(10)といった箇所が抜き出せる。こういった箇所と「人間集団の存続・拡大にとって」を重ね合わせれば、〈人間集団の存続を脅かすような行為を抑止する効果〉といった説明が得られるだろう。

二点目は、10で説明されている、非難や処罰を通じた「見せしめ」、14、15の「しつけ」「叱責」とその結果としての「反省」といった内容が参考になる。ただ、ここも「人間集団の存続・拡大」につなげるような工夫をしたい。さまざまな書き方が可能だが、〈悪事をなした人間への叱責や非難、処罰を是とする態度を社会的に共有することを通じて〉などとまとめることができる。

以上で答案に盛り込むべき要素は出揃ったので、宿題にしておいた、傍線部はなぜ第一文目の理由を述べた箇所なのかという問いに答えておこう。

二つの文を比較すると、「現状の倫理を支えている過去志向的な認識」のほうが「非難を基盤にした倫理」よりも根底的だ。つまり構造的には、認識→倫理という建て付けになっている。

「非難を基盤にした倫理」を根底で支えている「過去志向的な認識」は「未来志向的な効果をもちうる」。その可能性が担保されるからこそ、「非難を基盤にした倫理」が形作られるまでの進化論的な歴史があるのだし、進化のプロセスで考察される因果関係は、進化に関する科学的事実と整合する可能性がある。逆に言うならば、もし過去志向的な認識が未来志向的な効果をもちえなければ、「非難を基盤にした倫理」が形作られるまでの進化論的な歴史は成立しないのである。

採点基準

❶[7]現状の倫理を支えている、過去の行為について選択が可能であったという認識は、❷[7]行為を脳活動の産物と捉え、過去の行為を選択不可能とする科学的認識からすれば誤りを含んでいたとしても、❸[7]悪事をなした人間への非難や処罰を是とする態度を社会的に共有することを通じて、❹[7]人間集団の存続を脅かすような未来の行為を抑止する効果をもちうること。

❶※「現状の倫理を支えている過去志向的な認識は」について、「過去志向的な認識」を適切に説明していれば表現は広く許容。

○現状の倫理を支えている、過去の行為について選択が可能であったという認識は **7点**

○過去の時点でほかの行為を選ぶこともできたという認識は **7点**

○過去の行為をしないこともできたという認識は **7点**

△非難を基盤にした過去志向的な倫理は／行為の責任を行為その人に負わせて非難や処罰をする現状の倫理は **3点**（認識ではなく倫理の説明になっているもの）

❷※科学的認識について「行為を脳活動の産物と捉える」「過去の行為を選択不可能とする」という二点から説明し、それが❶と相容れないことを押さえていれば表現は広く許容。

○行為を脳活動の産物と捉え、過去の行為を選択不可能とする科学的認識からすれば誤りを含んでいたとしても 7点
△過去の行為は選択不可能とする科学的見地からすると誤りだとしても 4点（「行為を脳活動の産物とする」という要素がない）
△行為を脳活動の産物と捉える科学とは相容れないとしても 3点（「過去の行為は選択不可能とする」という要素がない）
△人間の行為を遺伝的・環境的要因によって決まる科学的見地からすると誤りだとしても 3点（同前）
△科学は人間の行為を遺伝的・環境的要因から決まると考えるが 2点（「❶が誤りだとしても」の説明がない）

❸※❹の理由として、「見せしめや処罰」を「社会的に共有すること」が説明できていれば表現は広く許容。
○悪事をなした人間への非難や処罰を是とする態度を社会的に共有することを通じて 7点
○反省や処罰を社会制度（や倫理）に組み込むことによって 7点
△非難によって社会集団のなかで適切な行動を取らせることで 5点（「社会的な共有」というニュアンスが弱い）
△反省や後悔を通じて 3点（「社会での共有」という要素を完全に欠くもの）
△見せしめによって／非難や処罰を通じて 3点（同前）

❹○人間集団の存続を脅かすような未来の行為を抑止する効果をもちうる 7点
○人間集団に危害を及ぼすような行為を人々に自制させる効果をもちうる 7点
△人間集団の存続・拡大に寄与し、未来をよりよいものにする効果をもちうる 3点（単にわかりやすく言い換えたもの）

出典・筆者紹介

青山拓央（あおやまたくお）

一九七五年―。哲学者。北海道生まれ。哲学の観点から、とくに時間・言語・自由・心身関係を考察。本文は、『心にとって時間とは何か』（講談社現代新書　二〇一九年）によった。

4 翻訳という営み

湯浅博雄

問題：p.55

要旨

文学作品が言い表わそうとしている内容は、その表現形態と一体であるから、翻訳においても、翻訳者は原文の表現形態にできるかぎり忠実であるべきだ。しかし母語と原語の表現形態の食い違いを調和させることは、実現困難であり、だからこそ翻訳という終わりなき対話は新しい言葉づかいへと開かれているのかもしれない。さらに、翻訳という営みは、他文化をよく理解し、対話を重ねながら相互に認め合っていく態度に結びついている。200字

解答・解答例 配点40点

問一 ア＝首尾　イ＝逐語　ウ＝摩擦　エ＝促　オ＝示唆　各1点

問二 文学作品が言い表わそうとする内容は表現形態と一体である以上、翻訳においても、原文の志向内容と表現形態を切り離すことはできないから。5点

問三 原文の表現形態を顧みず、自分の読み取った内容を日本語で言い換えただけの翻訳は、翻訳者による日本語の創作物に近いということ。6点

問四 原文の志向内容を適切な母語に訳すために、原文の言葉づかいを尊重しながら、原語と母語との表現形態の食い違いを調和させせようと努めること。6点

問五 原文と母語の表現形態を調和させるという終わりなき対話を続けるうちに、両者の枠組みや規範に収まらない翻訳表現が生まれる可能性があるから。6点

問六 原文の独特な語り口をできるかぎり尊重しながら、志向する仕方の違いに注意して原文と母語との調和を模索していく翻訳という営みは、文化的差異に細心の注意を払って他者をよく理解し、対話を重ねながら相互に認め合っていく態度に結びついているから。117字 12点

解答時間・配点

東京大学は文系が現代文2問（評論・随筆）、古文、漢文が1問ずつ、理系が現代文、古文、漢文1問ずつという出題が続いている。試験時間は150分（文系）なので、本問では60分を標準的な解答時間とした。国語全体の配点が120点満点（文系）であること

にもとづき、本問の合計点を40点と推定した（現代文［随筆］20点、古文30点、漢文30点）。

設問解説

問二 傍線部の理由を説明する問題。最初に、傍線部の文脈を確認しておこう。傍線部は、2冒頭「それゆえまた、詩人ー作家のテクストを翻訳する者は、次のような姿勢を避けるべきだろう」という一文を受けて述べられた箇所であるから、傍線部にある「自分」とは「詩人ー作家のテクストを翻訳する者」のことだ。したがって傍線部は、文学作品の翻訳者は「自分が抜き出し、読み取ったと信じる意味内容・概念の側面に注意を集中してしまうという態度を取ってはならない」ということである（隠れた主語の明示化↓11頁）。

記述式問題では、隠れた理由や根拠を常に意識することも心がけるようにしよう。本問でいえば、文学作品の翻訳者は右記のような態度を取ってはならない理由を答案に盛り込みたい。

ポイント

傍線部説明問題では、隠れた理由や根拠を明示化すること。

この点を意識して傍線部までの論脈をたどると、2冒頭は「それゆえまた」という接続詞で始まっているので、1の要旨〈文学作品が言おうとしている内容はその表現形態と切り離すことはできない〉がその理由にあたる。

ただし1は、文学作品一般について述べられた箇所であり、翻訳の説明には及んでいない。したがって答案では、1の内容を〈文学作品の翻訳〉に適用するところまで説明したい。

採点基準

❶[2]文学作品が言い表わそうとする内容は表現形態と一体である以上、❷[3]翻訳においても、原文の志向内容と表現形態を切り離すことはできないから。

❶○文学作品が言い表わそうとする内容は表現形態と一体である　2点
○文学作品の内容は、その表現形態と切り離せない　2点
※「文学作品の内容」「表現形態」はさまざまな言い換えを許容。

❷○翻訳においても、原文の志向内容と表現形態を切り離すことはできない　3点
○翻訳でも表現形態に配慮することは不可欠である　3点
△表現形態に注意して翻訳する必要がある　2点（「原文」がない）
×「翻訳」に言及できていないもの　0点

問三 傍線部は「少し極端に言えば……ありえるのだ」という一文に含

まれている箇所なので、この一文全体の構造を図式的に確認しておこう。

ある翻訳者が「これがランボーの詩の日本語訳である」として読者に提示する詩
≠ ランボーのテクストの翻訳作品
＝ はるかに翻訳者による日本語作品

ある翻訳者が読者に〈ランボーの詩の日本語訳〉として提示する詩が、翻訳作品というよりも「翻訳者による日本語作品」ということがありえる。このことを具体化するには、それがどのような翻訳かを考えればいいだろう。問題文では、4がその内容にあたる。ポイントは以下の二点だ。

- 読み取った中身・内容を、自らの母語によって適切に言い換えればよいとする翻訳（内容だけを伝達すれば事足りるとする翻訳）
- 原文のテクストがその独特な語り口、言い方、表現の仕方によって、きわめて微妙なやり方で告げようとしているなにかを十分に気づかわない翻訳（原文の表現形態を無視した翻訳）

要するに筆者は、原文の表現形態を無視して、読み取った内容を母語に言い換えただけの翻訳は、「翻訳者による日本語作品」になってしまう可能性があると述べているわけだ。

答案は以上をまとめればよいが、「翻訳者による日本語作品」は工夫して言い換えたい。ここは「翻訳作品」という語と対比的に用いられているので〈翻訳者による日本語の創作物〉などと言い換えられるであろう。

採点基準

❶[2]原文の表現形態を顧みず、❷[2]自分の読み取った内容を日本語で言い換えただけの翻訳は、❸[2]翻訳者による日本語の創作物に近いということ。

❶○原文の表現形態を顧みず 2点
○原文の表現形態を軽視し 2点
×原文の表現内容に配慮せず 0点（「表現形態」「志向する仕方」など、形式的な側面を軽視することが捉えられていない）

❷○自分の読み取った内容を日本語で言い換えただけの翻訳は 2点
○読み取った内容を日本語の表現形態に即して訳した翻訳は 2点
△原文を読みやすい日本語で言い換えただけの翻訳は 1点
（「読み取った表現内容」という要素がないもの）

❸○翻訳者による日本語の創作物に近い 2点

〇日本語の創作にすぎない 2点
〇原文を離れた創作物にすぎない 2点
△単なる日本語作品にすぎない 1点（表現にもうひと工夫ほしい）
×日本語作品である 0点（傍線部そのままのもの）

問四 傍線部の直前に「こうして翻訳者は」とあるので、傍線部の内容は8にヒントがあることはわかる。そこで8の内容を、「原語と母語とを対話させる」という点に注意して図式的に再構成してみよう。

原文の〈かたち〉の面を注意深く読み解き、それ（＝表現形態の面）を自国語の文脈のなかに取り込もうとする
←
原語と母語の表現形態の食い違いを必死になって和合（調和）させようと努める
←
【両立不可能な二つの要請に同時に応える】
(i)原文の〈かたち〉の面を極力尊重して、(ii)原文が意味しようとするものをよく読み取り、それをできるだけこなれた日本語にする

8前半に書かれている、両立不可能な「二つの要請」に応えることは、翻訳という行為に即して見れば最終目標として考えられる。というのも、ここには原文の表現形態と一体となった意味内容の読み取りと、それをこなれた日本語にすることが明記されているからだ。そしてより厳密にいえば、(ii)のための(i)という論理構成になっているから、(ii)こそが最終目標といっていいだろう。

一方、8後半では、もっぱら「志向する仕方」だけに議論はフォーカスされている。さらに「……読み解き、取り込もうとする」「……和合させ、調和させようと努める」といった表現をふまえると、この箇所は「二つの要請」を達成するための行為と位置づけられる。

以上を総合して答案を作成すると、〈(ii)のために、原文の〈かたち〉の面を極力尊重しながら、原語と母語との表現形態の食い違いを調和させようと努めること〉といった内容でまとめられるだろう。

採点基準
❶原文の志向内容を適切な母語に訳すために、❷原文の言葉づかいを尊重しながら、❸原語と母語との表現形態の食い違いを調和させようと努めること。

❶〇原文の志向内容を適切な母語にするために 2点
△原語と母語の関わりを考えるために 1点
※両方を書いている場合は、高得点のほうを採用。

❷〇原文の言葉づかいを尊重する 2点
〇原文の表現形態（志向する仕方）に注意を払う 2点

③○原語と母語との表現形態の食い違いを調和（和合）させようと努める **2点**

△原語と母語とを調和（和合）させようとする **1点**（表現形態や志向する仕方に言及がないもの）

△原語の志向する仕方を母語に取り込む **1点**

問五　設問は「翻訳という対話は、ある新しい言葉づかい、新しい文体や書き方へと開かれている」といえる理由を問うている。したがって、考え方の筋道としては、

> ・翻訳という対話は、【〜から】、ある新しい言葉づかい、新しい文体や書き方へと開かれている（といえる）

と整理して、【〜から】に対応する内容を答案としてまとめていけばよい。

　それをふまえて傍線部の文脈を確認すると、9では、原語と母語との対話は、「諸々の食い違う志向の仕方が和合し、調和するということ」が実現されることがないゆえに、「無限に続く対話、終わりなき対話であろう」と述べられている。傍線部はそれに続いている箇所であることをふまえると、〈翻訳という対話は、母語と原語の志向する仕方を調和させようとする果てしない対話だから〉という解答の要素がまず考えられるだろう。つまり、翻訳という対話は、果てしないからこそ、ひょっとしたら「ある新しい言葉づかい、新しい文体や書き方へと開かれている」とつながっていくわけだ。

　ただし、これだけでは「ある新しい言葉づかい、新しい文体や書き方へと開かれている」理由としては具体性が薄い。そこでこの点を補強できる手がかりを文中から探すと、8に「あるやり方で自国語（自らの母語）の枠組みや規範を破り、変えるところまで進みながら、ハーモニーを生み出そうとする」とある。

　この箇所を参照すれば、〈翻訳者は、原語と母語の志向する仕方を調和させようとする果てしない対話を続けていくなかで、母語の「枠組みや規範を破り、変えるところまで進」んでいくから〉「新しい言葉づかい、新しい文体や書き方へと開かれている」と捉えることができるだろう。

　以上の内容をまとめることができれば合格点には達するが、さらに完成度の高い答案を作るためには、傍線部直後に「だからある意味で原文＝原作に新たな生命を吹き込み、成長を促し、生き延びさせるかもしれない」と書かれていることに配慮する必要がある。この箇所をふまえると、傍線部でいう「ある新しい言葉づかい、新しい文体や書き方」は、母語だけでなく原文にとっても新しいはずだ。

　たしかに8には、そこまで踏み込んだことは書かれていない。しかし傍線部直前に「もしかしたら」という可能性の低い推測を意味する表現があることまで考慮すると、「ある新しい言葉づかい、新しい文体や書き方」は、母語と原文どちらの枠組みや表現形態にもおさまらないことを示唆していると読解したほうが文脈に適している。この点まで表現できると、頭一つ抜けた答案になるだろう。

採点基準

❶[3]原文と母語の表現形態を調和させるという終わりなき対話を続けるうちに、❷[3]両者の枠組みや規範に収まらない翻訳表現が生まれる可能性があるから。

❶○原文と母語の表現形態を調和させるという終わりなき対話を続けるうちに　3点
○原文と母語の表現形態を調和させるという実現が困難な対話を続けるうちに　3点
△原文と母語との果てしない対話を続けていくなかで　2点
（「表現形態を調和させる」という要素がないもの）
△母語の文脈とは相容れない原語の表現形態を取り込むことで　1点　（「無限の対話」「終わりなき対話」という点がないもの）

❷○両者の枠組みや規範に収まらない翻訳表現が生まれる可能性があるから　3点
○既成の枠組みや規範を破る言語表現が生まれる可能性を秘めているから　3点
△母語の枠組みや規範を破り、変えるところまで進んでいくから　2点

問六　本問も前問と同様、理由説明問題なので、最初に求められる解答のイメージを整理しておこう。

・翻訳という営為は、【〜から】、諸々の言語・文化の差異のあいだを媒介し、可能なかぎり横断していく営みである（といえる）

ただし、設問文には「本文全体の趣旨を踏まえた上で」という条件が課されていることに注意しよう。このことをふまえた上で、傍線部の文脈を確認すると、傍線部の直前に「そうだとすれば」と仮定表現があるので、その内容をたどると「翻訳は諸々の言語・文化・宗教・慣習の複数性、その違いや差異に細心の注意を払いながら、自らの母語（いわゆる自国の文化・慣習）と他なる言語（異邦の文化・慣習）とを関係させること、対話させ、競い合わせることである」とある。「そうだとすれば」という表現に引きずられて、ここを解答の骨子としたくなるところだが、内容的にはこの箇所は傍線部の理由説明というより、同内容表現に近い。したがってここをまとめただけでは、理由説明にはなりえない。

そこで11全体まで視野を広げてみよう。11は、（10までの）筆者の翻訳論を「もっと大きなパースペクティブ」で展開しており、傍線部はその結論部分にあたる。

したがって答案は、

10までの翻訳論
↓【もっと大きなパースペクティブ】
諸々の言語・文化の差異のあいだを媒介し、可能なかぎり横断していく営み

というつながりを説明する方向でまとめていけばよい。具体的には、[10]までの翻訳論と、[11]の議論との相似性を考えていけばいいだろう。では、両者はどのような点で相似しているか。そういう意識で問題文全体を捉えると、次のような対応を発見できる。

- 原文の〈かたち〉の面、すなわち言葉づかい（その語法、シンタックス、用語法、比喩法など）をあたう限り尊重する。[8]

≒

- 他者（他なる言語・文化、異なる宗教・社会・慣習・習俗など）を受けとめ、よく理解する。
- 諸々の食い違う志向する仕方を必死になって和合させ、調和させようと努めるのだ。[8]

≒

- 諸々の言語・文化・宗教・慣習の複数性、その違いや差異に細心の注意を払いながら、自らの母語（いわゆる自国の文化・慣習）と他なる言語（異邦の文化・慣習）とを関係させる、対話させ、競い合わせる。

答案は(i)「原文の言葉づかいの尊重」≒「他者の理解」、(ii)母語と原文の志向する仕方の違い≒文化の違いや差異、(iii)調和させようとする≒対話を重ねながら相互に認めあっていくという三点の対応が示せればよい。

採点基準

❶[2]原文の独特な語り口をできるかぎり尊重しながら、❷[2]志向する仕方の違いに注意して❸[2]原文と母語との調和を模索していく翻訳という営みは、❹[2]文化的差異に細心の注意を払って❺[2]他者をよく理解し、❻[2]対話を重ねながら相互に認め合っていく態度に結びついているから。

※「[10]までの翻訳論→もっと大きなパースペクティブにおいて見る」という対応関係の表現が混乱・欠如している答案 -2点

❶○原文の独特な語り口をできるかぎり尊重する 2点
○原文の表現形態に注意を凝らし 2点

❷○（原文と母語の）志向する仕方の違いに注意する 2点
○原文と母語の志向する仕方（表現形態）の違いを 2点
△原文と母語との関わりを考える 1点

❸○原文と母語との調和を模索していく 2点
△原文の表現形態を母語の文脈に取り込む 1点

❹○文化の違いに細心の注意を払う 2点
○言語・文化の複数性を引き受ける 2点

❺〇他者をよく理解する 2点
〇他文化を理解する 2点

❻〇対話を重ねながら相互に認め合っていく 2点
〇相互に理解し合う 2点
〇相互に認め合っていく 2点

出典・筆者紹介

湯浅博雄（ゆあさひろお）

一九四七年—。フランス文学者。香川県生まれ。ランボー・バタイユ・ブランショを研究、翻訳するほか、詩や現代思想も翻訳している。

本文は、二〇一二年七～八月の「文学」（岩波書店）に発表された、「ランボーの詩の翻訳について」によった。

5 「文化の違い」をどのように理解するか

岡　真理

問題：p.68

要旨

異質に見える文化の違いも、生活習慣として捉えれば、理解しあうことは可能である。反対に他文化を異質と決めつけ、自文化に対する批判的な認識を欠いた自文化中心的な文化相対主義は、自文化の歴史や価値観を無条件に肯定する欲望に支えられている。自文化をつねに相対化して考える反・自文化中心的な相対主義に基づいて、文化の違いを理解しあう可能性を表すものと捉えることが、世界と私たちを新しい普遍性へと開いていく。198字

解答・解答例　配点40点

問一　ア＝含意　イ＝奉納　ウ＝根拠　エ＝抹消　オ＝覇権　各2点

問二　日本人が気付いていないだけで、他文化の人から見ると日本社会の日常は、宗教的な行為に満ち満ちている。49字 10点

問三　異質に見える他文化の現象も、生活習慣として見れば、私たちの社会に共通する観点から理解できること。48字 10点

問四　・他文化を理解しようとせず、その内部にある多様な差異や葛藤に目を向けなくなるから。
・他文化と同様に、自文化の歴史や価値観も無条件に肯定する、自閉的な態度に結びつくから。各5点

解答時間・配点

一橋大学は現代文、近代文語文、現代文（要約）がそれぞれ1問ずつという出題が続いている。試験時間は100分なので、本問では35分を標準的な解答時間とした。国語全体の配点は学部により異なるため、100点満点と仮定して、本問の合計点を40点と推定した（近代文語文30点、現代文要約問題30点）。

設問解説

問二　「日本人は宗教心が希薄だと、日本人自身が言うのをよく聴く」ことについての「筆者の見解」は、直接的にはその後に述べられている。すなわち「そうした日本人自身の意識とは正反対に」から2末尾の「そして私たちは、それを当たり前の日常として生きているがゆえに、その宗教性は空気のように自然化されてしまっており、ことさらに宗教的な行為とは感じなくなってしまっているだけなのかもしれな

い」までがその内容だ。

さらに傍線部直前には「同じことはこの日本社会についても言えるかもしれない」とあり、「同じこと」とは、「それを日常として生きている者にはごく当たり前のことであって、ことさらに宗教的であるとは感じないかもしれないが、他文化の者にとっては、アメリカはその日常の細部までキリスト教的含意に満ち満ちた実に宗教的な社会に映」ることを指している。したがって、ここでの「アメリカ」を「日本」に置き換えれば、「筆者の見解」となる。

以上をふまえれば、およそ以下の箇所が解答の手がかりになる。

(i)日本人にとっては当たり前のことであっても、(ii)他文化の人から見ると日本社会の日常は宗教的な行為に満ち満ちている、といった方向で答案のたたき台は作れるはずだ。あとはこの内容を50字に収まるようにまとめればよい。

採点基準

❶日本人が気付いていないだけで、[3] ❷他文化の人から見ると[3] ❸日本社会の日常は、宗教的な行為に満ち満ちている。[4]

❶○日本人が気付いていないだけで　3点
　○日本人には当たり前になっている　3点
　△日本人の意識とは正反対に　1点

❷○他文化の人から見ると　3点
　○他文化の者にとっては　3点

❸○日本社会の日常は、宗教的な行為に満ち満ちている　4点
　○日本社会も宗教的である　4点
　○日本人も宗教的行為を数多くしている　4点

問三　傍線部の「『私たち』と『彼ら』のあいだの可視化された差異」は、その直前の「私たちとの異質性を物語るような具体的な違い」を言い換えたものである。さらに6の「実に目に見えやすい形で現象している」「可視化される差異として現象している」といった表現を参考にすれば、〈異質に見える他文化の現象〉などとまとめられる。

では、「それが同じ人間としてじゅうぶん理解可能であること」とはどういうことだろうか。平易に書かれているので、逆に説明するのが難しい。

ヒントになるのは、6末尾の「『文化の違い』はたしかに、スカーフの有無という可視化される差異として現象しているけれども、たとえば永年の生活習慣としてそれが行われているという点に注目すれば、私たちの社会もまた、現れ方は異なるけれども、同じような態度が見られることに気がつくだろう」という一文である。

この一文から「同じ人間としてじゅうぶん理解可能であること」とは、〈永年の生活習慣としてそれが行われているという点に注目すれば、私たちの社会にも同じような態度が見られるから、じゅうぶん理解可能である〉と説明できる。

以上を文字数を度外視してまとめると、次のようになる。

> 異質に見える他文化の現象も、永年の生活習慣としてそれが行われているという点に注目すれば、私たちの社会にも同じような態度が見られるから、じゅうぶん理解可能である。

これを50字以内に圧縮すればよい。

採点基準

❶異質に見える他文化の現象も、[3]❷生活習慣として見れば、[3]❸私たちの社会に共通する観点から理解できること。[4]

❶○異質に見える他文化の現象も **3点**
○通約不能なほど異質に見えるものも **3点**
○私たちとの異質性を物語るような違いも **3点**
△目に見える文化的差異も **2点**（「異質」「特殊」のニュアンスがないもの）
×文化の違いは **0点**

❷○生活習慣として見れば **3点**
○生活習慣の違いとして捉えれば **3点**
○生活習慣として行われている点に注目すれば **3点**

❸○私たちの社会に共通する観点から理解できる **4点**
○（生活習慣という点では）共通しているのだから理解可能である **4点**
○同じような態度が見られるのだから理解できる **4点**
×同じ人間として理解可能である **0点**

問四　傍線部を含む一文全体を確認すると、「「理解する」とは、それを丸ごと肯定することとは違う」とある。そして「それ」の指示内容は、文脈から「文化の違い」と判断できるので、解答は「文化の違いを丸ごと肯定する」ことを筆者が批判する理由を述べればよい。

一点目については、同じ段落の「理解することなく「これが彼らの文化だ、彼らの価値観だ」と丸ごと肯定しているかぎり、抹消され、私たちの目には見えないでいる、その文化内部の多様な差異やせめぎあい、ゆらぎや葛藤もまた、私たちが「理解」しようとすることで立ち現れてくるだろう」から容易に導けるだろう。

この一文では、「これが彼らの文化だ、彼らの価値観だ」と丸ごと肯定すると、他文化を理解しようとせず、「他文化内部の多様なせめぎあい、ゆらぎや葛藤」が見えなくなる、ということが述べられているので、一点目はこれをまとめればよい。

すると二点目の理由は、[9]以降で述べられていることになる。読解の要点でも解説したように、[9]、[10]では、自文化中心的な文化相対主義と反・自文化中心的な文化相対主義とが対比的に述べられている。

筆者は自文化中心的な文化相対主義に批判的であるから、二点目の理由も自文化中心的な文化相対主義に関連する内容になるという見当はつくだろう。

そこで問題文から、自文化中心的な文化相対主義に関する説明を探すと、「自文化に対する批判的な認識を欠いて、他文化を自文化とは決定的に異なった特殊なものとして見出す「文化相対主義」」「われわれにはわれわれ固有の価値観がある、それはお前たちの価値観とは違うのだ、それがお前たちの目から見て、どんなに間違っていようと、われわれはこれでいいのだ、という自文化中心的な「文化相対主義」の主張」といった記述が発見できるだろう。

こうした記述を手がかりにすれば、〈自文化に対する批判的な認識を欠いた、自文化中心的な文化相対主義に陥るから〉といった答案は作れるし、これで合格点には届くだろう。

だが筆者はさらに、「自文化中心的な「文化相対主義」の主張は、たんに一文化の独自性の主張にとどまらない」と述べ、それは「およそ「自文化」というものを、自閉的でナルシシスティックに肯定したいこの世界のありとあらゆる者たちの共犯者となって、自らが帰属する社会を、その歴史を、無条件に肯定したいという自己愛に満ちた欲望を支えている」と続けている。

答案はこの記述をふまえ〈他文化と同様に、自文化の歴史や価値観も無条件に肯定する、自閉的な態度に結びつくから〉などとまとめたほうが、より具体的な理由といえるだろう。他文化の異質性を丸ごと肯定することは、視線を自己に転じれば、自文化の異質性を丸ごと肯定することに結びつく。こうしたニュアンスが出るように答案をまとめたい。

採点基準

（一点目）

❶[2]他文化を理解しようとせず、❷[3]その内部にある多様な差異や葛藤に目を向けなくなるから。

❶○他文化を理解しようとせず　2点
　○他文化と対話せず　2点
❷○その内部にある多様な差異や葛藤に目を向けなくなる　3点
　○他の文化内にある多様な差異やせめぎあい、ゆらぎや葛藤が見えなくなる　3点

（二点目）

❶[3]他文化と同様に、自文化の歴史や価値観も無条件に肯定する、❷[2]自閉的な態度に結びつくから。

❶○自文化の歴史や価値観も無条件に肯定する　3点
　○自文化を無条件に肯定する　3点
　△批判的な自己認識を欠く　2点（解答例と比べて具体性に欠く）
　△他文化を特殊と決めつけ　1点（自文化への態度に触れていない）

❷○自閉的な態度に結びつく　2点

○自己中心的な文化相対主義に陥る　　2点

出典・筆者紹介

岡真理（おかまり）

一九六〇年―。アラブ文学者。東京都生まれ。第三世界の危機的現状をフェミニズムの視点から描き出している。本文は、二〇〇一年四月の「大航海」（新書館）に発表された、「「文化が違う」とは何を意味するのか？」によった。

6 熱帯の贈与論

奥野克巳

問題：p.79

要旨

プナンの社会では、贈り物は、自らのもとに抱え込むのではなく、それを欲しがる別の誰かに惜しみなく分け与えることが美徳とされるが、それは生まれながらのものではなく、有限な自然資源を社会全体で分配するために生み出されたものだ。こうした規範や仕組みをもつ社会では、与えられたものをすぐに分け与える者が尊敬されると同時に、持つ者と持たない者は相互に入れ替わるため、財をためこもうとする資本主義は解体され続ける。200字

解答・解答例　配点50点

問一　ア＝垂　イ＝眺　ウ＝ウナガ　エ＝ハタン　オ＝オチイ　カ＝トドコオ　キ＝慕　ク＝シズ　ケ＝君臨　コ＝渦　各1点

問二　地域の中で貨幣を循環させ、人と人のつながりを生みだし、社会に活気を取り戻そうとする地域通貨の取り組みには、贈り物の循環を促して、人々の心や世界を豊かにしようとする「贈与の霊」の精神との共通性が感じられるから。104字　12点

問三　狩猟民の社会では、有限な自然の資源を共同体全体に行き渡るようにするために、ものがある時に惜しみなく分け与えるという社会規範によって、ものがない時に分け与えられることを保証する仕組みが必要とされるから。100字　12点

問四　与えられたものを惜しみなく分け与えることを美徳とするプナン社会では、持つ者は持たない者に分け与えることで持たない者となり、持たない者は持つ者から分け与えられることで持つ者となるため、持つ者と持たない者が入れ替わり続けていくということ。117字　16点

解答時間・配点

名古屋大学は現代文、古文、漢文がそれぞれ1問ずつという出題が続いている。試験時間は105分なので、本問では45分を標準的な解答時間とした。国語全体の配点は、学部により異なり、また一部の問題を割愛しているので、本問の合計点を50点と独自に設定した。実際の入試では、現代文と古文と漢文は、それぞれ80点、60点、60点と推定される。

設問解説

問二「地域通貨の中に「『贈与の霊』の精神」が確認できると筆者が考えるのはなぜか」、という理由説明問題。まずは傍線部を含む一文全体の内容を確認しよう。その前半部「資本主義が抱える課題の先に見出された地域通貨」とはどういうことか。

同じ段落の冒頭で、「資本主義のもとでは、資本が一ヶ所に集められ、事業に投下されることによって経済活動がおこなわれる。やがて、お金がどこかにためこまれ、経済が停滞すると、社会そのものに活力がなくなってしまう」とある。要約すれば、〈お金がどこかにためこまれると、経済が停滞して社会の活力が失われる〉ことが、資本主義が抱える課題である。

この課題に対して、地域通貨は、「その町だけで通じる」貨幣を発行することで、「貨幣を循環させ、人と人のつながりを生みだし、社会に活気を取り戻すための取り組み」であると説明されている。

これで地域通貨の内容は明らかになった。そこで次に、こうした地域通貨の中に「『贈与の霊』の精神を確認することができる」とはどういうことかを考えてみよう。

「贈与の霊」については、[7]、[9]で触れられているが、[9]の「贈り物と一緒に「贈与の霊」が、他の人に手渡される。……人々の心は生き生きとしてくるのだと言う」という箇所が解答に使いやすい。この箇所を踏まえると、「『贈与の霊』の精神」とは、〈贈り物の循環を促すことで、世界を物質的に豊かにし、人々の心を生き生きとさせようとする精神〉とまとめることができる。

ここまで読解できれば、地域通貨と「『贈与の霊』の精神」に次のような対応関係があることが理解できる。

- 地域通貨＝貨幣の循環を促進→人と人のつながりを生みだし、社会に活気を取り戻す

≒

- 「贈与の霊」の精神＝贈り物の循環を促進→世界を物質的に豊かにし、人々の心を生き生きとさせる

解答はこの対応関係が明らかになるようにまとめればよい。

採点基準

❶[2]地域の中で貨幣を循環させ、❷[3]人と人のつながりを生みだし、社会に活気を取り戻そうとする地域通貨の取り組みには、❸[2]贈り物の循環を促して、❹[3]人々の心や世界を豊かにしようとする「贈与の霊」の精神との❺[2]共通性が感じられるから。

【地域通貨の説明】

❶○地域の中で貨幣を循環させ　**2点**

○ある地域だけで貨幣を循環させ　**2点**

△貨幣を循環させることで　**1点**（「地域」が欠如）

×地域通貨には　**0点**

❷〇人と人のつながりを生みだし、社会に活気を取り戻す **3点**

【「贈与の霊」に通じる精神の説明】

❸※〈贈り物を移動させる〉趣旨が書かれていれば可。
〇贈り物の循環を促して **2点**
△贈り物によって **1点**（移動や循環のニュアンスがない）

❹〇人々の心や世界を豊かにしようとする「贈与の霊」の精神 **3点**
〇人々の心を生き生きとさせ、世界を物質的にも豊かにする **3点**

【両者の共通性】

❺〇共通性が感じられるから **2点**
※「似ているから」「通じているから」など、共通性のニュアンスが出ているまとめ方をしていれば可。

問三 「熱帯の贈与論」は問題文全体を通じて解説されているが、端的にいえば「贈り物は、自らのもとに抱え込むのではなく、それを欲しがる別の誰かに惜しみなく分け与えることが期待されている」([3])ということだ。

その理由は、[17]の「熱帯の狩猟民は、有限の自然の資源を人間社会の中で分配するために、独自の贈与論を生みだしてきた」という箇所で端的に述べられている。しかし「有限の自然の資源を人間社会の中で分配するため」では、一〇〇字には遠く及ばない。

そこでさらに段落をさかのぼると、[15]には「なぜそこでは、このような社会道徳が発達してきたのか？」という疑問表現がある。「このような社会道徳」とは「熱帯の贈与論」と同内容なので、[15]で述べられている内容も答案の材料になる。この段落の内容を図示すると、次のようになる。

【手段】		【目的】
惜しみなく食べ物を分け与える	→	共同体の誰もがつねに食べることが可能になる
＝		＝
ものがある時に惜しみなく分け与える	→	ものがない時に分け与えられることを保証する仕組みが築かれてきた
＝		
「ケチはダメ」という規範		

ここからわかるように、狩猟民の社会では、「ものがない時に分け与えられることを保証する仕組み」を築くために、ものがある時に惜しみなく分け与える社会規範を浸透させてきた。ではなぜ「ものがない時に分け与えられることを保証する仕組み」を築いたのかといえば、先に見たように「有限の自然の資源を人間社会の中で分配するため」

である。

すなわち、(i)有限の自然資源を社会のなかで分配するという大きな目的がまずあり、その実現のために、(ii)ものがない時に分け与えられることを保証する仕組みと、それを支える(iii)ものがある時に惜しみなく分け与える規範が必要とされたから、「熱帯の贈与論」が生み出されたと読解できる。

答案は以上の三点をまとめればよい。

採点基準

狩猟民の社会では、❶[4]有限な自然の資源を共同体全体に行き渡るようにするために、❷[4]ものがある時に惜しみなく分け与えるという社会規範によって、❸[4]ものがない時に分け与えられることを保証する仕組みが必要とされるから。

※〈❶のために❷❸が必要だから〉〈❷❸を通じて❶が必要だから〉など、❶と❷❸の関係を適切に捉えていることが前提。この論理が混乱しているものは、**-2点**

❶○有限な自然の資源を共同体全体に行き渡るようにするために **4点**

○有限な自然の恵みを社会に行き渡らせる必要があるから **4点**

△自然の資源を社会全体に行き渡らせるため **3点**（「有限」に触れていないもの）

❷○ものがある時に惜しみなく分け与えるという社会規範によって **4点**

○ものがある時に惜しみなく分け与えることで **4点**

○獲物を獲れた者が獲れない者に分け与えることで **4点**

❸○ものがない時に分け与えられることを保証する仕組みが必要とされるから **4点**

○ものがない時に分け与えられることを保証する仕組みを通じて **4点**

○誰もがつねに食べることが可能になるような仕組みが必要だから **4点**

問四　「読解の要点」でも説明したように、「持つことと持たないことの境界が無化され」るとは、持つ〈私〉と持たない〈他者〉が相互に転換することを意味している。したがって答案の骨格は、この相互転換をくわしく説明すればよい。図式的に整理すると、

(i)　持つ者は持たない者に分け与えることで持たない者になる

(ii)　持たない者は持つ者から分け与えられることで持つ者になる

↓

(iii)　持つ者と持たない者が相互に入れ替わる

ということだ。
ただ、これだけでは(i)(ii)の理由が書き込まれていないので、(i)(ii)がなぜ起こるのかという要素を書き加える必要がある。本文が読解できていれば、プナン社会では(iv)〈与えられたものを惜しまず分け与えることが美徳とされている〉といった趣旨の内容が理由にあたることは容易にわかるはずだ。答案は以上の四つの要素を盛り込んで作成すればよい。

採点基準

❶与えられたものを惜しみなく分け与えることを美徳とするプナン社会では、❷持つ者は持たない者に分け与えることで持たない者となり、❸持たない者は持つ者から分け与えられることで持つ者となるため、❹持つ者と持たない者が入れ替わり続けていくということ。

❶○プナン社会では与えられたものを惜しみなく分け与えることを美徳とする 4点
○プナン社会では持たない者が最強であるから 4点
○プナン社会ではものを他者に与える人物が尊敬を集めるため 4点
△「プナン社会」に触れていないもの -2点

❷※「持つ者が持たない者になる」という内容であれば表現は広く許容。
○持つ者は持たない者に分け与えることで持たない者となり 4点
○ものを持つ者は、持たない者を目指す 4点
○持つ者はものを持たないことの強みに気づく 4点
△持つ〈私〉は持たない〈他者〉でもある 2点（説明不足）

❸※「持たない者が持つ者になる」という内容であれば表現は広く許容。
○持たない者は持つ者から分け与えられることで持つ者となる 4点
○持たない者は持つ者にねだり、奪い去っていく 4点
△持たない者はねだっては与える者になる 2点（説明不足）

❹○持つ者と持たない者が入れ替わり続けていくということ 4点
○持つ者と持たない者が相互に転換するということ 4点
○持つ者と持たない者が固定化されないということ 4点

出典・筆者紹介

奥野克巳（おくのかつみ）

一九六二年―。文化人類学者。滋賀県生まれ。大学在学中から世界中を旅し、二〇〇六年よりボルネオ島に暮らす狩猟民プナンのフィールドワークを続けている。本文は、『ありがとうもごめんなさいもいらない森の民と暮らして人類学者が考えたこと』（新潮文庫　二〇二三年）によった。

7 科学と非科学の違い

酒井邦嘉

問題：p.94

要旨

科学は、あらゆるできごとが自然法則によって定められているという前提のもと、事実の足りないところを科学的仮説で補いながら作り上げられている。それゆえ、科学的仮説は反証可能性に開かれていなければならず、パラダイムの変換に示されるように、検証と反証を繰り返しながら発展していく。ただし、科学的仮説と思いつきや予想のような意見とは異なる。科学的仮説に対しては、その正誤を疑うことが科学的思考の第一歩だ。197字

解答・解答例 配点40点

問一 ア＝倒壊　イ＝心霊　ウ＝権威　エ＝雷同　オ＝放棄　各1点

問二 人間の意志的・偶然的な行動や主観的な心の働きを、目的から解釈するのではなく、すべての出来事は自然法則によって必然的に定められているという仮定にもとづき、客観的な存在として解明すること。9点

問三 占いの予想が当たった事例があるだけでは、自説の正しさを証明したことにはならないことに加え、占いは反証が不可能であるため、自説の誤りを受け入れて修正する余地もないから。9点

問四 科学は、経験に依存しないアプリオリな知識を認めたうえで、経験を根拠にするアポステリオリな仮説の検証と反証を繰り返しながら、一定期間を代表するような科学的理論が更新される形で進歩していく。9点

問五 意見は、間違っている可能性や実証性を考慮しないまま、単なる主観的な考えとして表明されるのに対して、仮説はそれが正しいかどうかを疑い、実証性を強く意識しながら、客観的な科学理論となることを目指して提出される。8点

解答時間・配点

大阪大学文学部は現代文2問（評論・小説）、古文と漢文がそれぞれ1問ずつという出題が続いている。試験時間は120分なので、本問では40分を標準的な解答時間とした。国語全体の配点150点満点にもとづき、本問の合計点を40点と推定した（小説35点、古文40点、漢文35点）。

設問解説

問二　傍線部説明問題なので、セオリー通り、傍線部を含む一文全体からアプローチしよう。すると、傍線部の直前には「人間の行動や主観的な心のはたらきを」とあるので、答案は〈人間の行動や主観的な心のはたらきを、「客観的に」科学の力で明らかにする〉ことを説明する方向で組み立てていけばよい。

「人間の行動や主観的な心のはたらき」については、[2]の「自由意志があり、偶然に起こっているように思える人間の行動」という記述から、〈自由意志があり、偶然に起こっているように思える人間の行動や主観的な心の働き〉などと補強することができる。

ではそれを「「客観的に」科学の力で明らかにする」とはどういうことか。まず、[1]の「科学研究は、人間の行動を含めて、すべてのできごとが自然法則によって決められているという仮定に基づいている」、[2]の「……人間の行動も、実は自然法則によって必然的に定められていると科学は仮定している」といった記述から、〈……を、すべての出来事は自然法則によって必然的に定められているという仮定にもとづいて明らかにする〉という方向で組み立てることができる。

これを肉付けするうえでは、傍線部の逆、すなわち「非科学的」に明らかにする状態を考えるとよい。すると[4]に、「問題となる現象を目的から解釈しようと」するのは「非科学的」であるという説明が参考になる。

これらの内容を傍線部「「客観的に」科学の力で明らかにする」に即した形でまとめてみよう。すると、以下のような表現を導けるはずだ。

> ……を、目的から解釈するのではなく、あらゆる出来事は自然法則によって必然的に定められているという仮定にもとづき、客観的な存在として解明すること。

これを先に見た前半の内容と組み合わせればよい。なお、この答案でも用いている〈XをYとして～する〉という言い回しは、さまざまな記述問題に応用できるので、表現のストックとしておくといいだろう。

ポイント

〈XをYとして～する〉はさまざまな記述問題に活用しやすいので、表現のストックとしておく。

採点基準

❶[3]人間の意志的・偶然的な行動や主観的な心の働きを、❷[3]目的から解釈するのではなく、❸[3]すべての出来事は自然法則によって必然的に定められているという仮定にもとづき、客観的な存在として解明すること。

❶※「明らかにする」の対象が、人間の意志的・偶然的な行動や主観的な心の働きである点を指摘できていれば、表現は広く

許容。

○人間の意志的・偶然的な行動や主観的な心の働きを **3点**

○自由意志があり、偶然に起こっているように思える人間の行動や主観的な心の働きを **3点**

○人間の行動や主観的な心のはたらきを **3点**

△人間の行動や心のはたらきを **1点** （自由意志、偶然、主観的のいずれも欠いているもの）

△問題となる現象を **1点**

❷○目的から解釈するのではなく **3点**

○目的因を拒否して **3点**

❸○すべての出来事は自然法則によって必然的に定められているという仮定にもとづき、客観的な存在として解明すること **3点**

○（❶を）自然法則によって定められている現象として説明すること **3点**

問三 「筆者はなぜ占いを非科学的だと考えているのか」をそのまま説明している箇所はないので、文脈を理解したうえで、答案を作成しなければならない。

ヒントになるのは[8]、[9]の記述である。[8]では、哲学者のK・R・ポパーの「反証（間違っていることを証明すること）が可能な理論は科学的であり、反証が不可能な説は非科学的だと考える」という提案を紹介している。

この提案に従えば、〈占いは反証が不可能だから〉という理由説明は導けるだろう。だが、これだけでは「わかりやすく説明」したことにはならないので、説明を補強する必要がある。

そこで[9]を見ると、「ある理論を裏づける事実があったとしても、たまたまそのような都合の良い事例があっただけかもしれないので、その理論を「証明」したことにはならない」といった記述は、占いに適用することができそうだ。すなわち、〈占いが当たった事実があったとしても、たまたまそのような都合の良い事例があっただけかもしれないので、その占いを「証明」したことにはならない〉という具合に。

さらに「科学の進歩によって間違っていると修正を受けうるものの方が、はるかに「科学的」である」という記述から、占いは逆に〈科学の進歩によって間違っているという修正を受け入れない〉という点も答案に活用できる。

以上の内容をふまえて答案を組み立てると、〈占いが当たった事例があるだけでは、自説の正しさを証明したことにはならないし、反証が不可能であるため、科学の進歩によって間違っているという修正を受け入れないから〉といった説明を導けるだろう。

採点基準

❶[3]占いの予想が当たった事例があるだけでは、自説の正しさを証明したことにはならないことに加え、❷[3]占いは反証が不可能である

ため、❸自説の誤りを受け入れて修正する余地もないから。

❶○占いの予想が当たった事例があるだけでは、自説の正しさを証明したことにはならない　3点
○占いが当たるだけでは、その正しさを証明したとはいえない　3点
△ある理論を裏づける事実があったとしても、その理論を「証明」したことにはならない　1点　（占いに即して説明していない）

❷○占いは反証不可能である　3点

❸※❷をわかりやすく説明していれば、表現は広く許容。
○自説の誤りを受け入れて修正する余地もない　3点
○自説の誤りを認めない　3点
○（占いが）間違っていることを受け入れない　3点

問四　本問も単に文中の記述をつなぎ合わせるだけでは太刀打ちできず、問題文の内容を正確に読解できていないと、適切な答案を作成するのは難しい。

そこで「読解の要点」での解説をふまえながら、10からの文脈を確認していこう。

10では、科学の知識には大きく、経験による根拠を必要としない「アプリオリな知識」と、経験を根拠に反証できる「アポステリオリな知識」があると説明されている。

続く11では「反証できるアポステリオリな知識しか科学的と認めないならば」、「果たして科学は進歩するのか、という疑問が生ずる」という文脈であるから、〈アプリオリな知識を科学の知識として認める〉ということが科学の進歩には必要だということがまず理解できるだろう。

12では、アメリカの科学史家のT・S・クーンの主張を紹介する形で、「ある一定の期間を代表して手本となるような科学理論」であるパラダイムの変革とともに、科学は進歩すると述べられている。

さらに14では、「このように、科学的仮説は検証と反証をくり返しながら発展していく」という点も答案の材料になる。

以上のポイントを箇条書きにしてみよう。

(i)　（アポステリオリな知識だけでなく）アプリオリな知識を科学の知識として認める
(ii)　「ある一定の期間を代表して手本となるような科学理論」であるパラダイムの変革とともに進歩する
(iii)　科学的仮説は検証と反証を繰り返しながら発展していく

「読解の要点」でも述べたように、(ii)は「アポステリオリな知識」の変化であり、(iii)のあり方の一つである。答案は、この点が明確になるようにまとめたい。

採点基準

科学は、❶経験に依存しないアプリオリな知識を認めたうえで、❷経験を根拠にするアポステリオリな仮説の検証と反証を繰り返しながら、❸一定期間を代表するような科学的理論が更新される形で進歩していく。

❶○経験に依存しないアプリオリな知識を認めたうえで **3点**

○科学には、経験による根拠を必要としないアプリオリな知識と、経験を根拠とする反証可能なアポステリオリな知識がある **3点**

❷○経験を根拠にするアポステリオリな仮説の検証と反証を繰り返しながら **3点**

△仮説の検証と反証を繰り返しながら **2点**（「アポステリオリ」である点に触れていないもの）

❸○一定期間を代表するような科学的理論が更新される形で進歩していく **3点**

○一定期間ごとにパラダイムが変革しながら進歩していく **3点**

△世界観が変革しながら進歩していく **2点**（「一定の期間ごと」という要素がないもの）

問五 今回の設問のなかでは比較的解答しやすい設問だが、「意見」と「仮説」の違いが明らかになるような答案になることを意識してほしい。

まず「意見」については、「科学者の単なる思いつきや予想」（傍線部）、「仮説を鵜呑みにした」⑯、「自分の意見を「われ思う、ゆえに真なり」のように見なす」⑲といった表現が参考になる。

それに対して「仮説」は、「正しいかどうかをまず疑ってみる」⑯ことが必要であり、「実証性こそが命」⑲だと説明されている。さらに「仮説」については、問題文前半の説明も参考にすべきだろう。

以上を勘案して、次のような対比を導ければよい。

意見
- 正しいかどうかを疑わない
- 実証性の意識に乏しい
- 単なる主観的な考えの表明

⇔

仮説
- 正しいかどうかをまず疑う
- 実証性を重視する
- 客観的な科学理論となることを目指して提出

このなかでは〈主観⇔客観〉という対比を明示するのが難しかったかもしれない。仮説じたいは、まだ客観的な理論ではないが、客観的な科学理論になることを目指して提出されるという点は、問題文から読解できるはずだ。

採点基準

意見は、❶間違っている可能性や実証性を考慮しないまま、❷単なる主観的な考えとして表明されるのに対して、仮説はそれが❸正しいかどうかを疑い、実証性を強く意識しながら、❹客観的な科学理論となることを目指して提出される。

【「意見」について】

❶○間違っている可能性や実証性を考慮しない 2点

○実証性がない 2点

○疑いを持たない 2点

○自説を鵜呑みにした 2点

❷○単なる主観的な考えとして表明される 2点

○科学者の単なる主観でしかない 2点

×単なる思いつきや予想 0点（傍線部そのままのもの）

【「仮説」について】

❸○正しいかどうかを疑い、実証性を強く意識しながら 2点

○疑うことが不可欠であり 2点

○実証性を備え 2点

○検証や反証が可能であり 2点

❹○客観的な科学理論となることを目指して提出される 2点

○客観的な考えである 2点（許容）

出典・筆者紹介

酒井邦嘉（さかいくによし）

一九六四年―。脳科学者・言語学者。東京都生まれ。脳機能の解析および言語を中心とした高次脳機能のメカニズムの解明につとめる。本文は『科学者という仕事――独創性はどのように生まれるか』（中公新書　二〇〇六年）によった。

8 近代的自然観と人間観

河野哲也

問題:p.106

要旨

個人を規則に従って働く単独の存在として捉える近代的な個人概念と同型をなす近代的自然観は、自然を法則に従う微粒子の機械的な集合離散とみなす一方、自然の意味や価値は人間の主観的な意味づけにすぎないと考え、自然の具体的な特殊性を無視して自然を分解し、徹底的に利用する途を開いた。その結果、さまざまな生物が時間をかけて相互作用しながら形成してきた全体論的な生態系を破壊し、人間や動物の生存基盤を脅かしている。200字

解答・解答例　配点40点

問一　ア＝枯渇　イ＝効率　ウ＝秩序　エ＝浸透　オ＝交換　各1点

問二　近代科学の自然観では、微粒子と自然法則からなる物理学的世界が自然の真の姿であり、知覚世界は心が生み出す主観的な表象にすぎないとみなすこと。6点

問三　二元論的な認識論では、自然の意味や価値は、自然自体に内在するのではなく、人間の精神が主観的に意味付けたものだとされるから。6点

問四　自然を無個性とみなし、徹底的に分解して資源として利用する近代科学のあり方は、食物を栄養成分に還元して摂取することに似ているから。6点

問五　人間を均質で単独な存在とみなす近代の人間観は、個性を無視した政治理論や、標準的人間像から外れる者を抑圧する制度を生み出していること。6点

問六　自然を法則に従う原子の機械的な集合離散と捉える近代的自然観は、歴史性や場所性を無視して自然を分解し、徹底的に利用することによって、諸生物が時間をかけて相互作用しながら形成してきた生態系を破壊し、人間や動物の生存基盤を脅かしているということ。120字　11点

解答時間・配点

大問4参照。

設問解説

問二 設問文に「本文の趣旨に従って」とあることに注意しよう。「テーマ解説」で触れたように、哲学で「物心二元論」というと、物体と精神をそれぞれ独立した実体として考えることであるが、問題文にはそのような説明はない。あくまでも「本文の趣旨に従って」答案を構成することが求められている。

この点さえ注意すれば、解答は比較的容易だろう。文脈を確認すると、傍線部の「物心二元論」は、「近代科学の自然観」の特徴として挙げられており、第二の特徴である「原子論的な還元主義」すなわち「自然はすべて微小な粒子と……自然の真の姿であると考えられるようになった」（[6]）ことから生じてくると説明されている。

そして傍線部以降では、「物心二元論」によれば、「身体器官によって捉えられる知覚の世界は、主観の世界であ」り、「自然に本来、実在しているのは……微粒子だけである」と説明されている。

ただしこの部分をそのまま要約するだけでは、「物心二元論」のニュアンスまでは汲み取れない。そこでさらに読み進めると、知覚の世界については「心あるいは脳が生み出した性質」（[7]）、「心ないし脳の中に生じた一種のイメージや表象」（[8]）とある。そして「知覚の世界」の対比的な言葉として「物理学が描き出す世界」「物理学的世界」（[8]）という記述がある。

さらに[9]には「こうして、物理学が記述する自然の客観的な真の姿と、私たちの主観的表象とは、……まったく異質のものとみなされる」とあり、それを受けて[10]では「これが二元論的な認識論である」と述べられている。

以上をふまえて答案では、

(i) 近代科学の自然観は
(ii) 微粒子と自然法則からなる物理学的世界が自然の真の姿（実在）であり、
(iii) 知覚世界は心の中に生じた主観的な表象にすぎない（とみなしていること）

という三点を盛り込めばいいだろう。

答案を作成する際に、[9]の「物理学が記述する自然の客観的な真の姿と、私たちの主観的表象とは、……まったく異質のものとみなされる」をそのまま骨格にするのは避けたほうがいい。たとえば、〈微粒子と自然法則からなる客観的な自然と主観的表象である知覚世界とを異質のものとみなすこと〉といった書き方だと、「主観的表象である知覚世界」が規定事項のように読めてしまう。このことは、先に挙げた[9]の箇所が、「こうして」という指示表現に続いていることからもわかるはずだ。採点基準では許容としたが、細かいニュアンスまで配慮する答案づくりを心がけてほしい。

採点基準
❶近代科学の自然観では、❷微粒子と自然法則からなる物理学的世界が自然の真の姿であり、❸知覚世界は心が生み出す主観的な表象にすぎない❶とみなすこと。

❶※❷❸が「近代科学の自然観」の捉え方であることを指摘できていれば、表現は広く許容。
○近代科学の自然観では～とみなすこと 2点
○近代科学の自然観では❷と❸を異質なものとみなすこと 2点
○近代科学の自然観では❷と❸を切り離して考えること 2点

❷○微粒子（原子）と自然法則からなる物理学的世界が自然の真の姿であり 2点
○微粒子（原子）と自然法則からなる世界が自然の実在であり 2点
△微粒子（原子）と自然法則からなる物理学的世界 1点（「自然の実在」であることに触れていないもの）
△物理学が記述する自然の客観的な真の姿 1点（微粒子と自然法則のどちらにも触れていないもの）

❸○知覚世界は心が生み出す主観的な表象（イメージ）にすぎない 2点
○心が生み出す知覚世界は主観的表象である 2点（許容）
△主観的な表象である知覚世界 1点（心や脳が生み出す点に触れてないもの）
△❷を意味づける知覚世界は主観的な表象である 1点（同前）

問三 傍線部の理由説明問題なので、

【～であるから】
↑
自然賛美の抒情詩を作る詩人は、いまや人間の精神の素晴らしさを讃える自己賛美を口にしなければならなくなった。

と整理することが答案作成の出発点だ。

傍線部の直前には「いわば」とあるので、傍線部は「そこでは、感性によって捉えられる自然の意味や価値は主体によって与えられるとされる」を喩えた表現であることがわかる。「そこでは」が「二元論的な認識論」を指すのは明白なので、この箇所を参照すれば、〈二元論的な認識では、詩人が賛美する自然の意味や価値は、主体によって与えられるとされるから〉といった答案の骨格は作れるだろう。

では、〈二元論的な認識では、自然の意味や価値は、主体によって与えられるとされるから〉をどのように肉付けするか。

まず「主体によって与えられる」では説明不足なのでブラッシュアップする必要がある。たとえば9の「主観が対象にそのように意味づけたからである」という箇所を活用して、〈人間の精神が主観的に意味づけたものとされるから〉などとすればいいだろう。

ここで記述答案のアプローチとして、〈否定方向の説明〉という点を頭に入れておこう。本問に即していえば、〈自然賛美ではない〉理由説明を加えることだ。

ポイント　答案に〈否定方向の説明〉が必要かどうかを考える。

その説明は7の「自然の感性的な性格は、自然本来の内在的な性質ではなく」という箇所を参照すればいいだろう。

以上をふまえて、〈二元論的な認識では、自然の意味や価値は、自然に内在するのではなく、人間の精神が主観的に意味づけたものとされるから〉などとまとめればよい。

採点基準

❶[2]二元論的な認識論では、❷[2]自然の意味や価値は、自然自体に内在するのではなく、❸[2]人間の精神が主観的に意味付けたものだとされるから。

❶※❷❸が二元論的な考え方にもとづくものであることが指摘できていれば、表現は広く許容。

○二元論的な認識論では 2点
○二元論的な自然観によれば 2点
○近代の自然観にもとづけば 2点

❷※「自然に内在的な意味や価値がない」ことを説明できていれば、表現は広く許容。

○（自然の意味や価値は、）自然自体に内在するのではない 2点
○自然には意味や価値は内在していない 2点
○自然自体には意味や価値がない 2点
○自然は本来的に意味や価値がない 2点
×自然には意味や価値がない 0点（説明不足）

❸※自然の意味や価値が「人間の精神が意味付けたもの」であることを説明できていれば、表現は広く許容。

○人間の精神が意味付けている 2点
○人間の精神が自然に意味や価値を与えている 2点
△心が生み出す主観的表象である 1点（「意味づける」という点が明確でないもの）
△主体によって与えられている 1点（同前）

問四　傍線部は「近代科学の自然に対する知的・実践的態度は」の述部にあたる箇所なので、設問は「近代科学の自然に対する知的・実践的態度」が「自然をかみ砕いて栄養として摂取することに比較できる」といえるのはなぜか、を問うている。

解釈として難しいのは「比較できる」という表現だ。まず文脈を解きほぐしていこう。

「近代科学の自然に対する知的・実践的態度」は、11で述べられているように、自然を「何の個性もない粒子が反復的に法則に従っているだけの存在」として捉え（知的態度）、「自然を分解して……材料として他の場所で利用する」ことを意味している。

一方、「自然をかみ砕いて栄養として摂取する」とはどういうことだろうか。ここは擬人法的なレトリックと解するのが適切だろう。すなわち筆者は、「原子の構造を砕いて核分裂のエネルギーを取り出す」ような近代科学の自然に対する態度を、「自然をかみ砕いて栄養として摂取する」と表現しているのだ。したがって「比較できる」は〈類似したものとして比較できる〉と解釈すればよい。

以上をふまえれば、〈自然を無個性とみなし、徹底的に分解して資源として利用する近代科学のあり方は、自然をかみ砕いて栄養として摂取することに似ているから〉といった答案の骨子ができる。

だが、「自然をかみ砕いて栄養として摂取する」をそのまま使うのは不適切なので、〈食物を栄養成分に還元して摂取する〉〈食物を栄養分に分解して摂取する〉など、〈（食物を）栄養だけに還元する〉というニュアンスが出るような表現を工夫したい。

採点基準

❶[3]自然を無個性とみなし、徹底的に分解して資源として利用する近代科学のあり方は、❷[3]食物を栄養成分に還元して摂取することに❸似ているから。

❶※「個性を奪う」「分解して資源として利用する」という二点を押さえていれば、表現は広く許容。

○自然を無個性とみなし、徹底的に分解して資源として利用する近代科学のあり方は **3点**

○近代科学は、自然の個性を奪い、自然を分解して資源を取り出す **3点**

△自然の特殊性を奪う近代科学は **2点** （「分解して資源として利用する」に触れていないもの）

△自然を徹底的に分解してエネルギーとして利用する **2点** （「個性を奪う」に触れていないもの）

❷※「栄養だけに還元する」というニュアンスが出ていれば、表現は広く許容。

○食物を栄養成分に還元して摂取する **3点**

○食物を単なる栄養として摂取する **3点**

○食物の栄養面だけに着目する **3点**

×栄養摂取する **0点**

×食物をかみ砕いて栄養を摂取する **0点**

❸※加点はしないが、❶と❷の類似性や共通性を捉えられていないものは **-2点**。

問五　典型的な傍線部説明問題だが、東京大学の解答欄から推定される字数は六〇～七〇字なので、簡潔にまとめる要約力が問われる問題だ。設問は「従来の原子論的な個人概念」とそこから生じる「政治的・社会的問題」を具体化することを求めている。それぞれ整理していこう。

まず「従来の原子論的な個人概念」に関しては、「人間個人から特殊な諸特徴を取り除き、原子のように単独の存在として遊離させ、規則や法に従ってはたらく存在として捉える」(13)、「近代社会に出現した自由で解放された個人は、同時に、ある意味でアイデンティティを失った根無し草であり、誰とも区別のつかない個性を喪失しがちな存在」(14)といった記述が手がかりとなり、〈個性を捨象した単独の存在として人間を捉える近代の人間観〉などと要約できるだろう。解答例では字数節約のために「均質」という表現を使ってみた。本問のように要約力を求める問題では、語彙力も同時に問われている。

次に「政治的・社会的問題」へ移ろう。

政治的問題については、14の「個性のない個人（政治哲学の文脈では「負荷なき個人」と呼ばれる）を基礎として形成された政治理論についても、現在、さまざまな立場から批判が集まっている」という記述が参考になる。

社会的問題については、15の近代的な人間観は「どこかで標準的な人間像を規定して」おり、「そこでは、標準的でない人々のニーズは、社会の基本的制度から密かに排除され、不利な立場に追い込まれていないだろうか」という箇所が答案に活用しやすいだろう。

以上をふまえて、政治的・社会的問題については〈個性のない個人を基礎にした政治理論の形成〉と〈標準的人間像から外れる者への社会的排除〉という二点を指摘できればよい。

採点基準

❶[2]人間を均質で単独な存在とみなす近代の人間観は、❷[2]個性を無視した政治理論や、❸[2]標準的人間像から外れる者を抑圧する制度を生み出していること。

❶○人間を均質で単独な存在とみなす近代の人間観　2点
○個人を規則や法に従って働く単独の存在と捉える人間観　2点
△個性を排除し、規則に従うだけの人間像　1点（「単独」に触れていないもの）
△近代の人間観は人間を単独な存在とみなし　1点（「個性の捨象」「特殊な諸特徴の排除」に触れていないもの）

❷○個性を無視した政治理論　2点
○個性のない個人を基礎とした政治理論　2点

❸○標準的人間像から外れる者を抑圧する　2点
○標準的人間像を想定し、そこから外れるマイノリティを排除する　2点
○諸個人の潜在能力を抑圧する　2点

問六 「本文全体の論旨を踏まえた」傍線部説明問題では、まず通常の傍線部説明問題と同様の答案骨子をつくり、そこに本文全体の論旨をふまえた要素を加えていくほうがいいだろう。

その方針に従えば、本問では傍線部内の「そのような考え方」を明確にすることが出発点となる。そのような考え方とは、直接的には「近代の二元論的自然観（かつ二元論的人間観・社会観）」を指す。さらにその一文前には、「自然に対してつねに分解的・分析的な態度をとれば、生態系の個性、歴史性、場所性は見逃されてしまうだろう」とあり、それが「近代の二元論的自然観（かつ二元論的人間観・社会観）の弊害」だと述べられている。

以上をふまえれば、傍線部は〈自然に対してつねに分解的・分析的な態度をとる近代の二元論的自然観（かつ二元論的人間観・社会観）は、生態系の個性、歴史性、場所性を見逃した結果、人間も動物も住めなくなった場所を生み出した〉とパラフレーズすることができる。

これを答案の骨子として、「本文全体の論旨を踏まえた」内容を加えていこう。まず問題文の端的な要旨は「自然の搾取を推進したその理論的・思想的背景は近代科学の自然観にあると考えられる」②ということに尽きる。

そして「近代科学の自然観」の特徴として「機械論的自然観」⑤、「原子論的な還元主義」⑥、「物心二元論」⑦の三つを挙げているので、答案骨子とした「二元論的自然観」の説明に、この三点を縮約した内容を加えたい。解答例では〈自然を法則に従う原子の機械的な集合離散と捉える近代的自然観〉とまとめてみた。

こうした近代的自然観が「自然に対してつねに分解的・分析的な態度をと」ることに関しては、「……自然は、場所と歴史としての特殊性を奪われる」「自然を分解して利用する」⑪、「自然を徹底的に利用する」⑫など、〈個性を無視して自然を分解して利用する〉という趣旨で肉付けすればいいだろう。

次に「生態系の個性、歴史性、場所性を見逃した」を具体化していこう。手がかりになるのは⑲の「全体論的存在」「生態系の内部の無機・有機の構成体は、循環的に相互作用しながら、長い時間をかけて個性ある生態系を形成する」という記述だ。

原子論的な還元主義を特徴とする近代的自然観との対比をふまえると、〈全体論的な存在〉あるいは〈相互作用による形成〉という点は盛り込みたい。

最後に筆者は、「自然破壊によって人間も動物も住めなくなった場所」を、近代的自然観の「悲劇的帰結」と述べているので、〈人間や動物の生存基盤を脅かしている〉など、「悲劇的」のニュアンスを汲むような表現で締めくくりたい。

以上をまとめると、ポイントは次の四点になる。

(i) 近代の二元論的自然観の説明
(ii) 分解的・分析的態度の具体化
(iii) 生態系の破壊のあり方の具体化
(iv) 「悲劇的帰結」のニュアンスを汲んだ表現

採点基準

❶[3]自然を法則に従う原子の機械的な集合離散と捉える近代的自然観は、❷[3]歴史性や場所性を無視して自然を分解し、徹底的に利用することによって、❸[3]諸生物が時間をかけて相互作用しながら形成してきた生態系を破壊し、❹[2]人間や動物の生存基盤を脅かしていること。

❶【近代の二元論的自然観の説明】

○自然を法則に従う原子の機械的な集合離散と捉える近代的自然観は 3点

○近代的自然観は自然を法則に従う微粒子に還元する 3点

○自然を個性のない粒子が法則に従っているだけの存在と見なす二元論的自然観 3点

△微粒子だけを実在と捉える二元論的自然観 2点 （「機械論的自然観」と「原子論的な還元主義」両方の要素がないもの）

×近代科学の二元論的な自然観 0点

❷【分解的・分析的態度の具体化】

○歴史性や場所性を無視して自然を分解し、徹底的に利用する 3点

○個性を捨象して自然を分解し、利用する 3点

△自然を分解可能な資源とし徹底的に利用する 2点 （「個性の軽視」に触れていないもの）

△自然に対して分解的・分析的態度を取り 2点 （「個性の軽視」「利用」に触れていないもの）

△自然の資源を搾取する／自然を利用する 1点 （「分解」や「個性の軽視」に触れていないもの）

❸【生態系の破壊のあり方の具体化】

○諸生物が時間をかけて相互作用しながら形成してきた生態系を破壊し 3点

○個性的に形成されてきた全体論的な生態系を破壊し 3点

△様々な生物が個性的な生態を営んでいる生態系を破壊し 2点 （「全体論的」と「相互作用」のどちらにも触れていないもの）

△生態系の個性、歴史性、場所性を見逃し 2点 （同前）

❹【「悲劇的帰結」のニュアンスを汲んだ表現】

○人間や動物の生存基盤を脅かす結果を招いた 2点

○危機的な環境問題（自然破壊）をもたらした 2点

○深刻な自然破壊をまねいている 2点

△環境問題の原因になっている 1点 （「悲劇的」のニュアンスが薄いもの）

出典・筆者紹介

河野哲也（こうの てつや）

一九六三年―。倫理学者・哲学者。東京都生まれ。与えられた環境と心身との関係についての考察や教育・倫理哲学など、幅広く考究している。本文は『意識は実在しない――心・知覚・自由』（講談社選書メチエ　二〇一一年）によった。

9 「正義」とは何か

仲正昌樹

問題:p.120

要旨

日本語の「正義」には、「正義の味方」から連想するような、垂直的・絶対的な善や人情的な意味合いが含まれている。一方、「法」や「権利」と結びついた英米の「正義」は、人間相互の契約や決まり事から生じてくる水平的な規範であり、法的ルールに従って公正に問題を処理することが求められる。したがって日本で英米の正義論が受容されても、生き方の指針や心の持ち方を示す人生観や癒しの話として受け取られる可能性がある。198字

解答・解答例 配点40点

問一 日本語の「正義」には、機械的に善悪の基準を押し付けるのではなく、人間関係を大切にして、弱者を優しく気遣うというイメージが付着していること。69字 8点

問二 各人の正当な権利を保護するため、個人的な感情や義理を極力排し、予め決まった法的ルールに従って、問題を公正に処理するので、弱者だからといって特別に配慮しない冷淡さがあるということ。89字 8点

問三 人間相互の契約や決まり事から生じる水平的・法的な正義である。リベラルは、それを共同体による価値観の違いを超えた価値中立的な正義と考えるが、コミュニタリアンは、個々の共同体が追求している目的原理の延長上に、共同体固有の正義があると考える。118字 12点

問四 日本語の「正義」は、個々の人間の思惑や利害を超越した垂直的・絶対的な善とほぼ同義で使われることが多いため、日本人が英米の水平的・法的な正義論を受容しても、どのように生きるべきかという指針や心持ちを示してくれる議論として受け取りやすいから。119字 12点

解答時間・配点

筑波大学の文系学類は現代文2問（評論・小説）、古文、漢文がそれぞれ1問ずつという出題が続いている。試験時間は120分なので、本問では35分を標準的な解答時間とした。国語の配点は学群・学類によって異なるので、全体で150点満点と想定して、本問の合計点を40点と推定した（小説40点、古文35点、漢文35点）。なお、実際の入試問題には字数制限が無いが、本問では解答字数を独自に設定した。

設問解説

問一 指示表現を含む傍線部説明問題では、指示表現がどの範囲を指すのかを明確にしてから答案を作成する必要がある。

本問では5全体が傍線部の指示内容に当たることは容易にわかる。迷うのは3、4の内容を含めるかどうかだが、3、4には「人情」に関わる直接的な表現はない。4の「庶民の側に立って巨悪と闘う」という表現も、人情という要素は希薄だ。したがって傍線部は、5に書かれている内容を指していると判断していいだろう。

そこで5から「人情的な意味」に関わる表現を抜き出してみよう。

- 「弱者」に優しい「正義の味方」
- 人情の機微に敏感で、温かい心配りをするというイメージ
- 「杓子定規」に「正義」の基準を押し付ける「正義の味方」はあまりいない
- 人間関係を大事にしそうなイメージ

さて、傍線部を含む一文は「英語の〈justice〉には、そうした人情的な意味はあまり含まれていない」とあるから、答案は〈日本語の「正義」には～という意味が含まれていること〉という形でまとめればよい。

要素としては、(i)弱者に優しい、(ii)杓子定規に善悪の基準を押し付けない、(iii)人情の機微に敏感で、温かい心配りをする（人間関係を大事にする）という三点を押さえる必要がある。

採点基準

❶[2]日本語の「正義」には、❷[2]機械的に善悪の基準を押し付けるのではなく、❸[2]人間関係を大切にして、❹[2]弱者を優しく気遣うという❶イメージが付着していること。

❶※日本語の「正義」または「正義の味方」に関する説明になっていれば、表現は広く許容。
○日本語の「正義」には、～というイメージが付着している 2点
○日本語の「正義」には、～が含意されている 2点
○日本語の「正義」という言葉には、～という意味合いがある 2点
○日本語の「正義の味方」には、～という意が含まれている 2点
△「正義の味方」には～が含意されている 1点（「日本語の」が欠けているもの）

❷○機械的に善悪の基準を押し付けるのではなく 2点
○杓子定規に正義の基準を押し付けたりせず 2点

❸○人間関係を大切にする 2点
○人情の機微に敏感である 2点

○温かい心配りをする 2点
❹○弱者に優しい 2点
○弱者を思いやる 2点
△弱者の味方として 1点（「人情」のニュアンスが薄いもの）

問二 解答のポイントは「ある意味」を具体化することにある。すなわち、「「法」や「権利」と不可分に結び付いている「正義」」が、どのような意味で冷たいのかを説明する方向で答案を作成していけばよい。

まず、「「法」や「権利」と不可分に結び付いている「正義」」については、

- まとめて言うと、各人に正当な理由に基づいて割り当てられた「権利」が適切に保護され、紛争が起きても「法」によって正しく解決されることが「正義」だった。⑦
- 「正義」を実現するには、個人的な感情や義理などはできる限り排し、予め決まった法的ルールに従って、問題を公正に（＝偏ることなく）処理することが求められる。⑧

という二箇所の記述が答案の材料になる。これらから、「「法」や「権利」と不可分に結び付いている「正義」」を、〈各人の正当な権利を保護するため、個人的な感情や義理はできる限り排し、予め決まった法的ルールにしたがって、問題を公正に処理すること〉などと、要約できるだろう。

次に、「冷たい」に関しては、「たとえ、契約を結んだ相手が、弱者に情けをかけることなどない、周囲から嫌われ憎まれている者であっても、契約が「法」に則って結ばれたのである限り、それを破るのは「不正義」である」という記述が参考になる。すなわち、傍線部のような正義は、法的ルールにしたがって問題を処理するので、弱者に特別な配慮をすることがない。それを筆者は「冷たい」と表現しているのである。

なお、本問の場合、どういう意味で「冷たい」のかを説明することを求めているので、文末は「〜という冷たさがあること」「〜という意味で冷たいこと」などと処理すればよい。傍線部の語句だからといって、必ずしもすべてを言い換える必要はないことは知っておこう。

採点基準

❶[4]各人の正当な権利を保護するため、個人的な感情や義理を極力排し、予め決まった法的ルールに従って、問題を公正に処理するので、❷[4]弱者だからといって特別に配慮しない冷淡さがあるということ。

❶※「個人的な感情や義理を排する」「決まった法的ルールに従って問題を公正に処理する」の二点を押さえていれば、表現は広

く許容。どちらか一方のみの答案は **2点**

○各人の正当な権利を保護するため、個人的な感情や義理を極力排し、予め決まった法的ルールに従って、問題を公正に処理する **4点**

○個人的な感情に囚われず、決まった法的ルールに従って問題を公正に処理する **4点**

△決まった法的ルールに従って問題を公正に処理する **2点**

❷※「弱者を特別扱いしない冷淡さがある」点を説明できていれば、表現は広く許容。

○弱者だからといって特別に配慮しない冷淡さがある **4点**

○弱者に情けをかけないという冷たさがある **4点**

○強者も弱者も同等に扱う冷たさがある **4点**

△弱者に情けをかけないということ **3点**（「冷たい」「冷たさ」が欠けているもの）

問三 文字数は多いが、解答要素は明確なので、問題文の内容を適切に整理できれば決して難しい問題ではない。

まず「前者の意味での「正義」」は「水平的・法的な「正義」」を指しており、さらに「水平的・法的な「正義」」は10で、「「法」の本質としての「正義」は、基本的に人間相互の契約や決まり事から、生じてくるものなので、水平的である」と説明されている。したがって「前者の意味での「正義」」の端的な説明としては、〈人間相互の契約や決まり事から生じる水平的・法的な正義〉とまとめればよい。

次に、「リベラル」と「コミュニタリアン」との〈人間相互の契約や決まり事から生じる水平的・法的な正義〉に対する捉え方の違いを考えていこう。

リベラルが捉える「正義」は、傍線部直後に「ロールズたちリベラルな論者が探究している「正義」は、民族・言語・宗教・歴史を異にする様々な共同体ごとの価値観（＝善）の違いを超え、人々が普遍的に合意することができる規範、言い換えれば、その社会を共同で形成するための契約の基盤になり得るような価値中立的規範である」と説明されている。

一方、コミュニタリアンが捉える「正義」は、13に「そうした価値中立的な「正義」の原理の発見、構築を目指すリベラル派に対して、サンデルなどのコミュニタリアニズム（共同体主義）の論客は、純粋に価値中立的な「正義」の成立は不可能であると主張した。コミュニタリアンにとっての〝正義〟は、各共同体が追求しているテロス（目的原理）の延長線上に出てくるものであって、決して価値中立的ではない」とある。

これらの記述から、正義の捉え方に対するリベラルとコミュニタリアンとの違いを読み解くと、以下のように整理できるだろう。

【リベラルにとっての正義】
様々な共同体ごとの価値観を超えて、人々が普遍的に合意できる価値中立的規範

⇔

【コミュニタリアンにとっての正義】
各共同体が追求している目的原理の延長上に出てくるもので、価値中立的でない

答案では、先述した〈人間相互の契約や決まり事から生じる水平的・法的な正義〉に、この対比を加えて説明すればよい。

採点基準

❶[4]人間相互の契約や決まり事から生じる水平的・法的な正義である。❷[4]リベラルは、それを共同体による価値観の違いを超えた価値中立的な正義と考えるが、❸[4]コミュニタリアンは、個々の共同体が追求している目的原理の延長上に、共同体固有の正義があると考える。

❶○人間相互の契約や決まり事から生じる水平的・法的な正義（ルール）である **4点**

△水平的・法的な正義（ルール）である **2点**（説明不足）

❷○リベラルは、❶を共同体による価値観の違いを超えた価値中立的な正義と考える **4点**

○リベラルは、共同体による価値観の違いを超えた価値中立的な規範を正義と考える **4点**

△リベラルは、人々が普遍的に合意することができる規範を目指す **2点**（「共同体を超えている」点に触れていないもの）

❸○コミュニタリアンは、個々の共同体が追求している目的原理の延長上に、共同体固有の正義があると考える **4点**

○各共同体の目的原理の延長線上に出てくるもので、価値中立的ではない **4点**

△各共同体が追求している目的原理の延長線上に出てくるものである **2点**（「普遍的ではない」「価値中立的ではない」というニュアンスが薄いもの）

問四　「文章全体を踏まえて説明せよ」とあるが、セオリー通り、最初に通常の理由説明問題として答案の骨子を作成したうえで、「文章全体を踏まえ」た説明を加えていく方向で考えていこう。

傍線部内の「〝正義〟論」は、問題文で解説されている英米の正義論のことであり、「その道」とは、「日本の〝哲学ブーム〟」が「人生観とか癒しの話に落ち着」いてしまうことを指している。したがって設問は、英米の正義論が日本では「人生観とか癒しの話」に落ち着いてしまうかもしれない、と筆者が推測する理由を問うているわけだ。

直接的な解答の手がかりとしては、14の記述が参考になるだろう。14で筆者は、サンデルの著作の邦訳タイトルにある「これからの」という日本語に対して、「何となく、価値の軸が失われて混迷する世界の中で何を規準に生きて行けばいいか、その指針を、サンデル先生が示

してくれそうな響きがある」と述べ、さらに、「実際、サンデルの〝正義〟論を、現代人の心の持ち方と結び付けようとするかのような議論が一部に見受けられる。生き方や、心の持ち方を、特定のすぐれた教師に求めるとすれば、それは哲学ではなくて、信仰である」と語っている。

この箇所から答案の骨子を作成すれば、〈日本では英米の正義論を、価値観の軸が失われて混迷する世界のなかで何を規準に生きて行けばいいかという指針や心の持ち方を示してくれる議論として受け取っている節があるから〉などとまとめられるだろう。

しかしこの説明では、理由の掘り下げが不十分であり、日本ではなぜ、英米の正義論を何を規準に生きて行けばいいかという指針や心の持ち方を示してくれる議論として受け取ってしまうのか、という点まで踏み込めていない。

この理由の掘り下げは、文章全体を踏まえる必要がある。重要なポイントは[3]の「日本語の「正義」は、……「絶対的な善」、あるいは、それを実現することとほぼ同義に使われることが多い」という箇所だ。

(i)日本語の「正義」は、個々の人間の思惑や利害を超越した絶対的な善とほぼ同義で使われることが多い。それゆえ、前問で見たような(ii)英米の水平的・法的な正義を受容しても、生き方の指針や心持ちを示してくれる議論として受け取ってしまいやすいから、「人生観とか癒しの話に落ち着きがち」なのである。

答案はこの二点を制限字数内にまとめればよい。

採点基準

❶[4]日本語の「正義」は、個々の人間の思惑や利害を超越した垂直的・絶対的な善とほぼ同義で使われることが多いため、❷[4]日本人が英米の水平的・法的な正義論を受容しても、❸[4]どのように生きるべきかという指針や心持ちを示してくれる議論として受け取りやすいから。

❶※日本語の「正義」は「絶対的な善」とほぼ同義である旨を説明できていれば、表現は広く許容。
○日本語の「正義」は、個々の人間の思惑や利害を超越した垂直的・絶対的な善とほぼ同義で使われることが多い　4点
○「絶対的な善」という意味で用いられる日本語の「正義」　4点
△日本語の「正義」には人情的な意味合いが含まれる　2点（「絶対的な善」に触れず、人情という要素だけ書いてあるもの）

❷※傍線部の「〝正義〟論」を「英米の水平的・法的な正義論」と捉えていれば、表現は広く許容。
○日本人が英米の水平的・法的な正義論を受容しても　4点
○人間相互の契約や決まり事から生じる、英米流の水平的な正義論を　4点
○社会の公正なルールを探求する、ドライで地味な英米の「正義論」を　4点（許容）
△ドライで地味な英米の正義論を　2点（説明不足）

△英米の正義論を 1点 （説明不足）

×正義論を 0点

❸〇（日本は／日本人は❷を）どのように生きるべきかという指針や心の持ち方を示してくれる議論として受け取りやすい 4点

〇価値観の軸が失われて混迷する世界のなかで、何を規準に生きて行けばいいかという指針や心の持ち方を示してくれる議論として受け取っている可能性が高い 4点

〇生き方の指針や心の持ち方 4点

△人生観や癒しの話として受け取られやすい 2点 （「生き方の指針を示す」というニュアンスに欠けるもの）

出典・筆者紹介

仲正昌樹（なかまさまさき）

一九六三年―。政治思想家。広島県生まれ。政治思想やサブカルチャーなどさまざまな領域を自在に横断し、議論を展開している。本文は『いまを生きるための思想キーワード』（講談社現代新書 二〇一一年）によった。

10 資本主義と自由の蒸発

大澤真幸

問題:p.132

要旨

資本主義社会では、形式的な手段でしかない貨幣が目的化することによって、高級な規範や目的の魅力が消えてしまう。仕事においても、貨幣的インセンティヴが加わると、有意味な仕事の魅力は低下する。しかしそれにもかかわらず、資本主義の下では、人々は金銭的インセンティヴの強い仕事を選ぶ。現代社会では、選択肢は確かにあるのに、自身の選択が自由の有効な行使として実感できない「自由の蒸発」という現象が起きている。 198字

解答・解答例 配点50点

問一 ア＝鍵 イ＝跡形 ウ＝遇 エ＝参照 各2点

問二 手段でしかない貨幣が終極的目的である規範を手段化すること。 29字 9点

問三 金銭的報酬が高いほど、物事に取り組む人々の意欲が強く引き出されるという見方。 38字 9点

問四 単純な課題では、解くことが目的にならないので、金銭的報酬が目的となって解決意欲を高めるが、創造性を伴う課題で金銭的報酬が目的になると、解決自体の魅力を弱め、解決意欲を低下させる。 89字 12点

問五 一般に金銭的報酬は、創造的な作業に対する意欲を小さくするはずなのに、資本主義の下では、金銭的報酬の方が作業の魅力より強いインセンティヴを発揮すること。 75字 12点

解答時間・配点

東北大学（文系学部）は評論、小説（随筆）、古文、漢文がそれぞれ1問ずつという出題が続いている。試験時間は150分なので、本問では40分を標準的な解答時間とした。国語の配点は学部によって異なるので、全体で200点満点と想定して、本問の合計点を50点と推定した（小説50点、古文50点、漢文50点）。

設問解説

問二 傍線部説明問題だが、設問文に「これに続く本文の記述に即して」とあるので、傍線部直前の「低級な市場的規範が高級な規範を締め出す」という箇所を用いても、解答としては不十分だ。そのことは

[4]で「高級な非市場規範が市場的規範に締め出される、というイメージは、厳密にはミスリーディングである」と述べられていることからもわかる。

では[2]以降で、「低級が高級に勝つ」はどのように説明されているか。まず文中で「低級」は、「低級な規範」([2])、「市場的規範」([4])、「普遍的な手段」「手段でしかなかったもの（貨幣）」([5]) などと、「高級」は、「高級な規範」([2])、「終極的な目的」([3])、「高級な非市場規範」([4])、「非市場的な自律的目的」([5])、「特定の目的」([5]) などと言い換えられている。

本問は、抽象的な表現を具体的に説明することを求めている問題なので、以上からできるだけ具体的な言葉を組み合わせて置き換えたほうがいいだろう。解答例では「低級」を「手段でしかない貨幣」、「高級」を「終極的目的である規範」とした。

次に、「（低級が高級に）勝つ」が表している内容に進もう。文中で「勝つ」は次のようにさまざまに言い換えられている。

- 高級の規範は低級な規範の中に包摂されてしまう ([2])
- 高級な規範の（特定の内容をもつ）目的aが低級な規範の不特定の（形式的な）目的Xの手段へと転換したとたんに、高級な規範そのものが、跡形もなくなるほどに変質してしまう ([3])
- 前者は後者に包摂されるのだが、そのとたんに性質を変えてしまう ([4])
- 特定の目的よりも、普遍的な手段の方に魅力があるように見せる ([5])
- 貨幣（＝形式）は、普遍的な手段である、まさにそのことによって、任意の特定の目的を下僕として自らに従わせる ([5])
- 手段でしかなかったもの（貨幣）に目的たちが仕える ([5])
- かつての主人（個々の特定の目的）からは、「それ自体で価値あるもの」としての輝きは失われてしまう ([5])

これらのなかで「従わせる」「仕える」という表現は比喩表現なので、傍線部説明としては適切ではない。これらは、「目的aが低級な規範の不特定の（形式的な）目的Xの手段へと転換したとたんに」という表現を参照すれば、「従わせる」「仕える」とは、「手段化する」「手段にする」ことだと捉えられるだろう。

以上をふまえて、答案は〈手段でしかない貨幣が終極的目的である規範を手段化すること〉などとまとめられるが、「高級な規範そのものが、跡形もなくなるほどに変質してしまう」という方向で作成することも可能だろう。ただし、〈手段でしかない貨幣が自律的目的の性質を変質させてしまう〉では「勝つ」のニュアンスとしては弱いので、表現を工夫する必要がある。

採点基準

❶手段でしかない貨幣が[3]❷終極的目的である規範を[3]❸手段化すること。[3]

❶※「低級」の言い換え
○手段でしかない貨幣が 3点
○（普遍的）手段である貨幣が 3点
△手段でしかない低級な欲望 2点（「貨幣」に触れていないもの）
△市場的な規範が 1点（「手段」「貨幣」のどちらにも触れていないもの）
△低級な規範が 1点

❷※「高級」の言い換え
○終極的目的である規範 3点
○特定の自律的目的 3点
○終極的な目的 3点
△（個々の）特定の目的 2点（「自律的」「終極的」に触れていないもの）
△任意の特定の目的 2点
△高級な規範（的な欲望） 1点（「自律的」「目的」のどちらにも触れていないもの）

❸※「勝つ」の言い換え
○（❷を）手段化する／手段にする 3点
○（❷の）善さを消し去ってしまう 3点
○（❷の）輝きを取り去ってしまう 3点（許容）
△（❷を）従わせる 2点
△（❷を）包摂する 2点
△（❷を）のみ込んでいく 2点
△（❷を）変質させてしまう 1点
△（❷を）締め出す 1点

問三 設問は「筆者が言う「経済学の常識」とはどのような見方か」と問うているので、実験の文脈からわかることを一般化して説明する必要がある。

そのことを念頭に置きながら、傍線部の文脈を読解しよう。傍線部の「実験結果」は11で、「単純な課題では、報酬が高いほど成績がよくなるが、少しでも独創性を必要とする課題では、報酬は逆効果である——報酬が最も高いグループの成績が最悪だった」と端的に説明されている。

この実験結果が「経済学の常識を覆す」ものなので、ここから「経済学の常識」を推測すればよい。ただし先述したように、本問は「経済学の常識」という一般論を説明させる問題だから、〈金銭的な報酬が多いほど、成績がよくなるという見方〉といった答案では不十分だ。

では、〈金銭的な報酬が多いほど、成績がよくなるという見方〉をより一般的に表現すればどうなるか。6冒頭の「ここで、もう一例、貨幣的インセンティヴの効果についての、興味深い行動経済学の実験を参照しよう」という一文がヒントになる。つまり、6〜14で考察している実験は、経済学でいう「貨幣的インセンティヴの効果」に関するものであるから、答案も「貨幣的インセンティヴの効果」としてまとめればよい。

その際、「インセンティヴ」という言葉は使ってもいいし、（注）の「人々の意欲を引き出すために与える刺激のこと」を参照して説明してもいいだろう。

採点基準

❶金銭的な報酬が高いほど[3]、❷物事に取り組む人々の意欲が[3]❸強く引き出されるという見方。[3]

❶○金銭的な報酬が 3点

　△報酬が 2点

❷○物事に取り組む人々の意欲を高める 3点

　△課題を解く意欲が高まる 2点（「課題」に限定しているもの）

　△成績がよくなる 1点（単なる実験結果の説明にとどまっているもの）

❸※❶と❷の間に、正の相関関係があることを説明できていれば、表現は広く許容。

　○❶が高いほど、❷は強くなる 3点

　○❶と❷の間には正の相関関係がある 3点

　△❶は❷の効果がある／❶があると❷になる 2点（単なる因果関係の指摘にとどまっているもの）

　×❶と❷は比例する 0点（「比例」では反比例も含まれてしまうので）

問四　前問で見た「単純な課題では、報酬が高いほど成績がよくなるが、少しでも独創性を必要とする課題では、報酬は逆効果である――報酬が最も高いグループの成績が最悪だった」という実験結果について、「筆者自身はどのような解釈を示しているか」を答えさせる問題。

筆者の解釈は13の「したがって、次のように解釈するほかない」以降で述べられている。具体的には13が「単純な課題では、報酬が高いほど成績がよくなる」の解釈、14が「少しでも独創性を必要とする課題では、報酬は逆効果である――報酬が最も高いグループの成績が最悪だった」の解釈になっているので、答案はそれぞれの論旨をまとめていけばよい。

まず、制限字数を考慮せずに答案内容を考えてみよう。13、14はおよそ次のように要約できるはずだ。

13単純で退屈な課題は、解くことに快楽が伴わず、被験者は課題解決を有意味な目的とみなすことが難しいので、金銭的報酬を目的とすると、課題解決の意欲が高まる。

14認知的なひらめきや創造性がほんの少しでも伴う課題では、課題を解くという目的自体が快楽を伴っているため、金銭的報酬がより上位の目的となると、課題解決が手段になり、課題解決の快楽や解決への意欲が低下する。

これを九〇字以内に圧縮するにはどうするか。それぞれ結論だけを抜き出せば、〈退屈な課題は金銭的報酬が目的となり、解決への意欲が高まる〉〈創造的な課題は、金銭的報酬が目的になると、解決への意欲が低下する〉となり、合わせると六〇字程度になる。残りの字数でそれぞれの理由をいかに縮約して説明できるかが、合格点に達するかどうかの分かれ目だろう。

採点基準

❶[3]単純な課題では、解くことが目的にならないので、❷[3]金銭的報酬が目的となって解決意欲を高めるが、❸[3]創造性を伴う課題で金銭的報酬が目的になると、❹[3]解決自体の魅力を弱め、❸解決意欲を低下させる。

【単純な課題について】

❶○解くことが目的にならないので 3点

○解決に快楽が伴わないため 3点

❷○金銭的報酬が目的となって解決意欲を高める 3点

○金銭的報酬が解決への意欲を高める目的となる 3点

△課題を解くことへの意欲が高まる 2点（「金銭的報酬が目的になる」ことに触れていないもの）

【創造性を伴う課題について】

❸○金銭的報酬が目的になると、解決意欲を低下させる 3点

○金銭的報酬が上位の目的となり、課題解決の意欲が低下する 3点

△解決意欲が低下する 2点（「金銭的報酬が目的になる」ことに触れていないもの）

❹○解決自体の魅力を弱め 3点

○課題解決に伴う快楽が小さくなり 3点

○課題解決が手段になってしまうため 3点

問五 「ふしぎなこと」は直接的には、傍線部直後の「資本主義の下では、貨幣的なインセンティヴが、つまり形式への欲望が、概して優位になる」ことを指している。また、その例として、無報酬の技術者の仕事より、高額の賃金が払われる技術者の仕事のほうが人々に望まれることが挙げられている。

しかし、この内容を要約しただけでは、筆者が「ふしぎ」と評した理由までは説明できていない。なぜ筆者は、「資本主義の下では、貨幣的なインセンティヴが、つまり形式への欲望が、概して優位になる」ことを「ふしぎ」と評しているのか。

それは15で述べられているように、(i)「貨幣的なインセンティヴが

加わると、……一般に、創造的な作業に伴う魅力は低下し、そうした作業への意欲が小さくなる」はずなのに、(ii)資本主義の下では、貨幣的なインセンティヴが優位になるからだ。

ただ、これらの表現をそのまま使うだけでは「ふしぎなこと」の理由説明としてはまだ弱いので、次のように(i)と(ii)の対比性を明確にする工夫をしたい。

(i) 一般に金銭的報酬は、創造的な作業に対する意欲を小さくする

⇔

(ii) 資本主義の下では、金銭的報酬の方が作業の魅力より強いインセンティヴを発揮する

なお、17の「もし、「それ」が意欲をかき立てない……自由の有効な行使とは見なさない」という箇所を使って答案を作った人もいるかもしれない。しかしこれらの箇所は、「ふしぎなこと」の直接的な指示内容ではないので、答案に無理に盛り込む必要はない。

採点基準

❶[6]一般に金銭的報酬は、創造的な作業に対する意欲を小さくするはずなのに、❷[6]資本主義の下では、金銭的報酬の方が作業の魅力より強いインセンティヴを発揮すること。

❶〇一般に金銭的報酬は、創造的な作業に対する意欲を小さくする　6点

〇金銭的報酬は有意味な仕事の魅力を低下させる　6点

△報酬があると有意味な仕事の魅力が低下するにもかかわらず　5点（「金銭的」を落としているもの）

❷〇資本主義の下では、金銭的報酬の方が作業の魅力より強いインセンティヴを発揮する　6点

〇資本主義の下では、仕事の魅力よりも貨幣的なインセンティヴが優位になる　6点

△資本主義の下では、貨幣的なインセンティヴが優位になる　4点（説明不足）

△資本主義の下では、魅力のある無報酬の仕事より、魅力に乏しい報酬を伴う仕事が選ばれる　3点（単なる実験結果を要約しただけのもの）

×資本主義の下では、金銭的報酬のある仕事を選ぶことは、自由の行使としては自覚されない　0点（他の配点要素がある場合は、減点はしない）

出典・筆者紹介

大澤真幸（おおさわまさち）

一九五八年―。社会学者。長野県生まれ。身体論から犯罪・国際危機に至るまで、原理的思考による独自の論評を続けている。本文は、『自由という牢獄――責任・公共性・資本主義』（岩波現代文庫 二〇一八年）によった。

11 近代文明にとっての「自然」

村上陽一郎

問題：p.144

要旨

未開の「自然」全体を能率的な状態へと改変し、都市化することを目指す「文明」という言葉が一八世紀に誕生したことで、「自然」の概念は、文明派にとっても反文明派にとっても、「人為の入っていない状態」を価値づけるための相対的な概念になった。そういった状態のなかで、人間にとって「自然・本来」の姿を言い立てるだけでは無責任であり、われわれは「自然」としての「人為」がもたらす問題を反省的に捉え返す必要がある。199字

解答・解答例 配点25点

問一 ア＝発祥　イ＝眺　ウ＝搾取　エ＝装　オ＝忌避　各1点

問二 未開の「自然」全体を、人間が経済的・能率的な状態へと改変し、都市化することが「文明」の目標であることを正確に言い当てていた。5点

問三 「自然」は、文明派と反文明派の双方が、自分たちの思想にもとづいて「人為の入っていない状態」を価値づけるための相対的な概念になったということ。70字 5点

問四 文明派は、人間の欲求とは思えず、今の技術で実現できるにすぎない開発を、人間に「自然」として与えられた欲求に忠実に従っていると説明するから。69字 5点

問五 人間が「この世に存在させられた」という意味での「自然」として、自分の内外に手を加えることが、どのような問題を生み出しているかを常に反省的に捉えること。75字 5点

解答時間・配点

佐賀大学（教育学部、出題時は文化教育学部）は、現代文、古文、漢文がそれぞれ1問ずつという出題が続いている。試験時間は100分で、現代文の配点は50点（古文30点、漢文20点）。本問では現代文の設問数を少なくしているので、それをふまえて30分を標準的な解答時間とし、合計点は25点とした。

設問解説

問二 設問文には「どのように正確に言い当てていたのかということを、「都市化」という言葉を使いながら、わかりやすく説明せよ」とあることに注意しながら、答案を作成していこう。

傍線部の主部は、「「文明」という言葉の欧語である《civilization》」であるので、傍線部を丁寧に言い換えれば、「《civilization》の言葉の成り立ちからして、「文明」の目指すものを正確に言い当てていた」となる。

したがって答案は、〈(「文明」という言葉は) ~が「文明」の目指すものであることを正確に言い当てていた〉という形式でまとめていけばよい。このように、現代文の記述問題では、設問の要求に従って答案の形式を暫定的に設定しておくと、盛り込むべき内容が明確になる。

ポイント 設問の要求に従って答案の形式を暫定的に設定しておくと、盛り込むべき内容が明確になる。

以上をふまえながら、傍線部の後の議論を追いかけていこう。「読解の要点」でも述べたように、「文明」を意味する《civilization》という単語は、語源的に「都市化」するという意を含んでいる。そのうえで筆者は、「都市化」される対象が「野蛮なる自然」であり、「都市化」する主体が「人間」であると述べている。

したがって先の答案形式に即せば、〈人間が野蛮なる自然を「都市化」することが、「文明」の目指すものであることを正確に言い当てていた〉といった骨子ができる。

あとは、これを肉付けする表現を2から探していけばよい。そういう意識で、2から「「文明」の目指すもの」を説明している箇所を探すと、次のような記述を拾えるはずだ。

- 「未開」の状態を経済的・能率的な状態へと矯正する、そのことこそ《civilize》の意味であり、「文明」が目指したものとなった。
- 未開の「自然」全体を人間が人間にとって便利、能率的、経済的に管理できるような「都市」に仕上げること、それが「文明」のイデオロギーであった。
- 「自然全体の都市化」、それが「文明」すなわち《civilization》の目指す目標となった。

これらの記述を参考にして答案を作成すれば、

〈未開の「自然」全体を、人間が経済的・能率的な状態へと改変し、都市化することが「文明」の目標であることを正確に言い当てていた〉などとまとめられるだろう。

採点基準

❶[1]未開の「自然」全体を、❷[1]人間が❸[2]経済的・能率的な状態へと改変し、都市化することが❹[1]「文明」の目標であることを正確に言い当てていた。

❶○未開の「自然」全体を 1点
○野蛮な自然を 1点
×自然を 0点（説明不足）

❷○人間が（都市化する）1点
○人間が主体となって（都市化する）1点
※都市化する主体として書かれていないものは不可。

❸○（❶を）経済的・能率的な状態へと改変し、都市化すること 2点
○（❶を）能率的な状態へと矯正し、都市化すること 2点
○（❶を）人間にとって経済的に管理できるように都市化すること 2点
×都市化すること 0点

❹※「正確に言い当てていた」はなくても許容。
○（❶〜❸が）「文明」の目指すものであること 1点
○（❶〜❸が）「文明」の目指す目標であること 1点

問三　傍線部の文脈を確認すると、「こうした状況」は、前段落で論じられている「文明」のイデオロギーと「反・文明」の思想が生まれてきたことを指している。したがって傍線部は、「「文明」のイデオロギーや「反・文明」の思想が生まれる状況の中で、「自然」という概念の意味や価値は多層化し多極化する」と述べていることになる。

設問は、傍線部が「要するにどういうことを言おうとしているのか」を問うているので、単なる言葉の置き換えではなく、あとに続く文章の論旨をよく汲み取って答案を作成する必要がある。

そこで傍線部以降の内容を見ていくと、「文明派からも、反文明派からも、「自然」とは「人為の入っていない状態」であるとされ」（[3]）るが、さまざまな具体例とともに、双方にとって、何を「人為の入っていない状態」と見なし、それにどのような価値を付与するかは、「時代や社会や個人によって、実にまちまちである」（[4]）と筆者は述べている。

そしてこうした考察を踏まえ、[4]の末尾で「要するに、反文明派にとっても、文明派と同様、「自然」という概念は、自分が価値を置きたいと思う（価値を置きたくないと思う）もの……に被せられる相対的な概念でしかない」とまとめている。

答案は、[3]、[4]の要旨を述べたこの部分を中心に組み立てればよいが、文明派と反文明派のどちらも「自然」を「人為の入っていない状態」と捉えている点は外さないようにしたい。

採点基準

❶「自然」は、❷文明派と反文明派の双方が、❸自分たちの思想にもとづいて「人為の入っていない状態」を価値づけるための❶相対的な概念になったということ。

❶○「自然」は～相対的概念になった 1点
○「自然」の価値や意味は、時代や社会や個人によってまちまちになった 1点

❷○文明派と反文明派の双方が 1点
○文明派にとっても反文明派にとっても 1点

❸○自分たちの思想にもとづいて「人為の入っていない状態」を価値づけるための 3点
○「人為の入っていない状態」を価値づけるための 3点
○「自然」は「人為の入っていない状態」とされ、自分が価値を置きたいと思うものに被せられる 3点
△自分が価値を付与する 2点（「人為の入っていない状態」が抜けているもの）
△自分が価値を置きたいと思うものに被せられる 2点
△「自然」は「人為の入っていない状態」とされ 1点（価値付与が抜けているもの）

問四 「詭弁」とは理にかなっていないことを、正しそうに言いくるめる議論のことをいう。本問は理由説明問題なので、「文明派の言い分」がなぜ「詭弁」なのかを説明することが求められている。

ここでいう「文明派の言い分」とは、6にあるように、東京―大阪間の移動時間を「一二時間、六時間、三時間（いずれリニアなら一時間）」と切り詰めてきたことを、「社会の（したがって一般化すれば「人間」の）欲求に従った開発であるとする。そして人間の欲求は人間に与えられた「自然」であり、その発露に忠実であるに過ぎないという」を指している。

では、なぜこの説明のなかに「詭弁がある」のか。その手がかりは傍線部直前の「明らかに、人間は「三時間で東京・大阪間を移動したい」などという欲求を持つことはない。今三時間であるのは、今の技術がそこまでの可能性を許すからであるに過ぎない」に求められるだろう。

つまり、鉄道による移動時間の極端な短縮は、人間の欲求ではないことなのに、人間の「自然」な欲求として説明している点を、筆者は「詭弁」と評しているのだ。

以上を踏まえて、字数制限を無視して答案の草稿を作るならば、およそ次のようにまとめられるはずだ。

- 人間は、三時間で東京・大阪間を移動したいという欲求を持つことはなく、鉄道によって移動時間を切り詰めることは、今の技術で実現できるにすぎないのに、文明派は鉄道の開発を、人間

に「自然」として与えられた欲求に従っていると説明するから。

これを七〇字以内に圧縮するには、鉄道に関する表現は思い切って抽象化する必要がある。本問にかぎらず、答案に求められているのは、抽象化なのか具体化なのかは、つねに意識するようにしてほしい。

採点基準

文明派は、❶人間の欲求とは思えず、今の技術で実現できるにすぎない開発を、❷人間に「自然」として与えられた欲求に忠実に従っていると説明するから。

※加点はしないが、「文明派は」という主語が抜け落ちているものは、-1点

❶○人間の欲求とは思えず、今の技術で実現できるにすぎない開発を 3点

○人間の欲求とは考えられず、今の技術が可能性を許すにすぎない鉄道開発を 3点（許容）

△現在、技術的に実現できるにすぎない開発を 1点（「人間の欲求とは思えない」が抜けているもの）

△人間の欲求とは思えない技術を 1点（「今の技術で実現できるにすぎない」が抜けているもの）

❷※❶を適切に説明できていることが前提。❶がなく❷の要素だけの答案は不可。

○人間に「自然」として与えられた欲求に忠実に従っていると説明する 2点

△人間の欲求に従った開発であるとする 1点（欲求が「人間に与えられた「自然」である」ことに触れていないもの）

問五　本問は前問とは逆に、抽象的な表現をわかりやすく具体的に説明することが求められている。

まず「「自然」としての「人為」」については、8の「ウシが草を食べるのが「自然」であるならば、人間が人為の手を自分の内外に加えるのも「自然」である」や「ここでの「自然」は、……「この世に存在させられた」という意味での、……「自然」に相当する概念と受け止めなければならない」といった記述が参考になるだろう。これらの記述から、〈人間が「この世に存在させられた」という意味での「自然」として、自分の内外に手を加えること〉などと具体化すればよい。

では、そういった「「自然」としての「人為」」を「人為」的に問題とするという、無限の自己言及」とはどういうことか。

文中にわかりやすく言い換えた箇所はないので、ここは自分の言葉で表現するしかない。自己言及とは、自分が自分について言及することである。したがって、ここでいう「自己言及」は、「「人為」を「人為」的に問題とする」ことを指している。たとえば環境破壊のような例を考えてみるとよい。地球環境に手を加えるという（「自然」とし

ての）「人為」に対して、それを反省的に捉えて問題と受け止めることが「「人為」を「人為」的に問題とする」ということだ。

答案の書き方はさまざまにありえると思うが、解答例や採点基準を参考に、「自己言及」のニュアンスを汲み取った表現ができているかどうか、各自で点検してもらいたい。

採点基準

❶[2]人間が「この世に存在させられた」という意味での「自然」として、❷[2]自分の内外に手を加えることが、❸[1]どのような問題を生み出しているかを常に反省的に捉えること。

❶○人間が「この世に存在させられた」という意味での「自然」として 2点

○人間が生きるための本性として 2点

△人間の本性として 1点（「この世に存在させられた」「生きるため」に触れていないもの）

×人間本来の「自然」として 0点

×人間が「自然」として 0点

❷○自分の内外に手を加えること 2点

○人為の手を自分の内外に加えること 2点

○環境に働きかけること 2点

×「自然」に手を加えること 0点（ここで「自然」を使うのは不適切）

❸○（❷が）どのような問題を生み出しているかを常に反省的に捉えること 1点

○（❷から）生じる問題に自覚的になること 1点

○（❷の）問題点を反省的に問い続けること 1点

×（❷を）考え続けること 0点（「自己言及」の説明がないもの）

出典・筆者紹介

村上陽一郎（むらかみよういちろう）

一九三六年—。科学史・科学哲学研究者。東京都生まれ。科学と技術のはらむ問題を深くえぐり出している。本文は、一九九五年十一月の「図書」（岩波書店）に発表された、「自然・人為・時間」によった。

12 ナショナリズムの両義性

塩川伸明

問題:p.155

要旨

合理的な選択対象にもなれば、深い情動を伴う変えがたい対象にもなるという二面性を持つナショナリズムを考えるうえでは、個人の可塑性と主体性のあいだに大きさのズレがあることがカギになる。可塑性が最も大きい時期には主体性が育たず、主体性が強まった時期には可塑性は制限されている。その結果、文化や生活習慣は、ある角度から見れば、主体的選択の対象になり、ある角度から見れば、容易には変えられない重みをもっている。200字

解答・解答例 配点40点

問一 ア＝至難　イ＝内奥　ウ＝実践　エ＝念頭　オ＝自在　カ＝拘束　キ＝離脱　ク＝縛　各1点

問二 合理的な選択対象にもなれば、深い情動を伴う変えがたい対象にもなるという二面性。39字 8点

問三 幼児期では可塑性が最も高く、主体性はまだ育っていないが、成長とともに可塑性は制限される一方、主体性は強まっていき、青年期以降は、それまでに形成された主体性を再形成するのが困難なほどに可塑性は低くなる。100字 12点

問四 人間が自己形成するにあたり、主体的に選択することができる文化と、変えることが難しい文化を根底で規定しているということ。59字 12点

解答時間・配点

大問構成や試験時間、全体の配点については、大問1参照。本問では一部の問題を割愛しているので、解答時間を25分、合計点を40点と独自に設定した。なお、実際の入試には字数制限が無いが、本問では解答字数も独自に設定した。

設問解説

問二 設問文の「それらの議論について、どのような性質が筆者の関心を引くと述べているか」が大きなヒント。①で筆者は、「特に強い関心を引くのは、あるときには変えがたい本源的なものとみなされ、個人の内奥に触れるものとして強い情動の対象となるものが、あるときには「合理的選択」の対象とされたり、一種の道具的な扱いをされたりすることもあるという両義性である」と述べている。

同じ段落の「日常的な実践の中で民族とかエスニシティとかについて考える場合にも、それらはあるときは内面に根ざした深い情動を伴う現象となるが、別の局面では、もっとザッハリヒで、合理的な選択の対象となったりするというような二面性がある」もほぼ同内容だ。
　この二つの箇所を参照してまとめればよいが、問題文全体の論旨と字数条件をふまえ、〈合理的⇔情動〉〈選択の対象⇔変えがたい対象〉という対比が明確になるような答案を作成することが求められている。

採点基準

❶合理的な選択対象にもなれば、[3] ❷深い情動を伴う変えがたい対象にもなるという[3] ❸二面性。[2]

❶○合理的な選択対象にもなる **3点**
　△一種の道具的な扱いをされる **1点**（❷との対比性が薄い）
❷○深い情動を伴う変えがたい対象にもなる **3点**
　○変えがたい強い情動の対象にもなる **3点**
　△変えがたい本源的なものとみなされる **2点**（「本源的なもの」が抽象的）
　△内面に根ざした深い情動を伴う現象となる **2点**（「変えがたい」点が欠けている）
❸○二面性 **2点**
　○両義性 **2点**

問三 成長につれて「可塑性」と「主体性」がどのように変化していくかは、[3]〜[5]で述べられている。すなわち「人間の可塑性が最も高いのは幼児期だが、その時期には主体性はまだあまり育っておらず」（[3]）、成長していくにつれ、「主体性が育っていくが、……可塑性はもはや幼児期ほど高くはなくなっている」（[4]）。さらに青年期を過ぎると、「それまでに形成されてしまった「自己」……を再形成するということは、不可能とまではいわないまでも、だんだん難しくなっていく」（[5]）。
　答案をこれらの箇所を中心にまとめればよいが、青年期以降については、文中で「可塑性」と「主体性」という言葉を用いていないので、工夫して表現する必要がある。解答例や採点基準を参照してほしい。

採点基準

❶幼児期では可塑性が最も高く、主体性はまだ育っていないが、[4] ❷成長とともに可塑性は制限される一方、主体性は強まっていき、[4] ❸青年期以降は、それまでに形成された主体性を再形成するのが困難なほどに可塑性は低くなる。[4]

❶○幼児期では可塑性が最も高く、主体性はまだ育っていない **4点**

❷○成長とともに可塑性は制限される一方、主体性は強まっていく **4点**
○成長するにつれ、主体性は強くなるが、可塑性は低くなる **4点**
△成長するにつれ、主体性は強くなり、思春期から青春期にかけてはまだかなりの可塑性がある **3点** （「可塑性が制限されていく」という変化を捉えていないもの）

❸○青年期以降は、それまでに形成された主体性を再形成するのが困難なほどに可塑性は低くなる **4点**
△青年期を過ぎると、それまでに形成されてしまった「自己」を再形成することは難しくなっていく **2点** （「主体性」「可塑性」という言葉を使っていないもの）

問四　傍線部を含む一文は、「変わりうる要因と変わりにくい要因をともに抱えており、しかもその大小ないし高低に時間的なズレがあるということ」が「人間と文化の関係の基礎にある条件ではないだろうか」と述べられている。

この前半部分は同じ段落にある「可塑性が最も大きい時期には主体性はまだ育っておらず、主体性が強まった時期にはもはや可塑性は制限されているというズレのあること」を言い換えた表現だ。

では「人間と文化の関係」とはどのようなことを指しているだろうか。文中から手がかりになる表現を探すと、[3]では、幼児期には「言語をはじめとする文化は、親をはじめとする周囲の大人たちから与えられる」とあり、[4]では、「やがて成長していくにつれて、どのような文化を吸収し、自己をどのようなものとして形成するかということを、大なり小なり自分自身で意識するようにな」ると述べられている。

これら二つの記述を要約的に述べた表現として、[7]の「言語をはじめとする文化や生活習慣は、ある角度から見れば主体的選択の対象であり、可変的だが、ある角度から見れば「与えられた」ものであり、容易には変えられない重さをもつ」という一節も参考になる。

これらの表現から、「人間と文化の関係」とは、人間が自己形成するうえで、文化は主体的に選択できる対象である一方、自らの生に深く埋め込まれた、変えがたいものでもあることだと読解できるだろう。

したがって傍線部を含む一文を丁寧に言い換えれば、〈可塑性が最も大きい時期には主体性はまだ育っておらず、主体性が強まった時期にはもはや可塑性は制限されているというズレのあること〉が、人間が自己形成するうえで、どのような文化は主体的に選択でき、どのような文化は変えるのが難しいのかということの基礎的な条件になっている、ということだ。

字数条件から考えて、傍線部の主部にあたる箇所を説明する余裕はないので、答案は右記の後半部をまとめればよいが、「……基礎にある条件」は、〈……を根底的に規定している〉など、自分の言葉で工夫して言い換えたい。

採点基準

❶[4]人間が自己形成するにあたり、❷[6]主体的に選択することができる文化と、変えることが難しい文化を❸[2]根底で規定しているということ。

❶※文化と人間の「自己形成」との関係であることが説明できていれば、表現は広く許容。
○人間が自己形成するにあたり **4点**
○人間の自己形成にとって **4点**

❷○主体的に選択することができる文化と、変えることが難しい文化を **6点**
○どのような文化は主体的に選択でき、どのような文化は変えるのが難しいのかを **6点**
○人間にとって文化は、主体的選択の対象にもなるし、「与えられた」ものであり、容易には変えられない重さももつ **6点**
△人間がどのような文化を選択できるのか **3点**（「変えることが難しい」に触れていないもの）
×人間が文化からどのような影響を受けるのか **0点**（「選択」の可否に触れていないもの）

❸○（❷を）根底で規定している **2点**
○（❷の）土台として作用している **2点**
×基礎になっている **0点**
×条件になっている **0点**

出典・筆者紹介

塩川伸明（しおかわのぶあき）
一九四八年―。政治学者。東京都生まれ。グローバル化と同時にナショナリズムの波が世界をおおう今日、他者や異文化理解はいかに可能なのかを、理論と実証的研究の両面から切り込んでいる。本文は、『ナショナリズムの受け止め方――言語・エスニシティ・ネイション』（三元社　二〇一五年）によった。

13 傷つきやすさを避けるモデル

岡野八代

問題:p.165

要旨

責任は個人間の自発的な契約から生じ、ある結果をもたらした最初の行為者が責任を負うべきだとする契約モデルに対して、グディンが提唱する「傷つきやすさを避けるモデル」は、危害を避けるという結果を重視するとともに、責任は関係のなかから生じ、関係に応じて重みも変化すると考える。したがって、責任はもっともよく果たせる者が果たせばよく、傷つきやすい立場の者から危害を避ける責任は、多数の者たちと分有可能である。199字

配点40点

問一 責任は結果重視の倫理であり、ある特定の成果がもたらされることを引き受けるよう責任を負う者に命じる。この考え方に従えば、教師は教育の成果を重視し、特定の講義について専門の講師を雇い入れることによって、よりよい教育効果を学生にもたらすことを引き受けているので、責任を果たしたと言える。8点

問二 契約モデルでは、自発的に取り交わした契約がもたらす結果に対して責任を負わなければならないと考えるが、家族間の関係を自発的な契約と捉えることは難しいため、家族間で生じる責任は契約モデルの責任観から逸脱していると見なされるから。8点

問三 責任は関係性のなかから生じ、関係性のなかでその重みは変化するならば、「特別な責任」は親密な関係性がなければ果たし得ないのではないかという問いに対して、グディンは、危害を避けるという結果を重視するので、「特別な責任」をもっともよく果たせる者が果たすことが合理的であり、親密な関係性は不可欠ではないと考えている。12点

問四 「傷つきやすさを避けるモデル」による責任論では、子どもの飢えという危害を避ける責任は、それをもっともよく果たせる政府に求めると同時に、飢えとは別の危害を避ける責任を母親に求めることができるから。そのことによって、傷つきやすい立場に置かれた子どもが被る危険性のある深刻な危害を避けることができるという価値が生じる。12点

解答時間・配点

大問7参照。

設問解説

問一 設問は、傍線部の例において「なぜ教師は責任を果たしたと言えるのか」を、「責任の意味を明らかにしながら」説明することを求めているので、答案は〈責任とは～である〉と、いったん責任の意味を明らかにしてから、教師は責任を果たしたと言える理由を説明するのがいいだろう。

まず「責任の意味」は、②で「責任とはある結果を生じさせる帰結主義的な倫理」であり、「責任を負う者に……」と説明されている。帰結主義とは、結果を重視することであるから、この二つの記述をまとめて〈責任は結果重視の倫理であり、ある特定の成果がもたらされることを引き受けるよう責任を負う者に命じる〉などとすればよい。

次に、「なぜ教師は責任を果たしたと言えるのか」について考えてみよう。抽象的な水準では、〈責任は結果重視の倫理であり、ある特定の成果がもたらされることを引き受けるよう責任を負う者に命じる〉というのが責任の意味説明であるから、責任を負う者が、結果を重視してある特定の成果がもたらされることを引き受けていれば、責任を果たしたと言えることになる。

これを傍線部の例に当てはめると、教師は教育の成果を重視して、専門の講師を雇い入れることによって、学生によりよい教育効果をもたらすことを引き受けているので、学生に対する責任を果たしたと言えることになる。

採点基準

❶4 責任は結果重視の倫理であり、ある特定の成果がもたらされることを引き受けるよう責任を負う者に命じる。この考え方に従えば、❷4 教師は教育の成果を重視し、特定の講義について専門の講師を雇い入れることによって、よりよい教育効果を学生にもたらすことを引き受けているので、責任を果たしたと言える。

❶※責任が「結果重視の帰結主義である」ことと、「特定の結果がもたらされることを、責任を負う者に命じる」という二つの趣旨が説明できていれば、表現は広く許容。義務についての記述は不問。

○責任は結果重視の倫理であり、ある特定の成果がもたらされることを引き受けるよう責任を負う者に命じる **4点**

○責任は、ある結果を生じさせる帰結主義的な倫理であり、責任を負う者にある特定の成果がもたらされることを引き受けるように命じる **4点**

△責任は、ある結果を生じさせる帰結主義的な倫理である **2点**（「特定の結果がもたらされることを、責任を負う者に命じる」という説明がないもの）

△責任は、ある特定の結果がもたらされることを、責任を負う者に命じる **2点**（「結果重視の帰結主義である」という説明がないもの）

❷※「教師は専門の講師を雇い入れることによって、よりよい教育効果を学生にもたらすことを引き受けている」という趣旨が説明できていれば、表現は広く許容。
○教師は教育の成果を重視し、特定の講義について専門の講師を雇い入れることによって、よりよい教育効果を学生にもたらすことを引き受けているから　**4点**
○教師が特定の講義について専門の講師を雇い入れることは、自分が直接教えるよりも高い教育効果を学生にもたらすことを引き受けていると解釈できるから　**4点**
○教師が直接自分で教えなくても、専門の講師に講義を依頼することによって、学生によりよい教育効果をもたらされれば、教師の責任を果たしたことになるから　**4点**
△教師が専門の講師に依頼することは、教育の成果を重視してのことだから　**2点**（説明不足。「学生によりよい教育効果をもたらすことを引き受けている」ことまで触れていない）

問二　「契約モデル」については、③で「わたしたちがある特定の他者や関係性に対して「特別な責任」を負うべき理由は、自発的に取り交わした契約がもたらす結果に対しては義務を負わなければならないからだ、という考え」と説明されている。
　設問は、こうした契約モデルに囚われていると、「なぜ家族における責任が特殊な責任のように思われるのか」を説明することを求めている。

問題文には、「なぜ家族における責任が特殊な責任のように思われるのか」を直接説明した箇所はないので、問題文の論旨から、その理由を推論して答案を作成するしかない。その意味で、本問は難問の部類に入る。

　まず、「家族における責任が特殊な責任のように思われる」と対比的な内容を考えてみよう。すると、「家族関係に代表されるような「特別な責任」は、より公的な場における責任と比べてなんら特別な責任倫理を表しているわけではない」⑤、「関係性のなかから生じ、関係性のなかでその重みも変化する、といった関係的な責任理解からすれば、ビジネス契約における当事者の責任と、子どもに対する親の責任とが、一つの責任論の中に包摂される」⑥といった記述から、

> より公的な場における責任・ビジネス契約における当事者の責任　＝一般的
> ⇔
> 家族における責任　＝特殊

という対比を発見できるはずだ。つまり「契約モデル」に囚われると、ビジネス契約で生じる責任は一般的で、家族における責任は特殊だと思われると読解できる。

　ここに先の「契約モデル」の説明を重ねてみよう。契約モデルでは、「自発的に取り交わした契約がもたらす結果」に対して「特別な責任」を負う。したがって、より公的な場やビジネスでは、自発的に契

約を取り交わすことが一般的だと理解できる。

　以上から推論すれば、家族間の関係は、自発的に契約を取り交わす関係と捉えることは難しいので、そこで生じる責任は契約モデルの責任観からすると逸脱している、ということになるだろう。このことは、たとえば育児や介護を考えれば明らかである。

　以上から答案は、(i)契約モデルにおける責任の説明と、(ii)家族間の関係を自発的な契約関係と捉えることは難しいので、(iii)家族で生じる責任は契約モデルの責任観からすると逸脱している、という三点を説明すればよい。

　なお、大阪大学は「契約モデルにおいては、自発的に取り交わした契約がもたらす結果に対して責任を負わなければならないという考え方が前提されているため、自発的な契約によって形成される家族においては、このモデルに従えば、責任を負う者が一方的に責任を担うものだと考えられることになるから。」を本問の解答例として公開しているが、これが「なぜ家族における責任が特殊な責任のように思われるのか」の説明になっているかどうかは疑問符が付く。

　というのも、文中にある「責任は……責任を負う者によって一方的に担われる」⑤という表現は、家族における責任に限ったことではなく、契約論的な責任論一般の通念として述べられていることだからだ。「責任は……責任を負う者によって一方的に担われる」とは要するに、「ある結果を生む行為を最初にした者が、行為の帰結についても責任を負うべきだとする、因果論的な責任モデル」のことであり、このことは「家族における責任が特殊な責任のように思われ」ることの理由ではない。

　本問を論理的に解くかぎり、家族を自発的な契約関係と見なすことは難しいから、契約論モデルに従うと「家族における責任が特殊な責任のように思われ」るという理路が、答案の必須条件である。

採点基準

❶[2]契約モデルでは、自発的に取り交わした契約がもたらす結果に対して責任を負わなければならないと考えるが、❷[4]家族間の関係を自発的な契約と捉えることは難しいため、❸[2]家族間で生じる責任は契約モデルの責任観から逸脱していると見なされるから。

❶○契約モデルでは、自発的に取り交わした契約がもたらす結果に対して責任を負わなければならないと考える **2点**
○責任は個人の自発的行為から生じる契約モデルに従うと **2点**

❷○家族間の関係を自発的な契約と捉えることは難しい **4点**
○親子に見られる家族関係を自発的な契約と捉えることはできない **4点**
×自発的な契約で形成された家族においては **0点**（家族の関係を「自発的な契約」と捉えることに問題があることを指摘できていないもの）

❸○家族間で生じる責任は契約モデルの責任観から逸脱していると見なされる　**2点**
○家族における責任は、契約モデルが想定する責任には合わない　**2点**
×家族では責任を負う者が一方的に責任を担わなければならない　**0点**（「責任を負う者が一方的に責任を担う」のは契約モデルの責任全般に言えること）

問三　まず「そう」の内容を確認しながら、傍線部の文脈を読解しよう。筆者は⑥で、グディンの責任論について、責任は「関係性のなかから生じ、関係性のなかでその重みも変化する」と説明している。この記述を踏まえれば、「そうだとすれば」とは〈責任は関係性のなかから生じ、関係性のなかでその重みは変化するならば〉と読み解けるだろう。つまり関係性は深ければ深いほど、そこから生じる責任の重みは大きくなると考えられるので、「特別な責任」は「親密な関係性がなければ果たし得ないのではないか」という推論が導かれるわけだ。

この疑問に対するグディンの考えは、傍線部の直後から述べられていることは容易にわかるだろう。ただ、その内容は⑦から⑩まで広い範囲にわたっているので、まとめ方で苦労する問題だ。

本問の場合、まず結論を定め、その結論の根拠として優先順位の高い記述を取捨選択していくという方針で答案を作成するのがよい。

この方針に従って、「特別な責任」は「親密な関係性がなければ果たし得ないのではないか」という問いに対するグディンの結論を抽出しよう。文中では、⑧の「すなわち「傷つきやすさを避けるモデル」は、初発の行為はどうあれ、最終的にその責任がもっともよく果たせる者が果たすのが合理的だと考える」、「子を養育する責任を、もし母親や父親が最終的に果たせない場合は、なんらかの形で、子に対する危害を避けるための責任を果たし得る者が果たす方がよい」といった記述が参考になる。

これらの記述からグディンは、〈「特別な責任」は「その責任がもっともよく果たせる者が果たすのが合理的」であり、親密な関係性は不可欠ではないと考えている〉といった結論が導き出せるだろう。

では、この結論を支える根拠はどのようなものか。それは「「傷つきやすさを避けるモデル」は、ある行為が他者に及ぼす結果の重さを勘案する帰結主義をとる。なぜならば、このモデルが重視するのは、傷つきやすい立場に置かれた者が被る危険性のある「危害」をいかにして避けるか、という意味における責任だからである」という考えに求められる。

この箇所を、〈グディンは傷つきやすい立場が被る危険性のある「危害」を避ける結果を重視するので〉と要約すればよい。

採点基準

❶3 責任は関係性のなかから生じ、関係性のなかでその重みは変化するならば、「特別な責任」は親密な関係性がなければ果たし得ないのではないかという問いに対して、❷3 グディンは、危害を避けるという結果を重視するので、❸3 「特別な責任」をもっともよ

く果たせる者が果たすことが合理的であり、❹親密な関係性は不可欠ではないと考えている。

❶※「そう」の指示内容を「責任は関係性のなかでその重みが変化する」ことだと説明できていれば、表現は広く許容。

○責任は関係性のなかから生じ、関係性のなかでその重みは変化するならば、「特別な責任」は親密な関係性がなければ果たし得ない 3点

○関係性によって責任の重みが変化するのであれば、「特別な責任」を果たすには親密な関係性が必要である 3点

○当事者間の相互依存の程度によって責任の重さが違ってくるのであれば、「特別な責任」は親密な関係性のなかで生じることになる 3点

○責任は関係性のなかから生じ、関係性のなかでその重みは変化するとしても 3点 (「『特別な責任』は親密な関係性がなければ果たし得ない」が書かれていなくても許容)

△「特別の責任」が、一方の当事者の合意に左右される、傷つきやすい相手に危害を生じさせないという意味を持つならば 1点 (「そう」の指示内容を狭く捉えている)

❷※「グディンは危害を避けるという結果を重視している」ことが説明できていれば、表現は広く許容。

○グディンは、危害を避けるという結果を重視する 3点

○重要なのは、危害を避けるという結果がもたらされることである 3点

△傷つきやすい立場に置かれた者が被る危険性のある危害を避けるために 1点 (結果を重視している点に触れていないもの)

❸○「特別な責任」をもっともよく果たせる者が果たすことが合理的である 3点

○責任は最もよく果たせる者が果たすのが合理的である 3点

○危害を避けるための責任を果たしえる者が果たせばよい 3点

❹○親密な関係性は不可欠ではない 3点

○責任を誰が担うかは二次的な問題である 3点

問四 設問は、「傷つきやすさを避けるモデル」による責任論では、

- なぜ責任を分かちもつことが可能になるのか
- そのことによって実際にどのような価値が生じるのか

という二点を、本文中で言及される具体例を用いて説明することを求めている。

問題文では「子に対する母親の責任と政府の責任」が「両立し得る」と述べられているので、答案でもこの例にもとづいて、右記の二点について説明すればよい。

まず、一点目の「傷つきやすさを避けるモデル」による責任論で、責任を分かちもつことが可能になる理由については、次のように思考を働かせてみよう。

問題文では、子どもの飢えという深刻な危害を最終的に避ける責任を政府に求めている。しかし、飢えは「傷つきやすい立場に置かれた者が被る危険性のある「危害」」(7)の一つであり、傷つきやすい子どもが被る危険性のある危害は他にもある。

そして、「「危害」をいかにして避けるか」という「責任を誰が担うかは、状況に左右される二次的な問題であり、まず重要なのは、危害を避ける、という結果がもたらされること」(7)であるから、母親は、子どもの飢えとは別の危害を避ける責任を、子どもに対して担うことができる。したがって母親と政府は、責任を分かちもつことが可能になるのである。

続いて二点目の「そのことによって実際にどのような価値が生じるのか」に移ろう。読みが浅いと、「子どもの飢えを避けることができる」と答えてしまうが、問われているのは「責任を分かちもつ」ことによって実際に生じる価値であり、それは結局、傷つきやすい子どもが被る危険性のある危害を避けることができることである。

採点基準

「傷つきやすさを避けるモデル」による責任論では、❶[4]子どもの飢えという危害を避ける責任は、それをもっともよく果たせる政府に求めると同時に、❷[4]飢えとは別の危害を避ける責任を母親に求めることができるから。そのことによって、❸[4]傷つきやすい立場に置かれた子どもが被る危険性のある深刻な危害を避けることができるという価値が生じる。

❶○子どもの飢えという危害を避ける責任は、それをもっともよく果たせる政府に求める　**4点**

○子どもを飢えさせない責任は、それをもっともよく果たせる政府が果たせばよい　**4点**

△子どもの危害を避ける責任は、それを果たせる政府が果たせばよい　**2点**（「子の飢え」に対する責任に触れていないもの）

❷○飢えとは別の危害を避ける責任を母親に求めることができる　**4点**

○母親は飢えとは別に、子どもが被る危害を避けるための責任を担える　**4点**

△母親は政府とは異なる形で、子どもの飢えを避ける責任を果たすことができる　**2点**（母親の責任を「子どもの飢えを避ける」ことに求めているもの）

×（❶によって）政府と母親は子に対する責任を相互に補完しあえる　**0点**（「責任を分かちもつ」理由になっていない）

❸○傷つきやすい立場に置かれた子どもが被る危険性のある深刻な危害を避けることができるという価値が生じる　**4点**

○傷つきやすい子どもの状況を改善できる　4点
△子どもの飢えを避けることができる　2点
×責任をよりよく果たしあえる共同体を築くことができる　0点
（具体例に即した価値として不適切）

出典・筆者紹介

岡野八代（おかのやよ）

一九六七年―。政治学者。三重県生まれ。政治思想の観点から、差別やアイデンティティの問題を研究。特にジェンダー構造が大きな影響を及ぼしている点に着目し、フェミニズム理論にも取り組む。本文は、『フェミニズムの政治学――ケアの倫理をグローバル社会へ』（みすず書房　二〇一二年）によった。

14 現代社会におけるリスクの特徴

美馬達哉

問題:p.176

要旨

人類学的には「危険」は、社会秩序の混乱かどうかという文化的な意味づけによる情動で左右される。近代のリスクマネジメントでも、結果が不確実な場合は呪術に近づく。現代社会では、科学技術や産業がもたらすリスクや社会的な影響を予測することは難しくなっている。ベックやギデンズは、「再帰的な知」を用いて、民主的・合理的にリスクに対応することを説くが、リスクをめぐる情動や経験のリアリティを欠いた絵空事にすぎない。200字

解答・解答例 配点40点

問一 あるできごとが「危険」かどうかは、客観的な被害の大きさで決まるのではなく、社会秩序が乱されたかどうかという文化的な意味づけによって判断されるというとらえ方。78字 8点

問二 伝統社会では、タブーの侵犯に対する神の怒りが「危険」の原因とされるので、呪術的な儀礼によって神の怒りを鎮めることで将来の「危険」を防ぐのに対して、近代社会では、潜在的なリスクが現実化したことが「危険」の原因とされるので、直接的な原因解明と並行して、未来のリスクをマネジメントして「危険」を予防する。149字 12点

問三 近代社会のリスクマネジメントにおいても、結果がどうなるかが不確実な場合、その行為の内実は伝統的な社会のタブーや呪術と似通ってしまうから。68字 8点

問四 「単純な科学」は専門家を担い手とし、自然を研究や介入の対象としてきたため、その実用化がもたらす社会的な影響を軽視しがちで、現代のリスクに脆弱であるのに対して、「再帰的な知」は、専門家と市民が連携しながら、科学や産業自身が生み出す社会的な影響や有害作用を研究対象として、そこにあらためて働きかける学問であり、リスクに関する知識として重視されている。12点

解答時間・配点

秋田大学は、現代文と独立した漢字問題がそれぞれ1問ずつという出題が続いている。試験時間は全体で60分で、国語全体の配点は100点だが、本問では一部の問題を割愛しているので、解答時間を40分、合計点を40点と独自に設定した。なお、実際の入試には字数制限が無いが、本問では解答字数も独自に設定した。

設問解説

問一　「危険（danger）」についての人類学的なとらえ方は、傍線部直後から2にかけて説明されているので、そこからポイントを抽出して答案を作成すればよい。

まず1では、「危険」は、多数の死傷者や巨大な物質的被害といった客観的な被害の大きさではなく、「社会秩序が乱されたかどうか」が重要な意味合いをもつと説明されている。続く2では、「あるできごとが「危険」かどうかは、文化的な意味づけ（社会秩序の混乱かどうか）による情動で左右されることになる」とある。

これらの記述と文字数の制限から、あるできごとが危険かどうかは(i)客観的な被害の大きさではなく、(ii)社会秩序が乱されたかどうかという社会的な意味づけによって判断されるという二点を盛り込めばよい。

採点基準

あるできごとが「危険」かどうかは、❶4客観的な被害の大きさで決まるのではなく、❷4社会秩序が乱されたかどうかという文化的な意味づけによって判断されるというとらえ方。

❶○客観的な被害の大きさで決まるのではなく　**4点**
○客観的に決まっているのではなく　**4点**
○客観的な被害の大きさより　**4点**
△被害の大きさよりも　**2点**　（「客観的」に触れていないもの）

❷○社会秩序が乱されたかどうかという文化的な意味づけによって判断される　**4点**
○社会秩序の混乱かどうかという文化的な意味づけによる情動で左右される　**4点**
△社会秩序の混乱かどうかが重要である　**2点**　（「文化的な意味づけ」に触れていないもの）
△文化的な意味づけによる情動で左右される　**2点**　（「社会秩序の混乱かどうか」という要素がないもの）

問二　傍線部「次に問題となるのは、その「危険」について誰（何）に責任があるのかという点だろう」に対して、設問では「人間社会の対応の仕方が「伝統的な社会」と「近代社会」でどう違うと述べているか」を説明することを求めている。

問題文では、4に「津波や地震のような自然災害あるいは飢饉や疫病が発生したとき、人間社会はどう対応するかを考えてみよう」とあり、5では「伝統的な社会」の対応が、6では「近代社会」の対応が説明されているので、答案もこの二つの段落を参照して作成すればよい。

ただし傍線部の直後で、「責任という言葉には二つの意味が含まれている」と述べられていることに注意しよう。その後で「責任」には、「誰（何）が、その「危険」を直接に引き起こしたのか」という意味と、「その「危険」の結果に対して補償し、今後の予防に対して責任があるのは誰（何）か」という意味があると述べているので、答案もこの二点に即して説明することが必要だ。

以上を踏まえて、具体的に見ていこう。

まず「伝統的な社会」では、「危険」を直接に引き起こしたのは、「神の定めた人間社会の規則（タブー）をやぶっ」たことに対する神の怒りであり、「適切な儀礼によって神の怒りを鎮め」ることが今後の予防になる。

一方「近代社会」では、「危険」の原因は、「潜在的にあったリスクが、適切に対処されなかったため現実化してしまった」ことであり、「直接的な原因解明としての責任追求と並行して、未来へ向けた対策としてリスクマネジメント」をおこなうことが予防となる。

答案は以上の内容をまとめればよい。

採点基準

伝統社会では、❶[3]タブーの侵犯に対する神の怒りが「危険」の原因とされるので、❷[3]呪術的な儀礼によって神の怒りを鎮めることで将来の「危険」を防ぐのに対して、近代社会では、❸[3]潜在的なリスクが現実化したことが「危険」の原因とされるので、❹[3]直接的な原因解明と並行して、未来のリスクをマネジメントして「危険」を予防する。

【伝統的な社会について】

❶○タブーの侵犯に対する神の怒りが「危険」の原因とされる 3点

○「危険」は神がタブーの侵犯に対して怒りを示した結果だとされ 3点

○「危険」は神の怒りであり、神の定めたタブーを破ったできごとを探し出す 3点

△「危険」は神が人間に対して怒りを示した結果だと説明され 2点（「タブーの侵犯」に触れていないもの）

△神の定めた人間社会の規則を破った（神の怒りをまねいた）できごとを探す 2点（「危険」の原因という観点の説明がないもの）

❷○呪術的な儀礼によって神の怒りを鎮めることで将来の「危険」を防ぐ 3点

○適切な儀礼によって神の怒りを鎮め「危険」が続くことを回避する 3点

【近代社会について】

❸○潜在的なリスクが現実化したことが「危険」の原因とされる 3点

○潜在的なリスクに、人間が適切に対処しなかったことが原因とされる 3点

○「危険」が生じたのは、潜在的にあったリスクが適切に対処されなかったためだとして 3点

❹○直接的な原因解明と並行して、未来のリスクをマネジメントして「危険」を予防する **3点**

○直接的な原因解明と並行して、未来へ向けた対策としてリスクマネジメントがおこなわれる **3点**

△未来のリスクをマネジメントして「危険」を予防する **2点**

（「直接的な原因解明と並行して」に触れていないもの）

問三 設問は「過去にあったタブーの侵犯を償うことで将来の「危険」を防ぐ伝統社会」と、「未来のリスクをマネジメントして「危険」を予防する近代社会」との間には「案外と共通点がある」と言える理由の説明を求めている。

解答の手がかりになるのは、9の「リスクマネジメントとタブーや呪術が似通ってしまうのは、その行為によって生じる結果が重大なのに、その結果がどうなるかが不確実な場合といわれている」という箇所だ。

ただし、「その行為によって生じる結果が重大なのに、その結果がどうなるかが不確実な場合」は、リスクマネジメントについての言及であることに注意しよう。つまりこの箇所は、〈リスクマネジメントによって生じる結果が重大なのに、その結果がどうなるかが不確実な場合、リスクマネジメントとタブーや呪術が似通ってしまう〉と読まなくてはならない。というのは、タブーや呪術はそもそも結果は不確実であり、「結果がどうなるかが不確実な場合」と限定する必要がないからである。

そのことは8も9も、リスクマネジメントの事例になっていることからも確認できる。とくに9では、医療を例にとって、「結果がどうなるか不確実な行為の場合には、リスクを避けたために成功したのか、そのリスクの有無は結果に無関係だったのかを判断することはきわめて困難である。そのために、リスクマネジメントが儀礼や呪術と区別がつかなくなりやすい」とあることからも、先の読解が適切であることが裏付けられる。

したがって答案は、〈近代社会のリスクマネジメントにおいて、結果がどうなるかが不確実な場合、その行為は伝統的な社会のタブーや呪術と似通ってしまうから〉といった形でまとめる必要がある。

採点基準

❶近代社会のリスクマネジメントにおいても、結果がどうなるかが不確実な場合、[4] ❷その行為の内実は伝統的な社会のタブーや呪術と似通ってしまうから。[4]

❶○近代社会のリスクマネジメントにおいても、結果がどうなるか不確実な場合 **4点**

×リスクマネジメントとタブーや呪術はいずれも結果が不確実であり **0点**

❷○その〈リスクマネジメントの〉行為の内実は伝統的な社会の

タブーや呪術と似通ってしまうから 4点
○リスクマネジメントが儀礼や呪術と区別がつかなくなりやすいから 4点
○リスクマネジメントは呪術と同様、客観性を欠いたものになるから 4点

問四 「再帰的な知」については、傍線部直後で「科学や産業自身の生みだした結果や有害作用を研究対象として、そこにあらためて働きかける学問」と説明され、「単純な科学」については、傍線部の前に「これまでの科学は、自然を対象に研究や介入をしてきた。ベックは、こうした学問を「単純な科学」と呼んでいる」とある。これらの内容も当然、解答の一部に含まれるが、設問は「「再帰的な知」の特徴とはどのようなものか。「単純な科学」との違いを明らかにして」説明することを求めているので、他の箇所にも視野を広げる必要がある。

まず[22]の末尾に、「一つの専門領域しか知らない専門家よりも、科学知識を十分に理解する市民の方がこうした「再帰的な知」を扱うには適しているだろう」とあるので、「単純な科学」の担い手が専門家であるのに対して、「再帰的な知」では市民もその担い手になるという違いがある。

次に「再帰的な知」が「科学や産業自身の生みだした結果や有害作用を研究対象として、そこにあらためて働きかける」ことと対比的な内容として、[21]の「アカデミズムのなかの科学は自然現象の研究であるために、それが実用化された後の現実社会での人為的ミスや政治的な問題を軽視してしまいがち」という点も指摘しておく必要がある。

さらに[23]では、「リスクに関する知識は、そのリスクが「再帰的に」もたらす社会的な影響も含めた広い視野を必要とする点で、「単純な科学」ではなく、「再帰的な知」である」ことも、「再帰的な知」の特徴といえるだろう。逆に「単純な科学」にもとづく科学技術や産業は、「現在の「リスク社会」でも同じように有効であり続けるのだろうか」と懐疑的に考えられている。

以上をまとめると、「再帰的な知」の特徴としては、(i)専門家と市民が連携しながら、(ii)科学や産業自身が生み出す社会的な影響や有害作用を研究対象とし、そこにあらためて働きかける学問であり、(iii)リスクに関する知識として求められている、という三点が挙げられる。

一方、「単純な科学」は、(i)専門家を担い手として、(ii)自然現象を研究や介入の対象としてきたため、その実用化がもたらす社会的な影響を軽視しがちであり、(iii)現代のリスクに対して脆弱であるという三点を指摘すればよい。

採点基準

「単純な科学」は❶[2]専門家を担い手とし、❷[2]自然を研究や介入の対象としてきたため、❸[2]その実用化がもたらす社会的な影響を軽視しがちで、現代のリスクに脆弱であるのに対して、「再帰的な知」は、❹[2]専門家と市民が連携しながら、❺[2]科学や産業自身が生み出す社会的な影響や有害作用を研究対象として、そこにあらためて働きかける学問であり、❻[2]リスクに関する知識として重視さ

れている。

【「単純な科学」について】

❶○専門家を担い手とし 2点

○一つの専門領域しか知らない専門家が 2点

○専門知識しかない科学者や技術者が 2点

❷○自然を研究や介入の対象とする 2点

❸○実用化がもたらす社会的な影響を軽視しがちで、現代のリスクに脆弱である 2点

○実用化された後の現実社会での人為的ミスや政治的問題を軽視しがち 2点

○社会的な影響まで視野に入らない 2点

【「再帰的な知」について】

❹○専門家と市民が連携しながら 2点

○市民も参加して 2点

△科学知識を十分に理解する市民が 1点（「市民」だけに限定しているもの）

❺○科学や産業自身が生み出す社会的な影響や有害作用を研究対象として、そこにあらためて働きかける学問であり 2点

❻○リスクに関する知識として重視されている 2点

○リスクに関する知識として求められている 2点

出典・筆者紹介

美馬達哉（みまたつや）

一九六六年―。医師・医学者。大阪府生まれ。脳生理学・医療社会学・医療人類学を専門とし、臨床の現場から問題提起を行っている。本文は、『リスク化される身体――現代医学と統治のテクノロジー』（青土社　二〇一二年）によった。

要約問題用原稿用紙

（二〇〇字用）

50

100

150

200

要約問題用原稿用紙

（二〇〇字用）

150　50

200　100

要約問題用原稿用紙

（二〇〇字用）

50

100

150

200